AF535800

Philippe Jordan

Der Klang der Stille

Philippe Jordan

Der Klang der Stille

Aufgezeichnet von Haide Tenner

Residenz Verlag

Fotonachweis: Heimo Binder: Erste symphonische Erfahrungen: Proben zu Beethovens *Eroica* in Graz, 2002; Bertrand Rindoff Petroff: Nach einer Ballettaufführung von *Daphnis und Chloe* mit der damaligen Ballettdirektorin Brigitte Lefèvre (rechts): Paris, 2014, Gruppenfoto nach einer Vorstellung von *Daphnis und Chloe*: Paris, 2014; Keiko Tachikawa: Schlussapplaus zu *Capriccio* von Richard Strauss: Wiener Staatsoper; 2008.

Alle weiteren Abbildungen stammen aus dem Privatarchiv von Philippe Jordan.

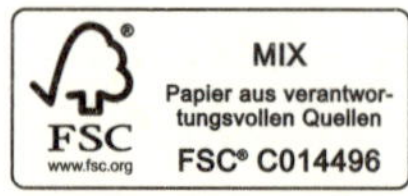

Bibliografische Information der Deutschen Nationalbibliothek
Die Deutsche Nationalbibliothek verzeichnet diese Publikation in der Deutschen Nationalbibliografie; detaillierte bibliografische Daten sind im Internet über http://dnb.dnb.de abrufbar.

www.residenzverlag.com

Umschlaggestaltung: www.boutiquebrutal.com
Umschlagfoto: Jean-François Leclercq
Typografische Gestaltung, Satz: Lanz, Wien
Lektorat: Christine Dobretsberger

Gesamtherstellung: GGP Media GmbH, Pößneck

ISBN 978 3 7017 3463 4

Inhalt

Vorwort

Viele Gespräche für dieses Buch fanden im achten Stock der Opéra Bastille in Paris statt. Dort hatte Philippe Jordan elf Jahre lang sein Büro als musikalischer Direktor der Opéra National de Paris, eine Position, die er bereits mit 35 Jahren angetreten hatte. Das von François Mitterrand initiierte und 1989 eröffnete Opernhaus, als Ergänzung zum berühmten historischen Palais Garnier entstanden, bietet enorme technische Möglichkeiten und hat das Opernleben von Paris grundlegend verändert.

Ein Steinway-Flügel, eine Sitzgarnitur für Besprechungen, unzählige Bücher und Noten, eine Hi-Fi-Anlage, eine Kaffeemaschine und ein großartiger Blick über Paris prägen die Atmosphäre des großen, hellen Büros von Philippe Jordan. Klarheit, Weitblick und Stilgefühl zeichnen auch den Künstler aus, aber in den vielen Monaten, in denen ich ihn bei seiner Arbeit begleiten konnte, erlebte ich ihn auch nachdenklich, empfindsam, philosophierend, offen für Spiritualität, leidenschaftlich brennend für die Musik und fern jeder Selbstzufriedenheit. Und so wurde aus diesem Buch, das Musikliebhabern, gegenwärtigen und zukünftigen Konzert- und Opernbesuchern Einblicke in die Welt der Musik geben soll, ein sehr persönliches Dokument über die Entwicklung des Menschen und Musikers Philippe Jordan, seine Sicht auf Komponisten und die Realisierung ihrer Werke.

Die Karriere des Schweizer Dirigenten, der auch Pianist, Kammermusiker und Liedbegleiter ist, verlief für unsere Zeit ungewöhnlich geradlinig, aber auch unglaublich schnell: Beginn der Laufbahn als Korrepetitor, mit 20 Jahren bereits die erste Festanstellung am Stadttheater Ulm, wo auch Herbert von Karajan begonnen hatte, es folgt ein Engagement als Kapellmeister und Assistent von Daniel Barenboim an der Staatsoper Unter den Linden in Berlin. Bereits mit 27 Jahren wird er Chefdirigent des Grazer Opernhauses und des Grazer Philharmonischen Orchesters, die internationale Opernkarriere beginnt: Gastdirigate am Royal Opera House, Covent Garden, in London, an der Metropolitan Opera in New York, bei den Salzburger Festspielen, am Teatro alla Scala in Mailand, an der Wiener Staatsoper, an der Bayerischen Staatsoper in München etc.

Philippe Jordan erzählt diesen Weg ganz anders: Er erzählt von »Fettnäpfchen«, in die er immer wieder getreten ist, von Lernprozessen, Erfahrungen, Enttäuschungen, wichtigen Begegnungen und auch von seiner Kindheit, in der die Wurzeln für alles Spätere liegen. Er erzählt von seinem 2006 verstorbenen Vater, dem Schweizer Dirigenten Armin Jordan, der unter anderem gleichzeitig mit Carlos Kleiber Kapellmeister am Opernhaus Zürich, Chefdirigent der Oper in Basel und vor allem – als Nachfolger von Horst Stein – zwölf Jahre lang Chefdirigent des Orchestre de la Suisse Romande (OSR) war. Armin Jordan galt, neben seiner Vorliebe für französisches Repertoire und die Wiener Klassik, als einer der wesentlichen Wagner-Dirigenten seiner Zeit. 1982 hatte er die musikalische Leitung des *Parsifal*-Films von Hans-Jürgen Syberberg inne, in dem er selbst auch den Amfortas spielte, 30 Jahre später debütiert sein Sohn Philippe mit *Parsifal* in Bayreuth.

2009 wird Philippe Jordan musikalischer Direktor der Opéra National de Paris und macht nicht nur durch seinen *Ring* Paris unter anderem wieder zu einer Wagner-Stadt. Fünf Jahre später fällt die Lebensentscheidung, die Konzerttätigkeit, die er bereits beim Pariser Orchester sehr forciert hatte, zu einem »zweiten künstlerischen Standbein« zu machen. Jordan wird ab der Saison 2014/15 Chefdirigent der Wiener Symphoniker, ein renommiertes Spitzenorchester, das ein wesentlicher Teil des künstlerischen Lebens und auch der musikalischen Entwicklung des Dirigenten wird. Philippe Jordan wirft einen sehr persönlichen Blick auf jene Komponisten, denen er mit diesem Orchester Schwerpunkte gewidmet hat, erzählt vom Spannungsfeld zwischen Konzertpodium und Orchestergraben und von der Doppelfunktion als musikalischer Leiter einer Oper und eines Symphonieorchesters. Wenn dann zu dieser intensiven Tätigkeit noch die Einladung der Metropolitan Opera kommt, in New York eine Wiederaufnahme des kompletten *Ring des Nibelungen* von Wagner zu leiten, und daher drei Monate der Spielzeit für die »normalen« Verpflichtungen wegfallen und kompensiert werden müssen, wird die Belastung massiv. In dieser Saison fanden die vielen Gespräche für das vorliegende Buch statt. Eine echte Herausforderung! Doch dann kam die Corona-Krise, Opernvorstellungen und Konzerte wurden abgesagt und die Zeit konnte für vertiefende Arbeiten an diesem Buch genutzt werden.

Wenn Philippe Jordan in der Saison 2020/21 sein Amt als Musikdirektor der Wiener Staatsoper antritt, hat er bereits viele Jahre Erfahrung in führenden Positionen hinter sich und bis zu siebzig verschiedene Opern dirigiert. Konsequente Arbeit an Klang und Stil war ihm immer wichtig, ebenso wie die geistige Durchdringung eines Werkes gemeinsam mit den Ausführenden. Was davon ist erlernbar, wie entsteht eine Klangvorstellung im Kopf, wie vermittelt er das, was ist die Rolle des Publikums, wie entsteht Klarheit oder Farbenreichtum, warum muss jedes Stück immer wieder neu gedacht werden? – Fragen, die jeden Konzert- oder Opernbesucher beschäftigen, und die Philippe Jordan hier betrachten will.

Als der Künstler in einer für Schulklassen geöffneten Probe im Wiener Musikvereinssaal ein paar Takte eines Werkes immer wieder spielen ließ und an allen Details arbeitete, hörte man die Kinder murren. Der Dirigent drehte sich um und sagte lächelnd: »Ich bin nicht gemein, nur genau!« Wie aus diesem Handwerk und dieser Arbeit Musizierfreude entsteht, wie er es erreicht, die Musik sprechen zu lassen, auch davon handelt dieses Buch.

Ein wesentliches Thema für Philippe Jordan ist immer wieder die Stille, der Raum, aus dem die Musik kommt. Fragen rund um den Zusammenhang zwischen Klängen, den Schwingungen der Stille und bewusst erlebter Gegenwart beschäftigen ihn schon seit seiner Jugend, Philosophie und Spiritualität sind ein wichtiger Grundton seines Lebens.

Der Blick in eine andere Dimension

Musik erinnert uns daran, dass es etwas gibt, das man mit dem Verstand nicht begreifen und auch nicht erklären kann. Etwas, das wir nicht greifen, nicht sehen können. Man kann Musik zwar analysieren, sie beschreiben, sie folgt auch bestimmten Regeln, aber in ihrem Wesen ist sie etwas Immaterielles. Musik wird physisch auf Instrumenten oder mit Stimmbändern hergestellt, vielleicht auf Papier notiert, trotzdem bringen uns die Frequenzen, die dabei übertragen werden, auf eine andere Schwingungsebene und verbinden uns mit einer anderen Dimension. Ich möchte Menschen den Blick in diese Dimension ermöglichen, sei es durch ein rauschhaftes Erleben oder durch die Einkehr in Stille. Musik ist in der Lage, uns den Klang der Stille und die Intensität des Augenblicks bewusst zu machen. Die Energie und die Emotion, die Musik in mir auslöst, möchte ich weitergeben. Wenn ich Musik mache, fühle ich mich am stärksten bei mir. Ich habe das Bedürfnis, mich durch Musik auszudrücken, mich durch Musik mitzuteilen. Mit Musik bin ich am authentischsten, mehr als mit Sprache oder anderen Mitteln der Kommunikation. Alles, was Musik mit mir macht, möchte ich mit Kammermusikpartnern, mit einem Orchester und natürlich mit dem Publikum teilen. Musik führt unterschiedliche Menschen, verschiedene Persönlichkeiten aus allen Kulturen zusammen, weil sie sich gemeinsam auf etwas einlassen wollen. Gemeinsam singen, gemeinsam spielen, gemeinsam tanzen – das alles verbindet Menschen. Diese Synchronisation ist intensive emotionale Kommunikation. Das Publikum ist ein ganz wichtiger Teil davon, denn die Aufmerksamkeit eines Publikums in einem stillen Saal zu erleben, ist eine Voraussetzung dafür, dass wir Musik machen können. Ich saß einmal in Bayreuth bei der Liebesszene von *Tristan und Isolde* hinter der Bühne, hörte diese unglaubliche Musik fantastisch gesungen, dirigiert und musiziert. Da verstand ich plötzlich, dass die Musik auch deshalb besonders spannend war, weil die Aufmerksamkeit drum herum so groß war. Die Stille des Publikums, die Konzentration aller Mitwirkenden, der Raum an Bewusstsein, der dabei entsteht, sind das eigentlich Spannende, das Magische. Wagner oder Mozart schaffen die Musik, um diesen Raum, diese Stille erlebbar zu machen. Auch wenn die Musik sehr laut ist, hat man 2000 Menschen in einem Saal, die durch ihre Stille und Aufmerksamkeit für ein Konzert oder eine Opernaufführung zu wichtigen Mitspielern werden.

Jeder im Publikum nimmt etwas anderes wahr. Man erlebt sich dabei in einem Spiegel, hat die Möglichkeit, bewegt zu werden und darüber nachzudenken, was die Musik in einem auslöst. Menschen kommen dabei in verschiedene emotionale Zustände, in andere Dimensionen, um letztendlich näher zu sich zu kommen. Dabei wird man mit den schönen – aber auch den weniger schönen – Seiten in sich konfrontiert. Wenn ich zum Beispiel Musik von Johann Sebastian Bach höre, sortieren sich meine Gedanken und Gefühle, der Körper ist still und die verschiedensten Parameter können sich verknüpfen.

Jeder, der selbst Musik macht, weiß, dass dabei die emotionale Intelligenz gefördert wird. Deshalb halte ich es für eine Katastrophe, dass der Musikunterricht in den Schulen zunehmend verschwindet. Er wird als musisches Fach abgetan, in dem man ein wenig Spaß haben soll oder Fingerfertigkeit übt. Für die linke Gehirnhälfte, für das rationale Denken, haben wir Mathematik, Physik, Biologie und vieles andere. Auch den Sport halte ich in der Schule für wichtig. Obwohl ich selbst als Kind den Sport hasste, denke ich, dass sich Kinder körperlich ausdrücken müssen. Was im Unterricht jedoch vernachlässigt wird, ist die Kunst, vor allem die Musik, denn man muss denken können, rechnen, lesen und schreiben können, man muss analysieren können, aber man muss auch fühlen und mitfühlen können, aufeinander hören und auf den anderen zugehen können, auch sich öffnen können, um sich auszudrücken. Die Gesellschaft verkümmert, wenn sie darauf keinen Wert mehr legt.

Wenn ich die Musik nicht hätte, wäre ich vielleicht nicht verloren, aber ich hätte keinen Boden unter den Füßen und müsste sehr mühsam andere Wege gehen, um meinen Platz zu finden. Ein Leben ohne Musik kann ich mir nicht vorstellen.

Die frühen Jahre

Eine meiner frühesten Kindheitserinnerungen ist mein Gefühl der Entthronung mit zweieinhalb Jahren durch die Geburt meiner Schwester. Meine Eltern hatten mich nicht gerade ideal darauf vorbereitet. Plötzlich war ich nicht mehr der Einzige – was damals ein einschneidendes Erlebnis für mich war. Ab diesem Zeitpunkt wurde ich schwierig, wollte Aufmerksamkeit, tat die unmöglichsten Dinge, um mich bemerkbar zu machen und hielt die Stille, die später eine elementare Kraftquelle für mich wurde, zu Hause nicht aus. Ich war ein neugieriges, lebhaftes Kind mit einem starken Willen – aber sicher kein einfaches Kind. Trotzdem hatte ich immer ein sehr gutes Verhältnis zu meiner Schwester und wir mögen uns sehr. Mit ungefähr sechs Jahren entdeckte ich die Musik für mich. Ich begann Klavier zu spielen und sah an der Reaktion meiner Eltern, dass sie Freude daran hatten, dass ich etwas »Sinnvolles« tat. Ich merkte, dass Musik ein gutes Ventil war, um die Zustimmung, Anerkennung und Liebe zu bekommen, die ich dringend gebraucht hatte. Mein Vater war selten zu Hause, was auch für meine Mutter nicht leicht war; ich musste funktionieren, irgendwie alleine zurechtkommen. Wenn mein Vater zu Hause war, empfanden wir das wie ein Fest. Ich erinnere mich gut daran, wie schwer es für mich und natürlich auch für meine Schwester war, wenn er wieder wegfuhr. Ich glaube, von ganz klein auf habe ich immer meinen Vater gesucht. Ziemlich sicher war das der erste Impuls für meine intensive Beschäftigung mit Musik. Wenn ich ihn in den Ferien besuchte, sah ich, wie er mit Orchestern arbeitete, Opern und Konzerte dirigierte. Als ich noch kleiner war, gingen wir in Zürich am Sonntag in die Kantine des alten Opernhauses, wo mein Vater Kollegen von früher traf. Er war in den Sechzigerjahren dort Kapellmeister gewesen. Ich kann mich gut daran erinnern, wie er mir den Orchestergraben zeigte und die Bühne, was mich natürlich faszinierte. Meine Mutter war Tänzerin an diesem Opernhaus gewesen und meine Eltern hatten sich dort auch kennengelernt. Manchmal ging auch sie mit mir ehemalige Kolleginnen oder Maskenbildnerinnen besuchen. Die ganze Theaterwelt mit Perücken, Masken und Kostümen fand ich faszinierend. Auch ins Balletttraining, das sie bis zum heutigen Tag macht, nahm sie mich oft mit. Ich saß dann neben der Pianistin und durfte ihr umblättern.

Die erste Oper, die ich mich erinnere gesehen zu haben, war die *Zauberflöte* unter der Leitung meines Vaters bei einer Generalprobe in Lausanne. Mit sieben oder acht Jahren beeindruckte mich das unglaublich: die Musik, die Dialoge, die Handlung, einfach alles. Ich spürte plötzlich, was Oper mit mir anzustellen in der Lage ist. Ich war so beeindruckt, dass ich spontan zu Hause die ganze Bühne aus Papier nachbaute.

Als mein Vater Chefdirigent in Basel war, nahm er mich dort zu einer Generalprobe von *Der fliegende Holländer* mit. Er brachte mich auf den obersten Rang, damit ich alles gut sehen konnte und niemanden störte. Als der Vorhang aufging, sah ich ein riesiges Schiff und einen großen Chor, was mich zunächst beeindruckte. Aber danach verstand ich die Handlung nicht und begann mich zu langweilen, denn mein Vater hatte mir zuvor nicht erzählt, worum es in dieser Oper geht. Ein großer Fehler, denn ich begann während der fast zweieinhalb Stunden im Foyer herumzulaufen, irgendwann landete ich auf der Bühne und in der letzten halben Stunde im Orchestergraben. Dort sah ich meinen Vater dirigieren, der mich kurz sehr erstaunt anschaute. Meine erste Wagner-Erfahrung war also nicht sehr erhellend, aber zumindest wusste ich von da an genau, wie ein Opernhaus von innen aussieht.

Mit neun Jahren fand ich dann zu Hause die Partitur und die Schallplatte von *Das Rheingold*, und da ich den Titel faszinierend fand, wurde ich neugierig. Es gab auch ein Buch mit Bildern von Ul de Rico, jenem Künstler, der die Illustrationen zum Film *Die unend-*

liche Geschichte gemacht hat, in dem er die Geschichte vom *Ring des Nibelungen* mit Fantasy-Bildern nacherzählte. Das animierte mich, mir *Rheingold* anzuhören, und ich war begeistert. Mein Vater nahm in dieser Zeit die Musik zum berühmten *Parsifal*-Film von Hans-Jürgen Syberberg auf, worauf er sehr stolz war. Er spielte in diesem Film auch die Rolle des Amfortas, und es beeindruckte mich, ihn im Kino zu sehen. Da ich die Playbacktechnik noch nicht kannte, war ich sehr überrascht, meinen Vater singen zu hören. Die Handlung von *Parsifal* verstand ich natürlich nicht und langweilte mich dementsprechend, vor allem, weil immer, wenn Freunde zu uns kamen, die Szenen meines Vaters vorgespielt wurden und ich sie immer wieder anschauen musste. Bald dachte ich: »Ich hasse *Parsifal*.«

Mit elf Jahren war ich zum ersten Mal in Amerika. Mein Vater dirigierte in Seattle die *Walküre*. Dieser dreiwöchige Aufenthalt war unser Sommerurlaub. Autobahnen, Hochhäuser, McDonald's – all das war für mich ungewohnt, aber die Proben zu *Walküre* schlugen bei mir augenblicklich ein.

Den Beruf meines Vaters empfand ich als sehr spielerisch, schön und natürlich. Er hatte eine sehr gute Art, mit dem Orchester zu arbeiten, und gestaltete die Proben mit Humor und Intelligenz. Man merkte, dass er gern mit anderen Musik machte. Heute weiß ich, dass er mit seiner eher antiautoritären Art seiner Zeit weit voraus war.

In der Schule war ich nur »das Kind ohne Vater«. Die Schulkollegen wussten nichts von seiner Berühmtheit, denn als Chef des Orchestre de la Suisse Romande in Genf war er ja in der französischen Schweiz und die wurde in Zürich nicht wirklich zur Kenntnis genommen. Später wurde mir klar, dass die Lehrer oder mein Chorleiter natürlich sehr wohl wussten, wer er war.

Mein Vater war ein Lebemann mit allem, was dazugehört. Er lebte sein Leben und ließ es sich gut gehen. Doch bei der Arbeit war er sehr ernsthaft und diszipliniert. Mein Vater war eine typische »Schweizer Mischung«: Er erzählte mir, dass der Name Jordan angeblich mit den Kreuzzügen zu tun gehabt habe. Die Familie wanderte dann im Zuge der Gegenreformation in Spanien als Hugenotten, also als französische Protestanten, ins damals deutschsprachige Elsass aus. Bald darauf wurde Basel die neue Heimat. Mein Vater wurde in Luzern geboren und war somit Deutschschweizer, ebenso wie sein Vater. Meine Großmutter hingegen ist Französischschweizerin, in Fribourg geboren, wo mein Vater auch studierte. Deswegen verkörperte er beide Seiten: das Deutschschweizerische, Pragmatische, Rationale, aber vor allem auch das Westschweizerische, Französische und Entspannte. Da er auch beruflich viel Zeit in Lausanne, Genf und Frankreich zubrachte, war er eher frankophil, deshalb sind auch die Vornamen von meiner Schwester Pascale und mir französisch.

Während meiner Schulzeit entwickelte ich dann neben der Musik auch einen starken Bezug zur Literatur. Mein Schulweg zum Gymnasium führte am Schauspielhaus vorbei und die Fotos in den Schaukästen machten mich neugierig. Theater war etwas, das ich von zu Hause her kaum kannte: Es gibt zwar eine Bühne, auf der wie in der Oper Geschichten erzählt werden, aber es wird nicht gesungen. Das war neu für mich. Damals war eine gute Zeit des Zürcher Schauspielhauses. Achim Benning kam damals von Wien nach Zürich und brachte viele hervorragende Schauspieler mit. Die Klassiker, die wir in der Schule lasen, schaute ich mir dann mit meinen Schulkollegen im Schauspielhaus an. Vor allem liebte ich Tschechow. Ich war als Jugendlicher eher melancholisch, daher berührten mich die Figuren von Tschechow in ihrer Vielschichtigkeit. Heute gehe ich aus Zeitgründen viel zu wenig ins Theater bzw. meistens nur, um die Arbeit eines bestimmten Regisseurs zu sehen, der für ein Opernprojekt in Frage kommt. Auch tue ich mich schwer mit Inszenierungen, bei denen ich das Stück nicht mehr wiedererkenne. In der Oper bin ich das ja mittlerweile gewohnt, schließlich habe ich ja schon viele Versionen von den meisten Opern gesehen. Aber im Schauspiel werde ich Shakespeares *Sommernachtstraum* vielleicht nur zweimal in meinem Leben sehen und da würde ich es lieber doch so sehen, wie es vom Autor gedacht war. Trotzdem hatte ich später sowohl in Paris als auch in Wien wunderbare Theaterabende.

Ich mochte bereits als Kind und Jugendlicher ausschließlich klassische Musik, aber meine Schwester liebte auch das Musical. Ihr Initiationserlebnis war *Evita* in Zürich, als die Broadway-Kompanie im Opernhaus gastierte und sie im Kinderchor mitsang. Da wir zu Hause Englisch sprachen, konnte sie sich mit den New Yorker Sängern und Tänzern gut unterhalten. Dass übrigens unsere Mutter mit uns Englisch sprach, kommt von ihrer Familiengeschichte. Sie wurde ursprünglich in Aussig an der Elbe geboren, heute heißt diese Stadt Ústí nad Labem. Sie war also Sudetendeutsche und ihre Familie musste am Ende des Krieges das Land verlassen. Sie kamen als Flüchtlinge nach Wien, wo sie in der Vorderbrühl bei Mödling untergebracht wurden. Obwohl sie buchstäblich nichts hatten, erlebte meine Mutter dort wahrscheinlich ihre glücklichsten Kindheitsjahre. Angesichts der Flüchtlingssituation heute erinnerte sie uns immer daran: »Auch wir waren Flüchtlinge.«

Ihr Vater, Friedrich Herkner, hatte an der Kunstakademie in Wien Bildhauerei studiert und kam im Rahmen eines Austauschprogramms zwischen Österreich, Nazideutschland und Irland 1938 als Professor für Bildhauerei an das College of Art in Dublin. Dann wurde er eingezogen und kämpfte im Russlandfeldzug. Es gibt viele in Russland gemalte Bilder von ihm. Da es nach dem Krieg keine Arbeit gab, kehrte er, wie mir meine Mutter erzählte, als Professor nach Dublin zurück. Bald darauf wanderte die ganze Familie nach Irland aus und nahm die irische Staatsbürgerschaft an. Meine Mutter ging in Irland in die Schule, verbrachte dort ihre späteren Kindheits- und Jugendjahre und studierte Tanz. Deswegen habe auch ich einen irischen Pass und meine Mutter sprach mit uns zu Hause immer Englisch, denn sie wollte, dass wir Kinder zweisprachig aufwachsen. Meine Eltern sprachen Hochdeutsch miteinander; niemand von uns sprach Schweizerdeutsch.

Von meiner Mutter habe ich auch ganz sicher die Disziplin. Da mein Vater kaum da war, musste sie alles alleine schaffen. Er hatte damals noch nicht die großen Gagen, man musste also auch sehen, wie man zurechtkam.

Dass ich mit sechs Jahren begann Klavier zu spielen, war eine Idee meiner Mutter. Sie drang darauf, dass ich Unterricht nahm, und sie förderte auch mein Violinspiel, als ich da meiner Schwester nacheifern wollte. Das Klavier war mir wichtig, aber ich war manchmal auch etwas faul. Gott sei Dank hörte mir meine Mutter beim Üben nur aus der Ferne zu und drängte mich nie. Zum Unterschied von meinen Kameraden musste ich damals nur zehn Minuten täglich üben.

Auf der Geige war ich begabt und bekam einen sehr guten Lehrer, den ehemaligen Konzertmeister der Zürcher Oper und des Tonhalle-Orchesters, Elemér Glanz. Ich nahm acht Jahre Geigenunterricht, erreichte in technischer Hinsicht aber nie die erforderliche Präzision. In meinem letzten Studienjahr wechselte ich zur Bratsche. Aber all diese Erfahrungen nützen mir heute natürlich bei der Orchesterarbeit.

Obwohl ich mit meiner Schwester viel gemeinsam musizierte, war sie eher dem Tanz als der Musik zugewandt. Später widmete sie sich intensiv dem Schauspiel und leitet heute sehr erfolgreich ein Kindertheater, zumal ihr die Weitergabe der Kunst an junge Menschen sehr wichtig ist.

Ab dem Alter von acht war ich sechs Jahre lang bei den Zürcher Sängerknaben, wo der Chorleiter Alphons von Aarburg großartige Arbeit leistete. Auch diese wunderbare Idee geht auf meine Mutter zurück. Eines Nachmittags brachte sie mich nach der Schule zu einer Probe, man setzte mich zum Sopran und wir erarbeiteten die *Krönungsmesse* von Mozart. Sofort machte es mir große Freude, mit anderen gemeinsam Musik zu machen, und ab nun hatte ich auch nicht mehr das Gefühl, allein zu sein: Jede Woche gab es mehrere Proben, vor den Konzerten auch Abendproben. Gerne erinnere ich mich an die Singlager in den Schweizer Bergen mit Stimmbildung, Filmabenden, Fußball- und Pingpongspielen und täglichen Proben. Vieles, was ich dort lernte, kann ich heute gut brauchen, vor allem aber, dass man beim Miteinander-Musizieren viel Freude haben kann, was so wichtig ist, und ebenso die Grundvoraussetzungen des Chorsingens: das gemeinsame Denken, das miteinander zu singen und zu atmen, das Intonieren und den gemeinsamen Ausdruck. Auch die Bandbreite des Repertoires war weit gefasst. In Kirchen sangen wir Musik von Palestrina und Bach bis hin zu Britten – immer wieder auch mit Orchester. Mein erstes Erlebnis in der Tonhalle Zürich war das »Bim-Bam« des Knabenchores in der *Dritten* Mahler. Mit diesem »Bim-Bam« begann meine Liebe zur Musik Gustav Mahlers. Dirigent war der junge Christoph Eschenbach in seinem ersten großen Chefposten. Dort zu singen, wo ich meinen Vater hatte proben sehen, war etwas ganz Besonderes. Natürlich überforderten mich die ersten drei Sätze der Mahler-Symphonie etwas, aber der letzte Satz überwältigte mich schon damals. Wir sangen auch Brittens *War Requiem* und Schumanns *Faust-Szenen*. Später durfte ich auch solo singen und ich trainierte meine Stimme. Mein Vater fand das wunderbar – ich glaube, er war sogar stolz auf mich.

Stark in Erinnerung geblieben sind mir auch die Erlebnisse mit Nikolaus Harnoncourt und Jean-Pierre Ponnelle im Rahmen der *Zauberflöte* im Zürcher Opernhaus. Claus Helmut Drese war damals Intendant und offenbar hatte er einmal eine schlechte Erfahrung mit den Zürcher Sängerknaben gemacht und wollte daher für die Drei Knaben die Tölzer Sängerknaben engagieren. Viele Interventionen brachten ihn dann doch dazu, eine Arbeitsprobe mit Harnoncourt und den Zürchern zu organisieren. Ich war nicht dabei, aber es muss eine Katastrophe gewesen sein. Trotzdem einigte man sich schließlich darauf, dass die Tölzer die Premiere und die erste Serie singen sollten und wir die Wiederaufnahmen. Ich erinnere mich auch an eine Abendprobe in der Oper, bei der unglaublich dicke Luft war und bei der Ponnelle ständig herumschrie. Wir mussten funktionieren und es war knallhart, sonst war man draußen. Damals lernte ich, dass Qualität mit Arbeit verbunden ist, und dass manchmal auch harte Entscheidungen getroffen werden müssen, um die Qualität einer Aufführung nicht zu gefährden. Als ich in Paris 2014 die *Zauberflöte* dirigierte, sollte der Kinderchor der Pariser Oper zum Einsatz kommen. Das war jedoch leider aus Qualitätsgründen unmöglich, und ich musste auf den süddeutschen Aurelius Sängerknaben bestehen. Natürlich konnte ich die Enttäuschung des Pariser Kinderchors aus meiner eigenen Erfahrung gut nachvollziehen, aber letztlich sind die Dirigenten für die Qualität einer Aufführung verantwortlich.

In Ponnelles *Zauberflöte*-Inszenierung durfte ich dann in späteren Vorstellungen den Ersten Knaben singen. Als ich viele Jahre später Harnoncourt wieder traf, erinnerte er sich noch daran. In der Zürcher Oper aufzutreten, war für mich als Kind natürlich etwas ganz Besonderes, und dann plötzlich auf dieser großen Bühne zu stehen, ein ganz merkwürdiges Gefühl, denn sämtliche Proben fanden ausschließlich auf der Probebühne statt. Man wurde dann einfach in ein Kostüm gesteckt und auf die Bühne geschickt. Ich wusste zwar, was ich zu tun und zu singen hatte, trotzdem war es schwindelerregend. Adrenalin schoss durch den Körper und plötzlich stand ich draußen. Auch an das ungewohnte Gefühl, das Publikum nicht zu sehen, erinnere ich mich noch. Davor hatte ich in Kirchen oder in Vortragssälen gesungen, wo man die Menschen sieht, aber an der Oper schaute ich plötzlich in ein schwarzes Loch und musste aufpassen, wenn ich mich auf der Bühne bewegte, nicht in den Graben zu fallen. Alles wahnsinnig aufregend! Ich glaube, es ging ganz gut, denn ich durfte mehrere Vorstellungen singen. Meine Mutter kannte den Tonmeister der Zürcher Oper, der ein ehemaliger Tänzer war. Er machte für sie von einer Vorstellung einen Mitschnitt. Jahre später hörte ich mir das dann auch an und bin zwar nicht unbedingt stolz darauf, aber immerhin: Mozart gut intoniert zu singen, ist bekanntlich wirklich nicht so einfach.

Mit dem Chor auf Reisen zu gehen, genoss ich ebenfalls sehr. Wir sangen in Italien, Österreich und Ungarn – damals noch zur Zeit des Eisernen Vorhangs. Da es ein Austauschprogramm mit dem Kinderchor der Budapester Kodály-Schule gab, wohnte ich bei der Familie des dortigen Konzertmeisters. Das waren aufregende und schöne Zeiten.

Dass man beim Musizieren aufeinander hören muss, lernte ich aber nicht nur im Rahmen des Chorsingens, sondern auch später in noch intensiverer Form im Gymnasium bei der Kammermusik. Mein Vater nahm mir damals das Versprechen ab, nie mit dem Klavierspielen aufzuhören. Heute ist es mir manchmal zu viel, aber als ich mit den Wiener Symphonikern Kammermusik spielte oder zum Beispiel Renée Fleming bei einem Rezital begleitete, merkte ich in den zwei Monaten davor, wenn ich wieder zu üben begann, wie wichtig es ist, sein eigenes Instrument weiter zu beherrschen und auch damit auf die Bühne zu gehen und die Nerven zu bewahren. Es ist einfach schön, selbst ein Instrument zu spielen! Es ist schön, für seine eigenen Töne verantwortlich zu sein und auch einmal nicht von anderen abhängig zu sein. Das, was ich mir vorstelle, direkt mit meinen eigenen Händen zum Klingen zu bringen, ist etwas ganz Besonderes für mich. Durch das Dirigieren habe ich jetzt auch wieder mehr Spaß am Üben gefunden. In Zeiten, in denen ich sechs Stunden am Tag üben musste, war es manchmal nur ein mechanischer Vorgang. Wie oft habe ich dabei auch an andere Sachen gedacht! Als ich in Wien anfing, mit den Symphonikern Kammermusik zu machen, musste ich beim Üben einen effizienteren Weg finden, da ich keine Zeit hatte, immer das ganze Werk durchzuspielen. Ich musste mich auf jene Passagen konzentrieren, die ich nicht perfekt konnte. Wie bei der Arbeit mit dem Orchester darf man sich nicht verzetteln. Man muss gezielt die Stellen proben, wo es wehtut. Für mein Klavierspiel ist dieses Wissen jetzt sehr hilfreich. Ich denke, auch als Kind wäre ein effizienteres Üben von Vorteil und vor allem auch zeitsparend gewesen – das müsste mehr gelehrt werden!

Von meinem Vater lernte ich die erste Musiktheorie. Er erklärte mir jeden Tag zehn Minuten unter anderem die Intervalle oder den Quintenzirkel. Er war von meinem absoluten Gehör fasziniert und manchmal übte er auch mit mir Klavier. In dieser Zeit begann ich meinen Vater wiederzufinden.

In der Schule nahm ich immer wieder an musikalischen Wettbewerben teil und es war mir ein Rätsel, warum ich nie unter den Gewinnern war. Die Erklärung meines Geigenlehrers war, dass ich zwar einen unglaublichen Ausdrucks- und Interpretationswillen hatte, aber in technischer Hinsicht noch dahinter zurückblieb. Ebenfalls zu denken gab mir eine Lehrerin, die auf mich aufmerksam wurde, als ich bei einem Jugendmusikwettbewerb eine Kollegin am Cello begleitete. Sie fasste mich wirklich hart an, aber nahm mich ernst, obwohl ich ja nur der Begleiter war. Ich musste anfangen zu lernen, dass musikalischer Ausdruck nur mit einer wirklich soliden Technik realisiert werden kann.

In der Schule gab es einen sehr guten Klavierlehrer: Boris Mersson. Er war in der Nachkriegszeit in der Schweiz eine wichtige Koryphäe der Musik: ein sehr guter Pianist, Komponist, Dirigent, Jazzmusiker und Kammermusiker. Er hatte sein eigenes Trio und war überhaupt ein Mann mit großer musikalischer Bandbreite. Ohne Frage war die Begegnung mit ihm einer der wichtigsten Bausteine meiner musikalischen Entwicklung. Er hatte eine Pianisten-Klasse am Gymnasium, in die ich aufgenommen wurde. Dort arbeitete er sehr systematisch mit uns. Ich lernte durch ihn, was es heißt, sechs Stunden am Tag zu üben. Da ich damals schon daran dachte, Dirigent zu werden, war er sicher der beste Lehrer für mich. Er war gleichermaßen ausgebildeter Komponist, Pianist, aber auch Dirigent. Die Dirigentenlaufbahn kam für ihn nicht wirklich in Frage, obwohl er Meisterkurse bei Herbert von Karajan und Hermann Scherchen besucht hatte. Für ihn bedeutete Dirigieren nicht viel mehr als »Führen«.

Aber dadurch hatte er eine musikalische Weitsicht, die mir ein »normaler« Klavierlehrer wohl nie hätte vermitteln können. Bei ihm lernte ich auch die musikalischen Standards und Klaviertechniken, lernte Disziplin und Aufmerksamkeit und natürlich das ganze Repertoire von Bach bis Bartók. Viel wurde auch über Musik gesprochen, wofür ich speziell auch dann dankbar war, wenn ich wieder einmal nicht genug geübt hatte. Ein wichtiges Element seines Unterrichts war Bachs *Wohltemperiertes Klavier*. Er wollte immer, dass ich die Bach-Busoni-Ausgabe spiele, die heutzutage eher verpönt ist, aber – durch Busonis Analysen – pianistisch und musikalisch gesehen ein großes Wissen über Musikgeschichte vermittelt, denn hier schwingen auch Beethoven, Brahms und das spätromantische Erbe mit. Er fand es interessant, sich der musikgeschichtlichen Tradition bewusst zu werden. Der Urtext einer Komposition ist wichtig, aber es gibt auch ein Danach. Zum Beispiel erhebt sich bei *Boris Godunow* die Frage, warum heutzutage fast immer nur die Urfassung gespielt wird und nicht wieder einmal die Version von Rimski-Korsakow. Natürlich hat sie mit dem ursprünglichem Mussorgski wenig zu tun, aber sie ist lebendige Musikgeschichte. Diese Fassung hat Generationen von Menschen *Boris Godunov* und Mussorgski nahegebracht, ist großartig instrumentiert und stammt nicht von irgendeinem Musikwissenschaftler, sondern ebenfalls von einem großen Komponisten.

Bei Boris Mersson blieb ich bis zu meinem Klavierdiplom. Später nahm ich dann bei Karl Engel Unterricht, aber das war leider nur eine sehr kurze Begegnung, weil ich bereits ein halbes Jahr später meine erste Stelle in Ulm antrat.

In der dritten Klasse des Gymnasiums arbeitete ich während der Sommerferien im Rahmen eines dreiwöchigen Musiklagers mit Jugendlichen aus aller Welt an Kammermusikstücken, für die ich ein halbes Jahr geübt hatte. Jeden Abend gab es ein »Hauskonzert«. So lernte man auch, vor den viel Besseren zu spielen. Ich wusste, dass ich jeden Tag besser wurde, aber in dieser Zeit war ich mir schon sehr sicher, dass ich dirigieren wollte. Mein Vater sagte jedoch, dass man erst einmal gut Klavier spielen müsse, um Dirigent zu werden. Damals gab es auch einen großen Kampf zwischen meinen Eltern und mir, weil ich zu dieser Zeit die Schule abbrechen wollte, um mich ganz auf die Musik zu konzentrieren. In dieser Situation erwies sich die Leitung des Gymnasiums als sehr konziliant und gewährte mir einen Hospitantenstatus. Das hieß konkret, ich könnte die Schule weiter besuchen, müsste aber nur einen Teil der Fächer belegen. In der übrigen Zeit könnte ich auf der Musiketage üben. Ich traf mit meinen Eltern eine Abmachung: Sollte ich in einem Jahr keine wesentlichen Fortschritte machen, würde ich die Schule wieder voll aufnehmen. Im selben Jahr trat ich auch als Jungstudent ins Konservatorium ein und bereitete mich auf ein Klavierlehrerdiplom vor, das ich dann – zu meiner eigenen Überraschung – sogar mit Auszeichnung bestand. Ich war zwar durch Krisen und Selbstzweifel gegangen – aber ich schaffte es! Dieses Diplom gab mir die Sicherheit eines Berufes und auch das beruhte auf einer Vereinbarung mit meinen Eltern, denn wer garantierte denn, dass ich als Dirigent erfolgreich sein würde? Als schriftliche Arbeiten schrieb ich in der Musiktheorie über die Beethoven-Streichquartette und in der Pädagogik über »Zen in der Kunst des Musizierens«. Inspiration hierfür war das Buch »Zen in der Kunst des Bogenschießens« und ich dachte mir, dass man diese Philosophie auch aufs Musizieren übertragen könnte. Mit sechzehn Jahren hatten mich spirituelle Dinge vermehrt zu interessieren begonnen. Meine Mutter entwickelte zusehends ihre Begabung als Medium, das heißt, sie hatte beispielsweise beim Zeichnen die Fähigkeit, sich von spirituellen Kräften als Channel führen zu lassen. Sie sagte dann: ES zeichnet. Das war sehr spannend für mich. Ich probierte damals mit Kollegen auch verschiedene Meditationstechniken aus und in dieser Zeit bekam ich eben auch das Buch »Zen in der Kunst des Bogenschießens« geschenkt. Zunächst dachte ich: »Was habe ich mit Bogenschießen zu tun?« Aber es geht ja in diesem Werk nicht allein ums Bogenschießen. Es geht vor allen Dingen um Geistesschulung, um die Praxis des Zen und auch um das ES. Darüber machte ich mir meine jugendlichen Gedanken, die ich in diese schriftliche Arbeit einfließen ließ. Es war meine erste Beschäftigung mit dem Spirituellen, das mich heute noch begleitet, sei es im Rahmen von Meditation oder Yoga. Vieles davon finde ich heute auch in der Stille der Natur.

Meine Familie ist ursprünglich katholisch, aber die Religion wurde nicht praktiziert. Als Jugendlicher ging ich allein in die Kirche, nicht nur aus religiösen Motiven, sondern weil ich mich als Teil des kulturellen westeuropäischen Erbes fühlte, und dazu gehört auch die katholische Bildung. Mit diesen religiösen Inhalten habe ich mittlerweile gebrochen, aber für meine Entwicklung war das eine wichtige Zeit. Ich bin nicht religiös, aber spirituell, denn ich glaube, dass es etwas gibt, das mehr ist als das, was wir wissen – Musik ist das beste Beispiel dafür! Aber ich denke, dass Religion nicht die Antwort ist.

Noch während des Konservatoriums durfte ich bei meinem Vater bei den Festspielen in Aix-en-Provence *Don Giovanni* korrepetieren. Er hatte mir damals verschiedene Wege aufgezeigt, wie man Dirigieren erlernen kann, und gemeint, es sei heute zwar die Regel, ein Dirigierstudium zu machen, aber er empfehle es mir nicht. Er selbst war ja auch den klassischen Kapellmeisterweg gegangen, arbeitete als Korrepetitor mit Sängern und sprang, wenn sich die Gelegenheit ergab, als Dirigent ein. Er meinte, Dirigieren sei ein praktischer Beruf. Ein Geiger hat seine Geige, ein Pianist sein Klavier, aber ein Dirigent bekommt während des Studiums nur jedes halbe Jahr ein Orchester zur Verfügung gestellt und dirigiert mehrere Jahre immer nur zwei Pianisten oder ein Streichquartett. Er empfahl mir den Weg über die Praxis. Es fiel mir nicht schwer, ihm zu glauben, weil ich die Oper damals ohnehin mehr liebte als Konzerte. Er meinte, wenn ich sechs

Wochen lang in allen möglichen *Don Giovanni*-Proben, also in Stellproben, technischen Proben, Statistenproben gespielt hätte und danach die Musik immer noch lieben würde, dann wäre ich vielleicht in diesem Beruf am richtigen Platz. Bei dieser Produktion lernte ich tatsächlich sehr viel und durfte sogar einmal bei einer Bühnenprobe ein bisschen dirigieren. Es war auch sehr interessant, die verschiedenen Abläufe in einem Probenprozess an der Oper zu beobachten: Wie man mit der Spannung der Sänger umgeht, was man sagt und, vor allem, was man nicht sagt. Es war keine besondere Produktion und sie wurde auch kein Erfolg, aber für mich war es eine spannende Zeit. Im Jahr darauf machten wir gemeinsam auch die Wiederaufnahme. Der Regisseur verbesserte vieles und einige Sänger wurden ausgetauscht. Da verstand ich zum ersten Mal, was es bedeutet, an einem Stück weiterzuarbeiten und es weiterzuentwickeln.

Das nächste Projekt meines Vaters war *Der Rosenkavalier* am Théâtre du Châtelet in Paris. Er brauchte noch einen zweiten Pianisten und der damalige Direktor, Stéphane Lissner, schlug ihm vor, mich zu nehmen. *Rosenkavalier* zählt zu den schwierigsten Werken überhaupt, aber ich hatte ein ganzes Jahr lang Zeit und übte wie verrückt, fast noch mehr als meine Diplomstücke, weil mir das so wichtig war. Da mein Vater damals den *Rosenkavalier* zwanzig Jahre nicht mehr dirigiert hatte, meinte er, wir sollten uns vor der ersten Probe einmal zusammensetzen. Er würde es schlagen, um die Noten einzurichten, und ich solle dazu spielen. Ich war ja damals wirklich noch sehr unerfahren, aber trotzdem sprach mir mein Vater ein ganz großes Lob aus: »Woher hast du das? Wie kannst du so gut einem Schlag folgen?« Für mich war das eigentlich selbstverständlich, aber heute weiß ich, dass sogar gute Korrepetitoren nicht unbedingt einem Dirigenten ohne Weiteres folgen können. Diese Zeit mit meinem Vater war eine der glücklichsten in meinem bisherigen Leben. *Rosenkavalier* wurde eine wunderbare Produktion mit Felicity Lott als Feldmarschallin und Kurt Rydl als Ochs. Regie führte Adolf Dresen.

Bald danach, 1994, suchte man im Châtelet noch einen Pianisten für *Siegfried* und *Götterdämmerung* mit dem Dirigenten Jeffrey Tate. Es wurde mein erster *Ring* am Klavier und eine wunderbare Gelegenheit, diese Stücke zu spielen und so genau kennenzulernen, denn Jeffrey Tate war, unabhängig von seinen dirigentischen Fähigkeiten, selbst einer der besten Korrepetitoren und Studienleiter, die es je gab. Er hatte mit Karajan gearbeitet und auch den Boulez-*Ring* in Bayreuth als Studienleiter betreut. Von ihm lernte ich die Genauigkeit, mit der er mit Sängern probte. Zunächst arbeitete er am Text, was mir heute auch sehr wichtig ist, dann an der Intonation, am Rhythmus und auch an der Bedeutung. Von seinem unglaublichen Hintergrundwissen profitierten wir alle sehr. Bei seiner *Così fan tutte*-Produktion in Aix-en-Provence wurde ich dann sein erster Assistent und spielte auch Cembalo. Erneut lernte ich da von ihm sehr viel über Probenarbeit. Er erzählte mir unter anderem, dass er einst bei der Karajan-Plattenproduktion der *Zauberflöte* nur eine halbe Stunde Zeit gehabt hatte, aus den drei sehr unterschiedlichen Sängerinnen, die sich zum ersten Mal begegneten, das Ensemble der drei Damen zu formen. Daran denke ich jetzt immer, wenn ich *Così fan tutte* mache: Ich arbeite an den Ensembles, an der Balance, an der Artikulation. Wer singt *staccato*? Wer singt *legato*? Wie bekommt man etwas deutlich heraus, wie intoniert man, wie harmonisiert man das? Er hatte immer einen ästhetisch-klassizistischen Anspruch bei Mozart, alles war immer sehr ausgewogen. Das kann man mögen oder nicht – aber ich habe ihm sehr viel zu verdanken.

Nach meinem Studium wusste ich zwar, dass ich als Repetitor arbeiten konnte, aber was dann? Sollte ich vielleicht doch Konzertpianist werden? In meiner Kindheit hatte ich verschiedene Phasen: Es gab die Phase mit dem Wunsch, Pianist zu werden. Als Sängerknabe wäre ich sehr gerne Opernsänger geworden. Es gab vielleicht auch eine kurze Regiephase als Jugendlicher, in der ich mir meine eigenen Theatermodelle baute und die großen Mozart- und Wagneropern inszenierte. Das habe ich mir damals vielleicht zu einfach vorgestellt – heute habe ich großen Respekt vor dem Beruf des Regisseurs. Aber nach der *Zauberflöte* meines Vaters oder spätestens nach der *Walküre* in Seattle wusste ich: Ich wollte dirigieren!

Die Galeerenjahre

Eines Tages rief mich eine ältere Gesangslehrerin aus Zürich, eine Frau Gerhard, an. Mit etwas gebrechlicher Stimme ließ sie mich wissen, dass sie für ihre Gesangsschüler für einige Stunden einen Begleiter bräuchte, es gäbe auch ein wenig Geld dafür. Obwohl ich zu dieser Zeit eigentlich mein Diplom vorbereiten musste, sagte ich zu. Frau Gerhard wurde zu meinem Schutzengel, weil sie immer wieder darauf bestand, ich müsse dirigieren. Auf ihre Anregung hin schrieb ich an alle in Frage kommenden Agenturen. Die meisten antworteten natürlich nicht, doch dann kam eine Nachricht von einer Stuttgarter Agentur, sie hätten meine Bewerbung an das Stadttheater Ulm weitergeleitet, wo auch Karajan begonnen hatte, und das Vorspiel sei nächste Woche. Das war natürlich eine tolle Sache. Ich war erst neunzehn und kam bei diesem Vorspiel auch gut an. Da ich aber schon als Korrepetitor für den *Ring* in Paris zugesagt hatte, stand ich allerdings für den Beginn der kommenden Saison nicht zur Verfügung. Daher wurde die Entscheidung vertagt, ich musste noch einmal mit konkreten schweren Opernszenen kommen und auch mit Sängern arbeiten. Ich übte bis dahin fleißig und wurde so tatsächlich ab Herbst 1994 Korrepetitor mit Dirigierverpflichtung am Stadttheater Ulm.

Wegen meiner Verpflichtung in Paris konnte ich weder die Eröffnungspremiere vom *Rosenkavalier* noch *Wiener Blut* korrepetieren, und so war *Funny Girl* mein erstes Stück – ausgerechnet ein Musical! Aber beim Üben bemerkte ich, wie viel Spaß mir diese Musik machte. Außerdem ist man gleich mit allen Abteilungen des Theaters beschäftigt: mit Sängern, Schauspielern und dem Ballett. Das Schöne im deutschen Stadttheater ist, dass man irgendwann immer seine

Chance bekommt. Nach zwei Monaten übernahm ich zwei Vorstellungen als Dirigent. Es gibt das ungeschriebene Gesetz an deutschen Bühnen, dass man auf jeden Fall eine zweite Vorstellung bekommt, um sich zu verbessern, denn beim ersten Mal kann ja immer etwas schiefgehen. Sollte auch die zweite Vorstellung nicht wunschgemäß klappen, bleibt man am Klavier. Das war natürlich alles sehr aufregend, ich durfte Bühnenproben und eine Bühnenorchesterprobe leiten und das erste Mal ein professionelles Orchester dirigieren.

Mein Vater half mir damals sehr, denn er hatte mich als Korrepetitor zwar sehr gelobt, aber an meinen Dirigierfähigkeiten hatte er noch große Zweifel. Die Grundlagen hatte ich zwar im Fach Orchesterdirigieren am Konservatorium gelernt und auch in der Dirigentenklasse hatte ich Klavier gespielt und zugeschaut, aber das war keine wirkliche Ausbildung. Mein Vater kam eine Woche vor meinem Debüt nach Ulm und ließ mich das Stück durchschlagen. Danach fragte er mich etwas verblüfft, wo ich denn das gelernt hätte. Er gab mir noch ein paar Ratschläge und kam auch zur ersten Vorstellung. Ich war hochgradig nervös, aber der Vorteil beim Musical ist, dass im Orchester der Drummer immer das Tempo hält. Egal was schiefgeht, man hat etwas, woran man sich festhalten kann. In der ersten Vorstellung passierte es dann auch nach 25 Minuten: ein Kapitalschmiss. Der Posaunist hatte mich nicht verstanden und nicht eingesetzt. Ich dachte, *jetzt ist es aus*, aber ich machte weiter. Später lernt man, dass es in einer solchen Situation meistens nicht aus ist, denn auch bei den Größten kann immer etwas schiefgehen. In der Pause waren alle sehr positiv, fanden den Schmiss nicht weiter schlimm, sondern hatten bemerkt, dass da ein Zwanzigjähriger mit den Sängern atmet, Freude an der Musik hat und diese auch weitergibt. Die zweite Vorstellung lief dann einwandfrei – ganz ohne Schmiss. Danach bekam ich von der zweiten Kapellmeisterin, die sich bereits bei meinem Vorspiel in Ulm für mich eingesetzt hatte, gleich die nächste Chance. Julia Jones dirigierte *Wiener Blut*, eine Operette, in der zwar alle Melodien von Strauß sind, aber das Stück als Ganzes stammt nicht von Strauß. Sie war der Meinung, ich sollte auch ein paar Vorstellungen übernehmen. Alle sagten, das sei schwerer zu dirigieren als *Die Fledermaus*, denn die Übergänge sind sehr oft ungeschickt geschrieben. Ich hatte auch großen Respekt davor, denn immerhin war es, wie mein Vater mir erzählte, Kleibers großes Erfolgsstück in Zürich, aber ich hatte große Lust auf diese Musik – allein schon wegen des *Kaiserwalzers*, der als Balletteinlage eingefügt war. Über die Weihnachtstage lernte ich fleißig. Die Ulmer spielten zwar viel Operette, aber einen Wienerischen »Nachschlag« musste man schon über eine gewisse Gestik vermitteln, was sich bei der Vorstellung dann auch bezahlt machte.

In dieser Saison dirigierte ich dann auch meine erste Oper: *Don Giovanni*. Rein technisch gesehen viel leichter als *Wiener Blut*, aber gestaltungsmäßig natürlich eine andere Kategorie. Wenn man in der Provinz eine Vorstellung übernimmt, kann man nicht viel anders machen als der für die Produktion verantwortliche Dirigent. Wenn ein Vorgänger ein Tempo vielleicht zu langsam genommen hat und alle darunter gelitten haben, kann man das zur Freude aller Beteiligten ändern, man kann auch die Dynamik ändern, muss es aber deutlich zeigen. Die Musiker waren sehr nett zu mir; wenn etwas unklar war, ließ mich das der Konzertmeister wissen, und die Hornistin sprach des Öfteren über das Thema Klang mit mir. Ein Orchester ist der beste Lehrer für einen jungen Dirigenten. Dazu war Ulm ein kleines Theater mit einer wunderbar kreativen Stimmung. In der Praxis lernt man etwa Dinge wie, dass man schnelle Läufe mitunter langsam spielen muss oder langsame Tempi eher fließend, wie man eine ganze Szene am Laufen hält oder wie man eine Szene, die nicht stimmig ist, durch das gewählte Tempo positiv beeinflussen kann. In einem kleinen Theater fix engagiert zu sein, bedeutet auch, dass sich niemand ein Blatt vor den Mund nimmt. Manche Kollegen sind nett, manche weniger, aber auch damit muss man lernen umzugehen. Jede neue Produktion, sei es *Carmen* oder *Traviata*, wird an einem so kleinen Haus wie eine Uraufführung erarbeitet, weil sie oft viele Jahre nicht auf dem Spielplan stand. Außerdem machen diese kleinen Theater alle Formen der Bühnenkunst: Oper, Operette, Schauspiel, Ballett, Musical, Kinderproduktionen, Kammeroper und Barockoper. Man lernt dadurch, welche Anforderungen das Theater abseits der Musik an den Dirigenten stellt: Dass man das Tempo für die Tänzer halten muss, wie man eine Schleife beim Musical dirigiert, in der die Musik sich so lange wiederholt, bis der Umbau oder Dialog fertig ist, oder dass man den Schlussakkord so lange halten muss, bis der Vorhang ganz gefallen ist. Ebenso wie man nach Dialogen mit der Musik einsetzt, dass man auf Scheinwerfer warten muss und dass es eben nicht nur darum geht, einfach die Musik zusammenzuhalten, sondern die ganze Vorstellung. Natürlich gab es in Ulm keine Sänger vom Niveau eines großen Hauses, sondern eher ältere Routiniers oder auch ganz junge Talente. Mit ihnen muss man behutsam umgehen. Jeder braucht individuelle Unterstützung, man muss vorsichtig sein mit seinen Kommentaren und Äußerungen. Bevor man Orchesterpsychologie lernt, muss man an einem Opernhaus Sängerpsychologie lernen, denn diese ist noch viel diffiziler. Schnell gehen da die Emotionen hoch und Tränen fließen. Als junger Dirigent will man sich einerseits merklich einbringen und hat einen starken Gestaltungswunsch, andererseits muss man sich auch zurücknehmen und auf die anderen achten, von denen man ja gleichzeitig auch viel lernen kann.

Im zweiten Jahr in Ulm verließ der erste Kapellmeister das Haus. Auch Julia Jones wechselte nach Darmstadt und es blieben außer unserem Generalmusikdirektor James Allen Gähres nur noch der Studienleiter, der zum Zweiten Kapellmeister aufrückte, und ich, da der andere Korrepetitor nicht dirigieren wollte. Dadurch kamen plötzlich viele wunderbare Aufgaben auf mich zu: *Eugen Onegin*, *Der Bettelstudent*, *Così fan tutte*, *West Side Story*, *Die verkaufte Braut*, *Werther* und *Der fliegender Holländer*. Es bewarben sich viele Dirigenten um den Posten des Ersten Kapellmeisters, aber im Orchester und auch von Seiten des Generalmusikdirektors hieß es immer wieder: »Warum bewirbst du dich nicht?« Ich war erst einundzwanzig und hatte Bedenken, ließ mich dann aber doch dazu überreden und nach meinem Vordirigat mit der *Verkauften Braut* fiel dann die Entscheidung tatsächlich für mich.

Bald kam dann meine erste Premiere mit Humperdincks *Hänsel und Gretel*. Das hieß für mich, zum ersten Mal Orchesterproben mit dem Opernorchester zu haben, denn bisher hatte ich nur das Kammerorchester in Ulm dirigiert, das ein Laienorchester war. Plötzlich hatte ich auch Verantwortung für die Sänger und war nicht mehr nur der »Nachdirigierer«. Ich trat dabei in jedes denkbare Fettnäpfchen. Man hatte mich schon vorgewarnt, dass dies ein schweres Stück sei, aber ich hatte keine Ahnung, *wie* schwer es tatsächlich ist. Durch die große Anspannung und weil ich es immer noch besser machen und perfekt vorbereitet sein wollte, verlor ich etwas von der spontanen Musikalität, die ich beim Dirigieren den Orchestermusikern bisher hatte vermitteln können. *Hänsel und Gretel* ist für ein Wagnerorchester geschrieben, aber mit leichten Stimmen zu besetzen. Das muss man akustisch perfekt im Griff haben. Anstatt nur etwas Kosmetik zu betreiben und die Lautstärke des Orchesters zu reduzieren, muss man das Stück aus seinem Geist heraus verstehen. Man darf vor allem nicht in die Wagnerfalle tappen, denn es muss wie ein Singspiel musiziert werden – eher wie Mozart oder Mahlers *Des Knaben Wunderhorn*. Ich nahm viel zu langsame Tempi, weil es sich für mich so nach Wagner anhörte, und die Musiker, die mich eigentlich mochten, waren ziemlich verzweifelt. Ich wollte mit meiner ersten Premiere natürlich die Aufführung des Jahrhunderts dirigieren. Mit einer Premiere von *Hänsel und Gretel* in Ulm! Dabei hätte es durchaus gereicht, einfach das Stück so gut wie möglich über die Bühne zu bringen! Ich war 22 Jahre alt und wollte unbedingt auswendig dirigieren, was ein Unsinn war und was niemand brauchte. Viel wichtiger wäre es gewesen, die richtigen Tempi zu wählen und einfach gut und stimmig zu musizieren. Für die Sänger hatte ich die »perfekte« Interpretation im Kopf, ohne zu wissen oder mich zu fragen, welche Intention der Sänger oder die Sängerin hat, wozu die Stimme geeignet ist und wie man damit umgeht. Sängerinnen und Musiker waren sehr ehrlich mit mir, was gut war, denn es gab wirklich noch viel zu lernen. Ich hatte mich selbst unter wahnsinnigen Druck gesetzt, weil ich so viel von mir erwartet hatte, aber es ist der Vorteil eines kleinen Hauses, dass sehr offen kommuniziert wird und dass einen das Orchester nicht auflaufen lassen will. Da lernt man sehr schnell, und als ich dann Janáčeks *Jenufa* herausbrachte, lief es bereits deutlich besser, obwohl das zunächst eine für mich völlig fremde Welt war. Ich beschäftigte mich intensiv mit diesem Werk, fuhr zunächst nach Dresden, um mir eine Vorstellung auf Deutsch anzusehen, in der Gwyneth Jones die Küsterin sang, denn auch bei uns in Ulm wurde das Werk auf Deutsch gespielt. In Frankfurt lief es dann zur gleichen Zeit mit der wunderbaren Anja Silja als Küsterin auf Tschechisch. Außerdem las ich Literatur über Janáček, hörte viel von seiner Musik und entwickelte langsam ein Gefühl für diesen Komponisten. Es wurde dann im Ganzen eine schöne Premiere. Angela Denoke, die schon auf dem Absprung nach Stuttgart war, sang Jenufa und wusste genau, was sie wollte. Damals begriff ich, dass man sich durchaus darauf einlassen kann und soll, was ein Sänger denkt, dass einem kein Zacken aus der Krone bricht, wenn man den Ideen anderer gegenüber offen ist. Kurz: Ich lernte, was Zusammenarbeit bedeutet.

Damals sammelte ich auch die ersten Erfahrungen in der Zusammenarbeit mit Regisseuren. Ich war allerdings noch viel zu sehr mit mir und der Musik beschäftigt, um zu registrieren, dass auf der Bühne vielleicht etwas nicht funktioniert, wie zum Beispiel ein akustisch ungeeignetes Bühnenbild. Auch diese Dinge muss man erst lernen.

Das Zusammenspiel mit Regisseuren ist im Grunde bis zum heutigen Tag für mich immer ein schwieriges Thema geblieben. Meine besten Erfahrungen mit Regisseuren waren bisher zumeist Wiederaufnahmen, wie zum Beispiel *Parsifal* in Bayreuth von Stefan Herheim oder Michael Hanekes *Don Giovanni* in Paris, auch wenn Letzteres nicht ganz meine Sicht ist. Bei Neuproduktionen hatte ich ganz selten eine wirklich erfüllende Zusammenarbeit. Aber selbst wenn es einmal gut funktioniert hat, heißt das noch lange nicht, dass es beim nächsten Mal wieder so ist. Auch bei den sogenannten »Kennenlerngesprächen« bin ich inzwischen sehr vorsichtig geworden. Meiner Erfahrung nach ist ein solcher Erstkontakt niemals negativ, zumal der Regisseur ja engagiert werden will. Oft hat man den Eindruck, es gebe ein Grundeinverständnis über das Stück, aber spätestens bei der Klavierhauptprobe, wo zum ersten Mal alles zusammenkommt, sieht man dann, dass vieles ganz anders ist als ursprünglich besprochen. Manches hat man sich selber während der szenischen Proben schön gesehen und gerade bei Kostümen und der Beleuchtung gibt es dann böse Überraschungen. Umgekehrt gibt es aber manchmal auch positive Erfahrungen. Ich denke da zum Beispiel an die *Entführung aus dem Serail* anlässlich des Mozartjahres 2006 im Burgtheater unter der Regie von Karin Beier. Als wir uns kennenlernten, dachte ich: Das kann nie etwas werden. Sie fand die Dialoge altmodisch und schlecht und hätte am liebsten alles neu geschrieben. Ich wollte die Produktion verlassen, es kam zum Krach, Direktor Ioan Holender intervenierte und die Dialoge wurden »nur« modernisiert. Statt »Weg Niederträchtiger« hieß es dann »Hau ab, verzieh dich«. Damit konnte ich irgendwie leben, wenngleich es nicht meine Idee von Theater ist. Die anfänglich großen Bedenken zerstreuten sich aber im Laufe der Arbeit und ich hatte letztlich viel Spaß bei der Produktion, die dann auch ein Erfolg wurde.

Bei der Zusammenarbeit mit Regisseuren ist mir die Personenführung sehr wichtig. Deshalb schätze ich auch Sänger und Sängerinnen mit darstellerischer Intelligenz ganz besonders. Wenn ich mit einem Sänger arbeite, geht es nie nur um Intonation, Phrasierung oder Farben, sondern es geht immer auch um den Inhalt. Am problematischsten sind für mich einerseits Sänger, die in einer musikalischen Probe nicht an der Gestaltung arbeiten wollen und ohne Energie nur die Noten singen und andererseits solche, denen man in einer szenischen Probe nichts Musikalisches sagen darf. Ich möchte mit Menschen arbeiten, die für die ganze Sache brennen, mit denen man – durchaus auch kontroversiell – diskutieren kann, um letztlich einen gemeinsamen Weg zu finden. So soll es auch in der Zusammenarbeit mit der Regie sein.

Als Dirigent muss man sich mit dem Regisseur über die einzelnen Figuren genau absprechen, denn die musikalische Gestaltung muss mit der szenischen zusammenpassen. Vielleicht ist ein Regisseur anderer Meinung über die Psychologie einer Figur, kann mich aber mit schlüssigen Argumenten überzeugen und wir gehen dann diesen Weg gemeinsam. Oder das Gegenteil tritt ein, wie es zum Beispiel 2004 in Salzburg bei *Così fan tutte* der Fall war. Zu Beginn der Arbeit mit Ursel und Karl-Ernst Herrmann hatte mich zunächst die Idee fasziniert, dass die Frauen den Schwindel der Männer mithören, aber dann wurde mir im Laufe der Proben mehr und mehr klar, dass dieses Konzept nicht funktionieren kann. Ich hatte die Premiere bei den Osterfestspielen nicht dirigiert – das war Simon Rattle mit den Berliner Philharmonikern –, aber bei der Wiederaufnahme zu den Sommerfestspielen mit den Wiener Philharmonikern lief dann leider vieles aus dem Ruder. Hinzu kam damals meine Kontroverse mit den Herrmanns, deren Regiekonzept es nicht zuließ, dass ich vom Cembalo aus dirigieren konnte. Wir hatten ein paar Jahre davor in Brüssel gemeinsam eine sehr schöne Produktion von Rossinis *Il Turco in Italia* mit einem Klavier auf der Bühne gemacht. Bei *Così fan tutte* bekam ich mein Cembalo – damals war ich ein überzeugter Cembalo-Fetischist, was ich heute nicht mehr bin –, aber plötzlich stand dann ein Hammerklavier auf der Bühne. Dann fielen so polemische Sätze wie: »Was soll ein Cembalo auf der Bühne, da können wir den Sängern gleich Barockperücken verpassen!« Selbstverständlich muss es aber die Entscheidung des Dirigenten bleiben, welche Instrumente in einer Produktion verwendet werden! Das war allerdings nur der Aufhänger, denn letztlich sollten bei dieser Produktion sogar Dynamik, Tempo und Kunstpausen der Sänger ausschließlich von der Regie bestimmt werden! In einer szenischen Probe, als Rezitative geprobt wurden, die bekanntlich der Motor der Da Ponte-Opern sind, sah ich dann, wie sehr sich Musik und Regie immer weiter voneinander entfernten. Ich wusste ja inzwischen sehr gut, wie man Rezitative gestalten muss, schließlich hatte ich das bei Daniel Barenboim gründlich studieren können, der es wiederum von Jean-Pierre Ponnelle gelernt hatte. Riccardo Muti, James Levine, Harnoncourt – sie alle haben sehr viel an den Rezitativen gearbeitet, wohl wissend, wie wichtig das für den Ablauf der gesamten Produktion ist. Bei den musikalischen Nummern versuchten wir dann, die richtigen Emotionen zum Ausdruck zu bringen, um das Ganze noch irgendwie zu retten, aber von den zehn Vorstellungen gelangen vielleicht gerade einmal zwei oder drei. Daher wollte ich für die Wiederaufnahme im nächsten Jahr andere Bedingungen. Vor allem die Entscheidung über Tempi und über die Pausen in der Musik sowie Mitsprache bei der Sängerbesetzung, sollten wieder mehr nach musikalischen Maßgaben getroffen werden. Doch plötzlich hieß es alles müsse genau gleich gleichbleiben.

Intendant Peter Ruzicka war mir leider keine Hilfe, also sagte ich ab. Da alles noch dazu über die Medien ausgetragen wurde, waren die Salzburger natürlich besonders verärgert, dass sich ein so junger Dirigent mit ihnen anlegte, und danach blieben die Türen für mich geschlossen. Markus Hinterhäuser war dann nach seiner Ernennung sehr interessiert, mich wieder nach Salzburg zurückzuholen, aber das ließ sich wiederum wegen meines Engagements in Bayreuth nicht vereinbaren.

DANIEL BARENBOIM:
»Als Philippe Jordan zum »vordirigieren« kam, um mein Assistent zu werden, war er erst dreiundzwanzig Jahre alt. Er dirigierte die Ouvertüre zu Hänsel und Gretel, *die sehr schwer ist. Er machte das extrem gut. Er war sehr, sehr bescheiden, fast scheu … Ich wollte, dass er die Premiere von* Christoph Kolumbus *dirigiert, er lernte einen Sommer lang die nicht einfache Partitur mit Bühnenmusik und Chor und bei der ersten Probe im September schloss er als Erstes die Partitur und probte auswendig. Er hatte das Orchester innerhalb von fünf Minuten in der Hand … Jetzt ist er seit vielen Jahren Musikdirektor der Pariser Oper und Chefdirigent der Wiener Symphoniker. Ich bin sehr glücklich und sehr stolz auf Philippe Jordan.«*

Statement aus der Dokumentation »Philippe Jordan – Zum Dirigieren geboren« (Telmondis / Arthaus Musik / RM Creative 2016)

In der Zeit, als ich in Ulm Erster Kapellmeister war, Premieren leitete und auch schon in Häusern wie Brüssel oder Graz gastierte, kam das Angebot von Daniel Barenboim, sein Assistent in Berlin zu werden. Man weiß, dass die Assistenten von Barenboim nicht nur Kaffee holen, sondern voll in den musikalischen Betrieb eingebunden sind und auch dirigieren. Eva Wagner, die mich aus der Zeit des *Rings* am Châtelet kannte und der ich in der Anfangszeit viel zu verdanken habe, hatte mich ihm empfohlen. Es gab ein kurzes Gespräch, das so typisch für Barenboim war. Er sagte nicht, was *er* brauchte, sondern fragte mich, was *ich* suchte. Dann wollte er mich einmal mit dem

Orchester arbeiten sehen und zwei Wochen später, als er die *Neunte* Beethoven für das Silvesterkonzert probte, stellte er mich der Staatskapelle vor und sagte, dass mir die Musiker fünfzehn Minuten geben sollten. Ich wollte die Ouvertüre und den Hexenritt aus *Hänsel und Gretel* machen. Der Orchesterdirektor hatte es aber vergessen. Da das Werk lange nicht an der Staatsoper gespielt worden war, mussten die Noten von der Deutschen Oper Berlin geholt werden und das Orchester musste fast dreißig Minuten warten. Mir war das schrecklich unangenehm und die Stimmung schien schlecht. Ich hatte ja damals noch nicht so viel dirigiert und spürte plötzlich die ungewohnte Reaktion der Berliner Staatskapelle auf meinen Schlag. Ich fühlte mich nicht wohl, weil dieses Orchester, wie alle großen deutschen Orchester, *hinter* dem Schlag spielte, während ich in Ulm gewohnt war, dass *auf* den Schlag gespielt wird. Das war neu für mich und damit konnte ich damals noch nicht umgehen. Es war sicher kein gutes Vordirigat. Aber Daniel Barenboim strahlte, weil er, wie mir ein Geiger später erzählte, bei mir einen starken Gestaltungswillen sah, was ihm imponierte. Danach sagte er mir, dass er mich gerne ab der Spielzeit 1998/99 für vier Jahre engagieren wolle, und ich sollte gleich im Herbst die Premiere von *Christoph Kolumbus* von Darius Milhaud nach einem Libretto von Paul Claudel übernehmen, was niemand dirigieren wollte, weil die Musik ein typisches Produkt der Zwanzigerjahre mit vielen Chören und zum Teil überbordender Musik ist. Ich erkannte das sofort als eine große Chance, denn bei einer Neuproduktion lernt man das ganze Haus kennen: das Solistenensemble, das Orchester, die Technik, den Chor. Regie führte der berühmte englische Filmregisseur Peter Greenaway, was für mich nicht immer ganz einfach war, und die Musiker verstanden zunächst meine große Begeisterung für das Stück nicht. Erst im zweiten Jahr, bei der Wiederaufnahme, fand ich den richtigen Weg, den Funken überspringen zu lassen. Ich konnte dann auch schon besser mit dem Orchester umgehen, weil ich Barenboim viel bei seiner Orchesterarbeit beobachten konnte. Ich hatte mit der Zeit gelernt, ein Gespür dafür zu entwickeln, was man wann verlangen kann und wo man insistieren muss. Zu Beginn war ich einfach nur beeindruckt von der Qualität des Orchesters.

Von Barenboim lernte ich auch, wie man Sänger stimuliert, mit welcher Begründung man Künstler holt, wie man an Klangfarben arbeitet, wie man mit Sängern und Sängerinnen am Text arbeiten muss. Ich lernte, mit dem Orchester Bogenstriche, Fingersätze, Rhythmusfragen und Intonation zu besprechen – Dinge, von denen man als junger Dirigent fälschlicherweise glaubt, sie seien selbstverständlich. Daniel und ich hatten wunderbare Gespräche. Ich konnte ihn alles fragen. Immer ging es vor allem um Gestaltung, und erst am Schluss kam vielleicht auch die Frage: »Wie schlage ich das?« Es gab nie die Gefahr, ihn zu kopieren – im Gegenteil! –, ich konnte auch stets meine eigenen Tempi wählen, wenn ich ihm ein Werk nachdirigierte. Ich erinnere mich noch gut an einen *Figaro* in meinem ersten Jahr, bei dem ich sehr genau beobachten konnte, wie er an Rhythmus, Tempo und an der Farbigkeit der Rezitative arbeitete. Über Mozartinterpretation kann man ja immer diskutieren, aber Daniel Barenboim kommt natürlich vom Klavier und weiß aus dieser Perspektive genau, was er mit Mozart will. Einmal ließ er mich in einer Bühnenorchesterprobe eine halbe Stunde dirigieren, worauf ich gar nicht vorbereitet war. Aber so eine Situation muss man dann meistern und bei der Orchesterhauptprobe sagte er plötzlich, ich solle von Anfang an alles dirigieren. Zunächst wollte ich nicht, aber er entgegnete nur, wenn er krank wäre, müsse ich ja auch einspringen. Natürlich kannte ich das Werk gut, weil ich die szenischen Proben dirigiert hatte, aber dann das ganze Werk zu dirigieren, den Sängern die nötigen Einsätze zu geben, die richtigen Tempi zu wählen, alles richtig zu schlagen, ist doch noch etwas ganz anderes. Das Feedback nach der Probe war sehr positiv, was mich natürlich freute, zumal ich auf diesen Einsatz gar nicht wirklich vorbereitet gewesen war. Im Nachhinein war das insofern auch interessant, als ich zuvor bei *Hänsel und Gretel* im Ulm alles »richtig« machen wollte, jedes Detail kannte und das Ergebnis trotzdem nicht gut wurde. Dann macht man etwas ein bisschen improvisiert und es läuft viel besser. Trotzdem wollte und will ich immer perfekt vorbereitet sein, obwohl mir mein Vater schon in Ulm sagte, ich müsse lernen, ein Stück auch einmal »al fresco« zu machen. Das verstand ich damals nicht, mache auch heute noch nichts »al fresco«, aber ich denke, man sollte sich eine gewisse Spontaneität in der Arbeit erhalten, wach bleiben, um zu sehen, was angeboten wird und wie damit umzugehen ist. Wenn man keine Distanz zu sich selbst hat und nur das hört, was in einem selbst ist, hört man nicht, was draußen ist. Oder anders ausgedrückt: Innerlich muss man hören, was man hören will, und gleichzeitig das was wirklich da ist. Um diesen Unterschied gilt es sich dann Gedanken zu machen. Man darf auch keinen Tunnelblick auf ein bestimmtes Stück bekommen, sondern muss damit umgehen können, wenn man in der Früh mit einem Sänger ein ganz anderes Stück repetiert als das, was davor geprobt wurde, am Abend *Butterfly* dirigiert, am nächsten Tag an einer Wiederaufnahme arbeitet, dann eine Orchesterprobe von Barenboim besucht und am Abend dann *Barbier von Sevilla* leitet. Das ist Theateralltag, das ist wirkliches Musikerleben. Als junger, unerfahrener Dirigent ist man auf jedes Detail fixiert und sieht den Wald vor lauter Bäumen nicht. Heute weiß ich, dass man bei jedem Stück, egal ob Oper oder Konzert, zunächst von der großen Form, vom Überblick ausgehen muss. Dann ist man auch in der Probe offener und schneller. Ein Sechzehntellauf, der am Anfang einer Probe nicht gelingt, oder hin und wieder ein »Verspieler« ist unwichtig. Aber ob das Tempo geschärft ist oder der Rhythmus nicht stimmt, ob ein Übergang nicht funktioniert, *das* ist wesentlich. Für mich war dann Wagner der Schlüssel zu dieser Erkenntnis. Als ich in Zürich den *Ring* dirigierte und mich ein ganzes Jahr damit beschäftigte, lernte ich, großflächig über ganze Akte zu denken – bei Wagner eine unabdingbare Notwendigkeit. Man lernt mit der Zeit auch Vertrauen ins Orchester zu haben und die Musik nicht zu zerstückeln. Man lernt das vor allem mit Wagner, der ja nicht nur Komponist, sondern einer der ersten großen Dirigenten im heutigen Sinne war.

Die Aufbaujahre

Mit 27 Jahren wurde ich Chefdirigent der Oper Graz. Mein Engagement begann mit der Saison 2001/02 und so verließ ich Berlin bereits ein Jahr früher als geplant. Barenboim legte mir natürlich nichts in den Weg, den Vertrag bereits früher zu beenden, aber kann es bis heute nicht ganz lassen, mich daran zu erinnern, dass ich im Grunde »ein Jahr zu früh gegangen« bin. Für mich war aber die Entscheidung für die Position in Graz ein ganz wesentlicher Schritt in meiner Entwicklung. Die Bedingungen waren ausgezeichnet, um zu lernen, wie man Verantwortung übernimmt, wie man ein Orchester formt, wie Planung funktioniert und vieles mehr. Graz war für mich damals deshalb so ideal, weil das Haus nicht zu groß und nicht zu klein ist, ein Orchester von 95 Musikern hat, ein eigenes Ensemble, einen wunderschönen Saal und ein Publikum, das seine Oper liebt. An einem Haus dieser Größe kann man bereits formen und gestalten, aber auch noch Fehler machen – um daraus wiederum zu lernen. Ich denke, es war immer meine Art, ehrlich zu sein, aber mitunter verschreckt und verletzt man einen Menschen, wenn man ihm – vor allem im falschen Moment und nicht mit den geeigneten Worten – reinen Wein einschenkt. Für mich stellte sich immer die Frage: Wie kann man jemandem sagen, was er noch besser machen könnte, ohne dass sich dieser Mensch auf eine verletzende Weise kritisiert fühlt? Heute denke ich, oft ist es besser, zunächst einmal das Positive zu sagen, als das Negative direkt anzugehen. Diese Vorgänge in der künstlerischen Arbeit funktionieren wie in einer Beziehung und sind ein langer und schwieriger Prozess.

Trotz aller Bemühungen gibt es allerdings auch Situationen, die es erforderlich machen, dass ein Sänger oder eine Sängerin ausgetauscht wird. Beispielsweise wenn sich die Stimme oder der Künstler anders entwickelt hat, als man drei Jahre vorher, als der Vertrag abgeschlossen wurde, angenommen hat, und daher die Rolle nicht mehr optimal singen kann. Ein anderes, gar nicht so seltenes Beispiel ist, wenn eine Sängerin ein Kind bekommen und die Stimme sich dadurch verändert hat, oder eine Karriere dem Ende entgegengeht. Letztlich ist es eine Entscheidung des Intendanten, denn Verträge müssen gegebenenfalls ausbezahlt werden, aber wenn die Situation sehr schwierig ist, wird der Dirigent dazugeholt. Natürlich geht es nicht zuletzt auch ums Geld. Jeder Mensch hat Fixkosten zu begleichen, vielleicht müssen Wohnungsraten abbezahlt werden, hinzu kommt, dass manche Sänger ihre eigene Leistung vielleicht nicht mehr objektiv sehen und demzufolge nicht merken, dass mit ihrem Auftritt niemandem gedient ist – nicht der Produktion, nicht dem zahlenden Publikum und vor allem nicht dem Sänger oder der Sängerin selbst. In Paris war ich einmal in der Situation, dass ich mich – gegen große Widerstände – durchsetzen musste, dass eine Sängerin ausgetauscht wird. Anders wäre es nicht möglich gewesen, eine für alle Seiten zufriedenstellende *Walküre* zu machen. Solche Entscheidungen gehören zu den unangenehmsten Momenten in unserem Beruf. Aber je länger man diesen ausübt, desto mehr muss man für Qualität kämpfen und umso weniger Kompromisse darf man eingehen. Ich bin an sich ein gutmütiger Mensch und muss in solchen Situationen lange mit mir hadern, aber letztlich habe ich für meine Standards vor dem Publikum geradezustehen. Man muss sich ein paar Mal die Finger verbrennen, um zu erkennen, dass Kompromisse manchmal nicht möglich sind, denn man hat nicht nur einen Ruf zu verlieren, sondern die Gesamtqualität einer Vorstellung kann durch einen einzigen »Störfaktor« empfindlich hinuntergezogen werden. Mein eigenes Musizieren wird schlechter und das des ganzen Orchesters. Auch die Kollegen auf der Bühne können nicht ihr Bestes geben. Intendantin in Graz war damals Karen Stone, eine echte Ensemblemutter, die viel Theatergeist im Haus versprühte. Sie machte eine spezielle Art von Theater: publikumsfreundlich, aber trotzdem immer mit Niveau. Ihr Vorgänger, Gerhard Brunner, der elf Jahre Intendant gewesen war, hatte sehr interessante Produktionen gemacht, aber Publikum verloren.

Der Beginn unserer Zusammenarbeit war wirklich ein Zauber, Karen Stone war enorm motiviert, führte ein junges, begabtes, harmonisches Ensemble zusammen, es herrschte Aufbruchsstimmung. Ich begann im Spätsommer 2001 in dem wunderschönen Haus mit *Eugen Onegin* mit der damals ganz jungen Tamar Iveri und dem ebenso jungen Mariusz Kwiecień. Das Orchester war nach der langen cheflosen Zeit hungrig auf Arbeit und ließ sich liebevoll auf den jungen Dirigenten ein. Nie werde ich vergessen, wie ich bei der Premiere nach der Pause herauskam und der Saal jubelte. Das kannte ich in dieser Form noch nicht. Zunächst war es eine sehr schöne Zeit: *Fledermaus*, *Don Carlo*, *Ariadne auf Naxos* und viel englisches Repertoire wie Brittens *Turn of the Screw* und *Peter Grimes*. Ich dirigierte meinen ersten *Parsifal* mit Michaela Schuster, die dabei ihre erste Kundry sang, Stephen Gould mit seinem ersten Parsifal, und Peter Rose gab zum ersten Mal Gurnemanz. Diese Sänger findet man jetzt in diesen Rollen an allen großen Bühnen der Welt, aber damals in Graz fingen wir alle gemeinsam an. Nun trifft man sich überall wieder, und ich freue mich jedes Mal, wenn sich unsere Wege kreuzen. Die Erfahrung des gemeinsamen Beginns verbindet.

In dieser Zeit musste ich viel Repertoire lernen, auch für das Konzertpodium im Grazer Stephaniensaal, denn wir verstärkten auch die Konzerttätigkeit des Orchesters. Meine erste *Eroica*, *Fünfte* und *Neunte* Beethoven, die ersten Mahlersymphonien, das *Lied von der Erde* und vieles andere mehr haben wir damals erarbeitet. Als Operndirigent hatte ich ja schon einige Erfahrung, aber die Konzerte waren für mich eine neue Herausforderung. Es gab vieles zu entdecken und enorm viel zu lernen. Im Nachhinein weiß ich natürlich, dass ich damals einfach noch nicht »über« den Werken stand. Ich hatte sie gerade so gelernt, dass ich mit den Musikern arbeiten konnte, aber natürlich fällt man zum Beispiel bei seiner ersten *Neunten* Beethoven in jede nur mögliche Falle. Man weiß noch nicht, wie bestimmte Übergänge gestaltet werden müssen, oder dass die ersten Geigen an einer ganz bestimmten Stelle auf das erste Horn hören müssen oder

Ähnliches. Ich bin sehr froh und dankbar, dass ich diese wichtigen Werke damals in Graz erarbeiten und diese Erfahrungen sammeln konnte.

Ich empfand damals das Grazer Publikum als unglaublich herzlich. Die Menschen kamen mit großer Begeisterung nicht nur in die Oper, sondern vor allem auch in die Konzerte, sodass diese Abende sehr schnell fast schon Kultstatus bekamen. Aber nie werde ich die Worte eines Ersten Klarinettisten vergessen, der, als er in Pension ging, sich bei mir für die Arbeit mit dem Orchester bedankte, abschließend jedoch anmerkte, dass es ihm aber etwas auf die Nerven gegangen sei, dass die Menschen sagten: »Gemma Jordan schauen.« Die Menschen sollten doch in erster Linie wegen der Musik kommen … Er hatte natürlich völlig recht, aber es soll auch nichts Schlimmeres geschehen, als dass ein Publikum neugierig auf junge Künstler ist.

Es waren also sehr produktive und ereignisreiche Jahre, doch dann kam völlig überraschend der Abgang von Karen Stone, was für uns alle ein Schock war. Grund dafür war die Ausgliederung der Oper in eine sogenannte Holding. Davor war Karen Stone Generalintendantin für alle Sparten. Nach der Ausgliederung sollte sie nur noch für den Bereich Oper verantwortlich sein, obwohl ihr Vertrag anders lautete. Es gab Streitigkeiten mit der Politik, sie bekam keinerlei Unterstützung und von einem Tag auf den anderen hieß es dann, dass sie das Haus für die Oper in Dallas verlässt. Plötzlich war ihre schützende Hand für mich weg. Es stand dann auch zur Debatte, ob ich nicht Intendant und Musikdirektor in einer Person sein könnte, aber diese Option war nie ein Thema für mich. Dann wurden diverse mögliche Kandidaten diskutiert und ich brachte den Namen von Roland Geyer ins Spiel, der sehr interessiert war und ein fertiges Konzept präsentierte. Ich selbst hatte einen Dreijahresvertrag, wollte ursprünglich auch länger bleiben, stellte aber Forderungen. Vor allem: mehr Geld für das Orchester, damit bessere Leute zu den Probespielen kämen, wenn die Stellen besser bezahlt würden. Ich lehnte mich weit aus dem Fenster, pokerte auch vielleicht ein bisschen hoch, aber letztlich wäre ich zunächst noch gerne in Graz geblieben. Allerdings musste ich bald erkennen, dass keinerlei ernsthafte Zusagen seitens der Politik kamen, und wollte mich nicht mit leeren Versprechungen abfinden. Auch wollte ich meine weitere Zeit nicht hauptsächlich mit Kämpfen verbringen und so verlängerte ich schließlich meinen Vertrag nicht. Viele dachten, ich sei im Streit gegangen. Tatsache aber war: Ich habe nur einfach nicht mehr verlängert. Da ich nicht blieb und auch Roland Geyer keine wirkliche Unterstützung bekam, sagte auch er ab. Wir wollten ja ein Team bilden. In der Folge übernahm er dann als Intendant das Theater an der Wien, welches unter seiner Leitung nach langer Zeit wieder ausschließlich ein – höchst erfolgreiches – Opernhaus wurde.

Ich merkte auch sehr bald, dass es letztlich richtig war, in Graz die Notbremse zu ziehen. Intendant wurde schließlich Jörg Koßdorff, der technische Direktor des Hauses. Was in Graz immer am besten funktioniert hatte – noch weit besser als meine Arbeit mit dem Orchester –, war die Technik. Alle Regisseure kamen gerne nach Graz, eben weil die Technik dort so gut arbeitete. Ich mochte Koßdorff, sagte ihm aber ganz offen, dass ich mit ihm nicht diese Chemie spürte, die mich mit Karen Stone verbunden hatte.

Parallel zu dieser am Ende eher unerfreulichen Entwicklung in Graz kamen aber viele interessante Anfragen für mich. Darunter die Wiener Symphoniker, das RSO Wien, die Salzburger Festspiele, die Wiener Staatsoper. Am Ende meiner Grazer Zeit dirigierte ich 2004 in Berlin auch eine Neuproduktion von Hans Werner Henzes *Elegie für junge Liebende* an der Staatsoper. Zuvor hatte ich dort bereits andere Premieren geleitet, aber da die *Elegie* ein Werk aus der zweiten Hälfte des 20. Jahrhunderts ist, erregte sie in der Presse viel Aufmerksamkeit. Ich hatte mir das Stück vom neuen Intendanten, Peter Mussbach, gewünscht, der in einer Stadt mit drei Opernhäusern ohnehin lieber neue Werke aufführte, als ständig das herkömmliche Repertoire wieder und wieder zu reproduzieren. Christian Pade, ein damals vielversprechender junger Regisseur, inszenierte. Im Vorfeld gab es Diskussionen über etwaige Kürzungen, ehe sich Henze persönlich einschaltete, der sein Werk natürlich möglichst vollständig sehen wollte. Seinen Wunsch nahm ich mir zu Herzen. Zwei Tage vor der Premiere hatte ich einen Fahrradunfall und musste aufgrund eines riesigen Hämatoms unter Vollnarkose operiert werden. Am Tag der Premiere wurde ich mittags mit zwei Krücken aus dem Krankenhaus entlassen. Zeitgenössische Opern dirigiere ich normalerweise ohnehin sitzend, insofern war das nicht so ein Problem. Die wirkliche Herausforderung erwartete mich dann allerdings beim Schlussapplaus. Ich konnte zwar ein paar Schritte ohne Krücken gehen und mich verbeugen, aber dann kam der schwierigste Moment: Ich musste Hans Werner Henze für den Applaus auf die Bühne bitten. Da er schon Mitte achtzig war, dauerte es eine gefühlte Ewigkeit und das hatte ich natürlich nicht einkalkuliert. Während er ganz langsam auf die Bühne kam, dachte ich die ganze Zeit: Hoffentlich halte ich noch das Gleichgewicht. Aber Henze zeigte sich angeblich sehr zufrieden mit unserer Arbeit und war auch bei der ganzen Probenarbeit äußerst generös und zurückhaltend. Für mich war es eine wunderbare Erfahrung, den Komponisten bei der Produktion seines Werkes dabeizuhaben.

Die Pionierjahre

Als ich 2004 nach diesen drei Jahren erster Cheferfahrung Graz verließ, war ich zunächst einmal müde und erschöpft. Ich konnte damals einfach noch nicht mit meinen Emotionen und Kräften haushalten und musste erst lernen, an meiner inneren Haltung zu arbeiten oder wie man mit seinen Ängsten und seinem Perfektionsdrang umgeht. Das ist ein langer Weg, aber einer der wichtigsten, den es für junge Künstler zu gehen gilt. Deswegen war mir nach Graz auch klar, dass ich zunächst nicht sofort wieder eine Chefstelle antreten wollte, obwohl es an Angeboten nicht mangelte. Besonders verlockend für mich war jenes von Alexander Pereira für die Oper in Zürich. Aber zurück in meine Heimatstadt zu gehen, hätte damals auch bedeutet, mich dem Vergleich mit meinem Vater auszusetzen, der zu dieser Zeit noch lebte und wirkte. Pereira rollte mir wirklich den roten Teppich aus, aber ein Chefposten war für mich zu diesem Zeitpunkt keine Option. Ich musste schließlich die Welt erst entdecken. Aber abgesehen davon, dass ich Graz erst einmal verarbeiten wollte, und natürlich auch wegen der Bedenken im Hinblick auf meinen Vater war es an der Zeit, unterschiedliche Orchester kennenzulernen und mir international einen Namen zu machen. So wurden die darauffolgenden Jahre bis zu meinem Amtsantritt in Paris eine ganz wesentliche Phase der Erfahrung in meiner weiteren Entwicklung.

Die ersten beiden Jahre nach Graz arbeitete ich dann ausschließlich als freischaffender Dirigent, aber 2006 kehrte ich schließlich in der Position des Ersten Gastdirigenten an die Staatsoper in Berlin zurück. Als solcher hatte ich eine Premiere und zwei Wiederaufnahmen pro Jahr sowie ein Symphoniekonzert zu leiten – es blieb mir also neben diesen Verpflichtungen genug »Luft«. Mozarts *La clemenza di Tito*, Verdis *Un ballo in maschera* und im dritten Jahr Mozarts *Entführung aus dem Serail* waren meine Neuproduktionen und als Wiederaufnahmen leitete ich unter anderem *Salome* und *Tannhäuser*. Ich wohnte damals auch in Berlin, war dadurch also mehr zu Hause. Ich hatte somit neben der vielen Arbeit auch einen Ort, an dem ich etwas Ruhe fand. Endlich konnte ich so etwas wie ein wirkliches Privatleben entwickeln und gleichzeitig auch außerhalb von Berlin Erfahrungen für meine weitere Entwicklung sammeln.

Obwohl ich die Position in Zürich ausgeschlagen hatte, lud mich Alexander Pereira ein, in den kommenden Jahren mehrere wichtige Produktionen am Zürcher Opernhaus zu leiten, und die sollten für meine Zukunft wirklich entscheidend werden.

Die Staatskapelle Berlin war und ist künstlerisch stark durch Daniel Barenboim geprägt, in Zürich dagegen musizierte man – schon wegen der Größe des Hauses und der intensiven Arbeit mit Franz Welser-Möst – eher kammermusikalisch, und ich spürte noch die jahrelange Harnoncourt-Erfahrung dieses Orchesters, was mir persönlich durchaus entgegenkam. Viele Orchestermusiker kannten meinen Vater, daher gab es natürlich zunächst doch eine gewisse Vergleichssituation, aber alle merkten schnell, dass ich im Grunde sehr anders war als er, und waren mir gegenüber dann sehr aufgeschlossen. Die starke künstlerische Präsenz, die ich zu dieser Zeit an diesem Haus hatte, und die Werke, die ich dirigierte, erwiesen sich letztlich für mich als ideale Vorbereitung auf die Pariser Oper.

Die Rückkehr an die Oper in Zürich war für mich auch sehr emotional. Bei meinem Debüt war ich nervöser als an der Met, in Salzburg oder Wien, denn es war ja doch das Haus, in dem ich meinen ersten *Don Giovanni*, meine erste *Tosca*, meinen ersten *Don Carlo* gesehen hatte – in dem sich meine Eltern kennengelernt hatten, in dem mein Vater dirigierte und ich hospitiert hatte. Für mich schloss sich ein Kreis.

Mein erstes Auftreten war im September 2005 in einem Konzert mit Haydns *Schöpfung*, dem noch in der gleichen Saison die Produktion von Leoš Janáčeks *Sache Makropulos* folgte.

Gleich zu Beginn der folgenden Saison, also im Herbst 2006, leitete ich dann die Premiere von Busonis *Doktor Faust* und in der Saison 2008/09 konnte ich einen ersten gesamten *Ring*, in der bestehenden Produktion von Robert Wilson, musikalisch neu einstudieren – natürlich ein Höhepunkt im Leben von fast jedem Dirigenten. Zuerst folgten zwischen September und April jeweils die Wiederaufnahmen der einzelnen Werke in der Chronologie der Tetralogie und dann bis Saisonende drei gesamte Zyklen.

Ich bin Alexander Pereira bis heute unendlich dankbar, dass er mir, obwohl ich sein Werben um den Chefposten ausgeschlagen hatte, diese Chance gab. Er machte es mir sogar möglich, auch meine ersten *Meistersinger* an diesem Haus zu erarbeiten, wofür ich im Frühjahr 2010 – also schon zu meiner Pariser Zeit – noch einmal zurückkehrte.

Ich denke, dass ich mich in dieser Zeit sowohl als Musiker als auch menschlich entscheidend weiterentwickelte. Ich sah, dass auch andere Angst hatten, und lernte, wie man beruhigend einwirkt. Ich lernte auch meine eigenen Grenzen besser kennen und konnte mich zusehends darauf einstellen. Auch die Spiritualität, die mich als Jugendlicher bereits interessiert hatte, entdeckte ich für mich in dieser Phase neu.

Insgesamt waren diese sechs Jahre, in denen ich viel reiste, viel von der Welt sah, die unterschiedlichsten Orchester und ganz wunderbare Menschen kennenlernte, entscheidend für meine weitere Entwicklung. Ich würde auch heute jedem jungen Dirigenten empfehlen, eine fixe Position als Kapellmeister in einem Haus wie Graz, Wiesbaden oder Hannover anzunehmen, aber auch gleichzeitig darauf zu achten, nicht immer nur »im eigenen Saft zu schmoren,« sondern über den Tellerrand zu schauen und andere Möglichkeiten wahrzunehmen, wenn sie sich bieten. Danach aber wieder zurückzukehren, seine Arbeit zu machen, am Boden zu bleiben und nicht zu früh ein großes Orchester oder Haus zu übernehmen.

Eine weitere wichtige Begegnung bot sich mir 2006, als Alexander Meraviglia-Crivelli, der Intendant des Gustav Mahler Jugendorchesters, mir die Option in Aussicht stellte, mit den jungen Musikerinnen und Musikern dieses Klangkörpers auf Tournee zu gehen. Der Übervater und Gründer dieser Institution, Claudio Abbado, befasste sich zu dieser Zeit schwerpunktmäßig schon mehr mit dem Lucerne Festival Orchestra, war aber natürlich in wichtige künstlerische Entscheidungen – wie die Wahl eines Dirigenten – involviert und gab im Hinblick auf mich seinen Segen. Das Angebot freute mich sehr und war eine große Ehre, weil ich mit dieser Aufgabe in einer Reihe mit Claudio Abbado, Bernard Haitink, Seiji Ozawa und vielen anderen großen Dirigenten stand. Mein Engagement bildete einen großen Vertrauensvorschuss und eine Ausnahme, weil die Jungen bisher immer von viel älteren und erfahreneren Dirigenten profitiert hatten. Ich war damals knapp über dreißig und die ältesten Musiker achtundzwanzig Jahre alt. Dieses Orchester war damals für mich auch deshalb so wichtig, weil man als junger Dirigent von kaum einem Profiorchester eine solche Liebe und ein so unbedingtes Vertrauen entgegengebracht bekommt. Jedes Profiorchester hat seinen Charakter, seinen Klang, seine Psychologie und seine spezifische Reaktionszeit.

Ich dirigierte damals meine erste *Fünfte* Mahler und die Jungen warteten mit großen Augen auf jedes noch so kleine Zeichen, das man ihnen gab, ganz so, als schriebe man als Dirigent auf ein weißes Blatt Papier. Sie hätten vorbehaltlos alles mitgemacht, ohne skeptisch zu fragen, was denn der Dirigent da nun wieder wolle«. Ich lernte damals ein Gefühl kennen, das man später mit einem Profiorchester empfindet, mit dem man bereits sehr vertraut ist und bei dem sich im Laufe der Zeit gegenüber dem Dirigenten diese Unbedingtheit bei der Arbeit einstellen kann.

Ein Jahr später war ich ein zweites Mal mit dem Gustav Mahler Jugendorchester auf Tournee, diesmal mit Thomas Hampson als Solisten. Ich kannte ihn schon aus Zürich, von der Arbeit mit meinem Vater und aus Berlin, wo er mit Daniel Barenboim eine *Tannhäuser*-Aufnahme und ein Konzert gesungen hatte. Damals kam er in meine *Così fan tutte*-Vorstellung und fand sie wunderbar. Bei meinem Abschiedskonzert in Graz machte er mir die Freude, mit mir mein erstes *Lied von der Erde* von Gustav Mahler zu machen. Ich war gut vorbereitet, aber dieses Werk war zunächst für mich wirklich nicht leicht. Hampson war offen für meine Tempi, aber in einer Orchesterprobe tappte ich im letzten Satz – bei der Verabschiedung der Freunde – in die Tragikfalle. Alles wurde zu langsam, zu schwer. Er brach ab, vermittelte mit Gesten, wie er sich das anders vorstellte, wollte es positiver, freundlicher, »vielleicht ein bisschen Schubert'scher«, und sofort wussten wir alle, worauf er hinauswollte. Hampson ist nicht nur Sänger, er ist ein fantastischer Allroundkünstler. Wir haben uns auf Anhieb gut verstanden und sind heute befreundet.

Im Rahmen der Tournee mit dem Jugendorchester standen unter anderem Mahlers *Des Knaben Wunderhorn*-Lieder auf dem Programm. Ich konnte damals, ebenso wie das Orchester, mit den schweren *Wunderhorn*-Liedern noch relativ wenig anfangen. Bei der Generalprobe des Liedes *Revelge*, ein Militär- und Kampflied, wie ich damals dachte, unterbrach Hampson, der ein ganz großer Mahler-Fachmann ist, und rief: »Jetzt sind wir im Zentrum von Mahlers Seele. This is too nice! Das muss wehtun, das sind Knochengerippe!« Er brachte uns dazu, jede Note mit Wut und mit Anklage zu spielen. Nach der Probe waren wir alle völlig fertig und er sagte nur: »Welcome to Mahler's world.« Das werde ich nie vergessen. Nach diesem Erlebnis dirigierte ich auch die sechste Symphonie von Mahler deutlich anders.

Kritik von erfahrenen Künstlern ist immer wertvoll, aber manchmal kommt es auch auf den Augenblick und die Art an, wie sie angebracht wird. Als ich im Herbst 2006 die schon erwähnte Produktion von Busonis *Doktor Faust* in Zürich mit Thomas Hampson in der Titelrolle leitete, ein Stück, das ich zuvor schon in Ulm dirigiert hatte, spielte ich in der ersten Bühnenorchesterprobe zunächst den Anfang einmal durch, ohne zu unterbrechen. Es war natürlich, wie so oft bei Probenbeginn, noch etwas zu laut, doch Thomas rief sogleich aus dem Zuschauerraum: »So macht das keinen Sinn, Philippe, wenn das so weitergeht!« Da drehte ich mich um und entgegnete ihm: »Bitte lass uns erst einmal in Ruhe arbeiten. Wir haben das gerade erst *ein Mal* durchgespielt.« Er war wütend, ich war wütend, aber als ich mit der Probe fortfuhr, entwickelte sich alles sehr bald in die richtige Richtung. Auch Hampson musste anschließend konzedieren, dass es gut werden würde, woraufhin ich ihm damals sagte: »Du musst mir auch vertrauen. Du machst deine Arbeit, ich mache meine Arbeit, jeder macht's auf seine Art und Weise – und wie du gesehen hast: Es wird.« Inzwischen gibt es ein wirklich großes gegenseitiges Vertrauen zwischen uns, aber ich denke, dass auch ein junger Dirigent, der sicher noch viel zu lernen hat, manchmal die Grenzen ziehen muss.

Thomas Hampson:
»Ich kenne Philippe Jordan seit vielen Jahren. Was jeden, der mit ihm arbeitet, sofort überwältigt, ist seine unglaubliche Musikalität. Er atmet Musik, er denkt Musik. Er ist sehr klug und hat die musikalischen Fähigkeiten und die Intelligenz, die man sich wünscht. Aber noch weit wichtiger ist seine Leidenschaft, Musik zu machen, die sehr ansteckend ist.«
»Über unsere musikalische Beziehung hinaus verbindet uns eine echte Freundschaft, die ich sehr schätze.«

(Zitate aus der Dokumentation »Philippe Jordan – Zum Dirigieren geboren« s. S. 19)

Nach der zweiten Tournee mit dem Gustav Mahler Jugendorchester reiste ich nach New York, um an der Metropolitan Opera *Le nozze di Figaro* zu dirigieren. Bei diesem Orchester hat man zunächst das Gefühl, einen Ferrari zu fahren, aber nach dem bedingungslosen Vertrauen des Jugendorchesters merkte ich plötzlich umso deutlicher, dass mir sogar dieses wunderbare Met-Orchester nur bis zu einem gewissen Punkt folgte. Es spielte jedes Tempo und jede Dynamik, die ein Gastdirigent verlangt und zeigt, aber spezielle Farben, besonders bei Mozart, der in diesem riesigen Haus besonders schwierig zu realisieren ist, gaben sie damals nur James Levine. Wenn ich weitergehen wollte in der Charakteristik, war es wie eine Blockade. Valery Gergiev war damals vielleicht der Einzige, für den sie bereit waren, auch anders zu spielen und bei dem sie nicht nur wie unter Levine klangen. Gergiev war aber damals auch Erster Gastdirigent, sie mochten ihn und natürlich hatte er auch schon ein ganz anderes »Standing«. Als ich versuchte, einen Schritt weiterzugehen und auf meinen Vorstellungen insistierte, machte ich mich prompt unbeliebt. Mir war es einfach zu wenig, wenn alle nur schön zusammenspielten und auf Laut und Leise reagierte. Beim Hinausgehen hieß es dann: »Are you enjoying yourself? It's a great band, isn't it?« Natürlich ist es ein großartiges Orchester, aber die Musiker schienen damals nicht bereit, mit mir einen Schritt weiter zu gehen. Wahrscheinlich war ich einfach zu ungeduldig – sowohl mit dem Orchester als auch mit mir.

Mein Debüt an der Met war bereits 2002 mit der *Fledermaus*. Prinzipiell liebe ich Operette, meine Mutter kommt ja aus Österreich, mein Vater hat mehr als dreißig Operetten dirigiert – ich bin also damit aufgewachsen. Mit fünfzehn Jahren sah ich in der Volksoper in Wien *Die Fledermaus*, mein zweites Stück in Ulm war *Wiener Blut*, viele Operetten folgten und meine erste Premiere war *Der Vogelhändler*. Das ist alles grandiose Musik und ich liebe den Wiener Humor.

Bei meinem Debüt in New York lief die bekannte Inszenierung von Otto Schenk, eine Produktion, die damals bereits zehn Jahre alt war. Schenk spielte selbst den Frosch, die Dialoge waren auf Englisch, gesungen wurde aber auf Deutsch, um den Charakter der Musik zu erhalten. Otto Schenk konzentrierte sich zunächst ganz auf seine Rolle als Frosch und mischte sich nicht in die Erarbeitung der Wiederaufnahme ein. Bei einer Umbesetzungsprobe wollte er aber plötzlich alle Witze, die in Österreich berühmt sind, in die Inszenierung einbauen. Nicht nur, dass es dazu zu spät war, diese Art des Humors funktioniert in New York einfach nicht. Vielleicht hätte das eher in die Richtung des jüdischen Humors eines Woody Allen gehen müssen. Ähnliches erlebte ich auch später in Paris bei einer *Lustigen Witwe*, bei der Harald Serafin und seine Kollegen typisch österreichische Witze machten, die normalerweise in Wien garantierte Lacherfolge sind. Im Zuschauerraum in Paris aber herrschte den ganzen Abend lang eisiges Schweigen. Erst als bei der Applausmusik Sänger und Akrobaten Cancan tanzten, tobte das Publikum. Die Menschen reagieren – besonders bei Humor! – in jeder Stadt anders; das muss man akzeptieren.

Nach meinem Debüt mit der *Fledermaus* folgten in New York noch *Carmen* und *Don Giovanni* und etwas später der bereits erwähnte *Figaro*. Dann folgte eine lange Pause, bis ich im Frühjahr 2019 wieder an die Met zurückkehrte und eine musikalische Neueinstudierung des gesamten *Ring*-Zyklus leitete. *Das* war nun eine völlig andere Situation und es entstand ein gänzlich neues Verhältnis zwischen dem Orchester und mir. Mit diesem Dirigat ging für mich zunächst einmal ein Traum in Erfüllung. Als ich mit achtzehn Jahren zum ersten Mal in New York war, sah ich in der Metropolitan Opera den Zyklus unter James Levine, mit Sängern wie Jessye Norman, Hanna Schwarz, Matti Salminen und Gwyneth Jones. Die realistische Inszenierung von Otto Schenk trug auch dazu bei, dass das einer meiner prägendsten Operneindrücke wurde. Fünfundzwanzig Jahre später nun dieses Werk an diesem Ort zu dirigieren, war daher etwas ganz Besonderes für mich. Der Generalmanager des Hauses, Peter Gelb, hatte mich schon sehr früh angefragt und ich musste eine Lösung sowohl mit der Pariser Oper als auch den Wiener Symphonikern finden, wie sich drei Monate Abwesenheit mit meinen beiden Chefposten vereinbaren ließen. Es war klar, dass dies für mich eine sehr intensive Spielzeit sein würde. In New York war ich in die gesamte Planung eingebunden, nur Michael Volle als Wotan und Christine Goerke als Brünnhilde standen vorab schon fest. Otto Schenks Inszenierung war vor rund zehn Jahren durch eine Neuproduktion von Robert Lepage ersetzt worden, die allerdings vom Publikum nicht besonders gut aufgenommen worden war, und in deren Mittelpunkt eine riesige Maschine stand, die viele Bilder erzeugen konnte, aber bei der Premiere sehr laut war und nicht immer funktionierte. Diese Maschine wurde nun für unsere Produktion technisch überarbeitet und mit der neuen Besetzung wurde besonders an der Personenführung intensiv geprobt. Es gab auch viele Orchesterproben und die Musiker und ich nahmen uns anfangs Zeit, uns gegenseitig besser kennenzulernen. Als ich das letzte Mal vor zwölf Jahren an diesem Haus gearbeitet hatte, war ich noch ein anderer Mensch und Musiker. Nach drei *Ring*-Einstudierungen – jene in Zürich und eine Premiere und eine Wiederaufnahme in Paris – hatte ich ziemlich klare Vorstellungen davon, wie ich dieses Werk realisieren wollte. Der letzte von James Levine vollständig geprobte *Ring* lag viele Jahre zurück und der legendäre »Levine-Sound« des Orchesters war natürlich nach all den Jahren nicht mehr so präsent. Die Streicher hatten allerdings noch die für die Levine-Ära typische Intensität, den Schmelz und die Kraft. Nur ihr »Singen« war etwas verloren gegangen, aber man konnte es relativ rasch wieder einfordern und auch die Virtuosität, die Homogenität und das Eigenengagement bis zum letzten Pult waren nach wie vor weitgehend vorhanden. Mittlerweile gab es aber auch viele neue Musikerinnen und Musiker, die den *Ring* noch nie gespielt hatten. Das Orchester reagierte – wie alle amerikanischen Klangkörper – außergewöhnlich gut auf Gesten. Vieles lässt sich dort einfach nur zeigen, ohne viel zu reden. Meine Wagner-Sicht hatte sich inzwischen zu einer eher fließenden, theatralischen, sehr am Sprachduktus orientierten Musizierweise entwickelt, im Gegensatz zu der vor allem aus dem Klang aufgebauten Vision von James Levine. Aber – ganz anders als bei meinen früheren Erfahrungen an diesem Haus – reagierte das Orchester diesmal großartig, obwohl zum Beispiel *Das Rheingold* nur ungefähr zwei Stunden fünfzehn dauerte. Bei Levine waren es zwei Stunden fünfundvierzig gewesen. Natürlich mussten sich alle erst daran gewöhnen, schlanker zu spielen, um dieses Tempo zu schaffen. Aber ebenso wie das Orchester der Wiener Staatsoper ist das Met-Orchester daran gewöhnt, Sängern zuzuhören. Auch das war eines der zahllosen großen Verdienste von James Levines langjähriger beständiger Arbeit. Als ich nun zum *Ring* kam, gab es aber de facto schon länger keinen Chefdirigenten im eigentlichen Sinn, und sogar als ich dann begann, auch an der Intonation zu feilen, sagten mir Musiker, wie froh sie seien, dass endlich wieder jemand mit ihnen an diesen Dingen arbeite.

Die Reaktionen waren äußerst positiv. Bereits *Das Rheingold* war ein großer Erfolg, und als ich zur *Walküre* hereinkam, wurden wir schon gefeiert. Die Inszenierung löste zwar noch immer keine wirkliche Begeisterung aus, aber generell würde ich sagen, dass die Reaktionen des Publikums der Met insgesamt außergewöhnlich sind. Die Menschen sind offener, direkter und sehr leidenschaftlich. Man spürt, dass sie eine gute Zeit haben wollen. Bei einer Komödie wird wie im Sprechtheater laut gelacht oder auch in die Musik hineingeklatscht. Ein Auftrittsapplaus für Brünnhilde in der *Walküre* kam für mich ebenfalls überraschend. In jeden Schlussakkord wird schon hineinapplaudiert und am Ende stehen die Leute auf und man hört 4000 Menschen brüllen wie in einem Fußballstadion – das war schon eine sehr besondere Erfahrung!

Gewisse Vorstellungen der Metropolitan Opera werden auf einem speziellen Radiosender live übertragen. Nach meiner ersten Aufführung der *Walküre* kam ich in die Garderobe, und plötzlich klingelte das Telefon mit einer »unknown number«. Es war völlig überraschend James Levine. »I had to call you. I just had a most wonderful time listening to the whole *Walküre* on the radio. It was one of the best *Walküre* in a long, long time.« Ich finde es wirklich bemerkenswert, dass Levine einen jüngeren Kollegen anruft und ihm gratuliert, obwohl sich unsere Vorstellungen von Wagner sicherlich unterscheiden. Da gehört schon Größe dazu! Einige Zeit später war ich dann zwei Stunden bei ihm zu Hause auf Besuch und er sagte mir dabei im Detail, was ihm alles gefallen hatte, aber auch, was ich an manchen Stellen anders hätte machen können. Wir sprachen auch über seine langsameren Tempi, und er erzählte mir, dass sein Vorbild ursprünglich ausgerechnet Pierre Boulez mit seinem sehr zügigen *Parsifal* gewesen sei. Im Zuge des zweiten *Ring*-Zyklus rief er mich nach *Siegfried* abermals an und meinte, die ganze Produktion habe noch einmal einen großen Sprung gemacht. Es bedeutete mir viel, mich mit ihm austauschen zu können, und ich war sehr berührt zu sehen, wie sehr er immer noch mit diesem Haus verbunden ist, und dass er sich alles allein in seinem Rollstuhl zu Hause anhört. Die Metropolitan Opera war, ist und bleibt sein Leben.

Es ist wichtig und aufregend für einen jungen Dirigenten, die unterschiedlichen Orchester kennenzulernen, und in meinen »Pionierjahren« machte ich nicht nur mit dem Met-Orchester intensive und sehr lehrreiche Erfahrungen, sondern es fielen in diese Zeit auch zahlreiche Orchesterdebüts in Europa und den USA. Das begann bereits zu meiner Grazer Zeit 2003 mit dem ganzen Mittleren Westen, aber auch New York mit dem jährlichen Mostly Mozart Festival im Sommer. Viele große Orchester folgten auch in Europa, wie die Berliner Philharmoniker oder die Wiener Symphoniker. Schon 2007 kam ich dann zu den »ganz Großen« der USA: San Francisco, Cleveland, Philadelphia, Chicago und New York.

Während ich in der Oper sehr gezielt und solide mein Repertoire ausbauen konnte, und das hauptsächlich in Häusern, wo ich eine fixe Stellung hatte, musste ich zugleich mit meinem Debüt bei den verschiedenen Orchestern ständig auch für mich neues Repertoire einstudieren. Steht man dann bei einem neuen Stück gleichzeitig auch einem neuen Orchester gegenüber, bedeutet das eine zusätzliche Herausforderung. Wenn man jung ist, hat man kaum Bedenken und viel Mut. Heute, nach fünfundzwanzig Jahren in diesem Beruf, weiß ich, dass weniger manchmal mehr ist.

Neben den zahlreichen Debüts bei vielen Konzertorchestern kam ich nach der Met zu den ganz großen Operntempeln der Welt und konnte auch hier weiter lernen, wie unterschiedlich der Charakter eines Klangkörpers sein kann. So hat das Orchester des Royal Opera House in Covent Garden, London, möglicherweise nicht ganz die Brillanz wie jenes der Met, ist aber dafür von Anfang an viel offener für die Wünsche und Vorschläge der Dirigenten. Auch liebe ich dort diese wunderbare Mischung aus extremer Professionalität und Entspanntheit, gepaart mit dem typisch britischen Humor. Ich debütierte an diesem traditionsreichen Haus mit der *Zauberflöte* im Juni 2003. In den folgenden fünf Jahren kehrte ich für *Samson et Dalila*, *Eugen Onegin*, *La Bohème* und *Salome* immer wieder zurück. Das Orchester der Pariser Oper wiederum könnte man am ehesten als Synthese zwischen London und New York beschreiben – jedes dieser Orchester hat seine spezifischen Eigenheiten. So legt man den vielleicht längsten Weg zwischen der ersten Probe und dem Konzert oder der Vorstellung wahrscheinlich mit dem Scala-Orchester zurück. Auch Daniel Barenboim, der dort mehrere Jahre Chef war, bestätigte mir das. Beim Konzert kann das Orchester wahrhaftig zaubern, aber zu Beginn schauen alle erst einmal, wie sich etwas entwickelt – das darf man dann als junger Dirigent keinesfalls persönlich nehmen! In Mailand debütierte ich – wie damals in Zürich – auch zunächst mit einem Konzert im Herbst 2008 und dirigierte erst drei Jahre später zum ersten Mal eine Oper – den *Rosenkavalier* – an diesem legendären Ort. Leider kam es später nie mehr zu einer Rückkehr, weil meine beiden Positionen in Paris und Wien praktisch keinen Platz für Gastproduktionen ließen.

Das Orchester, von dem ich als junger Dirigent vielleicht am meisten – in Oper und Konzert – gelernt habe, sind die Wiener Philharmoniker. Als absolutes Toporchester haben sie durch den Repertoirebetrieb in der Wiener Staatsoper eine unglaubliche Flexibilität und erfassen demgemäß sofort die unterschiedlichsten Situationen. Sehr schnell bekommt man auch Reaktionen, Vorschläge und Fragen. Die Zusammenarbeit mit Musikerinnen und Musikern ist, wie sie es auch idealerweise mit Sängern sein soll: ein gegenseitiges Geben und Nehmen. Auch das ökonomische Proben habe ich von den Wiener Philharmonikern gelernt – das punktuelle Arbeiten an zwei, drei Stellen, das sich dann ganz selbstverständlich auf den ganzen Satz übertragen lässt. Ebenfalls sehr wichtig war für mich die Erfahrung, Kammermusik mit diesen Ausnahmemusikern zu machen. Gemeinsam mit Ernst Ottensamer, Franz Bartolomey und Rainer Küchl spielte ich das *Quartett vom Ende der Zeit* von Olivier Messiaen, das ich zwar davor schon mehrfach gespielt hatte, aber mit diesen Musikern kam es dann noch einmal auf eine ganz andere Ebene. Ich hoffe, dass wir an diese intensive und wunderbare gemeinsame Arbeit in Zukunft anschließen können.

Im Haus am Ring, der Wiener Staatsoper, debütierte ich ja bereits im Sommer 1999 im Alter von 24 Jahren mit der *Lustigen Witwe*, allerdings nicht mit dem eigentlichen Orchester der Wiener Staatsoper – die Wiener Philharmoniker sollte ich erst bei *Così fan tutte* 2004 in Salzburg kennenlernen. Direktor Holender bezeichnete diese Operettenproduktion mir gegenüber als eine »öffentliche Generalprobe«. Insgesamt waren es neun Vorstellungen, hauptsächlich für

Touristen, im Graben saß das Radio-Symphonieorchester Wien und es war eine sehr entspannte Situation. Ioan Holender war sehr früh auf mich aufmerksam geworden. Durch meine Ernennung in Berlin durch Daniel Barenboim war mein Name bei den Intendanten plötzlich sehr präsent, und Holender rief eines Tages meinen Vater an und sagte: »Sag mal, man hört ja so viel Gutes über deinen Sohn. Dass er begabt sei, aber nicht nur begabt, sondern dass er auch eine gewisse Sensibilität und Poesie beim Dirigieren hätte.« In meinem letzten Jahr in Ulm übernahm ich – ohne Proben – *Fidelio*, ein Werk, das ich davor noch nie dirigiert hatte. Ioan Holender nahm den Nachtzug von Wien nach Ulm und schaute sich die Vorstellung höchstpersönlich an. Welcher Direktor macht das heutzutage? Intendanten schicken meist ihren Adlatus, einen Assistenten oder Agenten zu der Aufführung und lassen sich berichten.

Nach der *Lustige Witwe*-Produktion im Sommer 1999 begann Holender von *Jenufa* zu sprechen, von einer neuen *Zauberflöte* und von *Hoffmanns Erzählungen*. Er bemühte sich sehr, hatte einiges mit mir vor, aber ich wollte damals zum Beispiel nicht in Wien *Hoffmanns Erzählungen* ohne Probe dirigieren, weil ich das Stück nur in einer anderen Fassung und auf Deutsch gemacht hatte. Andere Angebote von ihm gingen aus Termingründen nicht und schließlich sagte er: »Ich mache jetzt gar kein Angebot mehr. Sie wollen ja nicht!« Aber letztlich klappte doch die Neuproduktion von *Werther* mit der jungen Elīna Garanča und dem ebenfalls noch jungen Marcelo Álvarez und das wurde dann ein sehr schöner Einstand an der Wiener Staatsoper. Später kamen auch die Neuproduktionen von Mozarts *Entführung aus dem Serail* (diese Oper wurde im Burgtheater realisiert) und von *Capriccio* von Richard Strauss dazu sowie Vorstellungen im laufenden Repertoire von *Figaro*, *Rosenkavalier*, *Don Carlos und La Bohème*. Grundsätzlich habe ich diese Repertoireserien sehr positiv in Erinnerung, auch weil ich meistens eine Orchesterprobe zugestanden bekam, was ja in Wien bei diesen Werken keine Selbstverständlichkeit ist. Solche Orchesterproben finden in der Regel wenige Tage vor der Vorstellung statt, ein paar Mal musste ich allerdings am Tag nach einer Aufführung die Sänger noch einmal zu einer musikalischen Probe bitten, wie zum Beispiel bei der *Don Giovanni*-Serie, weil sich wegen der »Kostümschlacht« der damaligen Inszenierung in der ersten Aufführung kaum jemand richtig aufs Singen konzentrieren konnte. Mein bisher letzter Auftritt im Haus am Ring war dann im Juni 2008 eine Vorstellung von *Capriccio*, der letzten der schon erwähnten Premierenserie. Wenn mir damals jemand gesagt hätte, dass ich meine nächste Aufführung mit diesem Orchester als Musikdirektor des Hauses leiten würde, hätte ich ihn wohl für verrückt gehalten.

Oper, die größte Form der Kunst

Wenn in der Oper alles stimmt – Sänger, Dirigent, Orchester, Chor, Regie, Bühnenbild und manchmal auch noch Tanz –, dann ist sie für mich die größte Kunstform überhaupt. So viele Elemente treffen zusammen, so viele Künste wirken zusammen und müssen aufeinander abgestimmt sein. In den bedeutendsten Werken entsteht dann eine Überhöhung des Textes, der Musik und des Theaters, die es sonst nirgends gibt und geben kann. Immer wieder wurde die Oper totgesagt, aber es gibt sie immer noch, und solange wir klassische Musik spielen, wird es sie auch geben. Menschen gehen in die Oper, weil dort Emotionen möglich werden, die es nach meinem Empfinden in keiner anderen Form der darstellenden Kunst gibt. Wenn Tosca verzweifelt Scarpia »anschreit«, liegt darin eine bezwingende Emotionalität, die durch den Sog der Stimme und der Musik entsteht und eine Verbindung von Publikum und Bühne schafft, die einzigartig ist. Dieser Magie können sich die wenigsten, die sich einmal darauf eingelassen haben, entziehen. Das Genre Film hat möglicherweise noch eine ähnliche Wirkung. Auch das ist ein Gesamtkunstwerk, bei dem übrigens die Musik immer wieder eine ganz wesentliche Rolle spielt.

Oper war und ist aber eine teure Kunstform. Sie ist, um ihre volle Wirkung entfalten zu können, mit großem Aufwand verbunden, aber eine Gesellschaft möchte und muss sich diesen Aufwand leisten.

Gleichzeitig muss sich Oper aber immer auch »verkaufen« und so gibt es – wie beim Film – Anspruchsvolles ebenso wie Unterhaltendes. Es geht um den Menschen und Menschheitsthemen in jeder Form: um hohe Politik im *Don Carlos*; Kapitalismus, Industrialisierung und Naturvernichtung im *Ring*; es geht um Macht und Liebe, um menschliche Schwächen, um banale Themen, die einfach einen schönen Lustspielabend ermöglichen, und um Komödien, die in der Leichtigkeit die größte Tiefe haben, wie *Falstaff*, *Don Giovanni* oder *Meistersinger*. Alle unsere humanistischen Werte werden in dieser Kunstform vereint.

Wir leben heute in einer sehr visuellen Zeit, was sich oft auch in Operninszenierungen widerspiegelt, und man muss aufpassen, dass unsere Produktionen nicht – im Extremfall – zu Installationen oder reinen Bilderfluten verkommen, sondern immer noch wirklich die Geschichte erzählen. Ein Teil des Publikums mochte schon immer eine gewisse Opulenz, aber für mich ist weniger meist mehr. Es gilt, das Wesentliche eines Werkes herauszuholen und sich nicht in Äußerlichkeiten zu verlieren: Peter Brook, Patrice Chéreau, Klaus Michael Grüber – das waren Regisseure, die vom Wort ausgehen und die mir nahestanden. Stéphane Lissner, der in Paris sieben Jahre lang mein Intendant war, ist kein Theaterdirektor, der nur dem Publikum gefallen will. Er kommt vom Sprechtheater und praktiziert seit dreißig Jahren einen intellektuellen, minimalistischen Ansatz und mit einigen Regisseuren hat das auch sehr gut funktioniert. Für einen Teil des Publikums mag diese Sicht vielleicht zu spröde oder zu intellektuell wirken, aber es funktionierte, weil alle Produktionen eine spezifische Ästhetik hatten und immer gut ausschauten. Aber auch bei Stéphane Lissner entwickelte sich die Oper leider in den letzten Jahren immer mehr zum Visuellen hin, weg von einem Bondy oder Grüber, für die eine starke Personenregie im Zentrum stand.

Damit die Kunstform Oper ihre Faszination behält, braucht es absolute Ausgewogenheit aller Komponenten, wobei die Musik sozusagen das Rückgrat ist. Ich bin der Letzte, der Vorstellungen das Wort redet, die man eher als Konzerte in Kostümen bezeichnen möchte, aber jeder Teil der Oper wird sich nur dann mit den anderen zusammenfügen, wenn er im Dienst des Ganzen steht. Eine Opernaufführung, in der schlechtes Theater gespielt wird, hat ihren Sinn verloren, und eine Opernvorstellung, in der schlecht gesungen oder musiziert wird, ist ohnehin eine Katastrophe. Wir brauchen alles zusammen und möglichst alles gleich gut. Das muss unser Streben sein, dann wird die Oper jede noch so heftige Krise und jede noch so düstere Prognose überleben! Wir müssen einfach für lebendiges Theater in unseren Operntheatern sorgen. Dazu gehört auch die Atmosphäre eines Hauses oder der Applaus: In manchen europäischen Opernhäusern, vor allem in Frankreich und Deutschland, Gott sei Dank nicht an der Wiener Staatsoper, ist es Mode geworden, dass die Sänger und Sängerinnen bei Aktschluss nicht mehr zum Applaus vor den Vorhang treten. Diese Tradition kommt aus dem Schauspiel, ist aber bei der Oper meiner Meinung nach falsch. Bei einem emotionalen Aktende, wie die Oper das so oft in ihren besten und schönsten Momenten hervorbringt, muss vor Emotion und Begeisterung »die Decke hochgehen«. Es braucht den Applaus und den Jubel, damit sich die Spannung und Emotion entladen können. Wenn einfach nur der Vorhang fällt, ist die Atmosphäre zerstört, und das hat Auswirkungen auf den ganzen weiteren Abend. Applaus ist wichtig für die Sänger, aber genauso auch für das Publikum.

Ich bin meinem Schicksal sehr dankbar, dass es mich nach Ulm und Berlin, Graz und Zürich geführt hat. Mir war seit meiner Jugend die Kunstform Oper sehr nahe und ich konnte durch diesen Weg mit jedem Aspekt dieser wunderbaren Kunstform in engste Berührung kommen und jedes Detail verinnerlichen. Es gibt bis heute keinen Aspekt einer Aufführung, der mir nicht wichtig wäre oder der mich nicht interessieren würde, und so stand es für mich auch außer Frage, dass mich mein weiterer Weg noch näher zur Oper hinführen würde. Die unmittelbare Entwicklung überraschte mich aber dann doch.

Pariser Leben

An der Opéra National de Paris dirigierte ich zum ersten Mal 2004, und zwar Richard Strauss' *Ariadne auf Naxos*, zwei Jahre später folgte dann der *Rosenkavalier*. Die Begegnung zwischen dem Orchester und mir war von Beginn an von einer besonderen Liebe und Sympathie geprägt. Ich glaubte, endlich einen Klangkörper gefunden zu haben, der sowohl meinen eigenen Klangvorstellungen als auch meiner Arbeitsweise entspricht. Ein paar Jahre zuvor hatte ich in Toulouse einmal ein Konzert dirigiert und in der Folge wurde ich als Wunschkandidat für den Chefposten des Orchestre National du Capitole de Toulouse und Nachfolger von Michel Plasson gehandelt. Dieses Orchester spielt dort auch an der Oper, an der Nicolas Joël schon seit fast zwanzig Jahren Intendant war. Dem Regisseur und Intendanten Nicolas Joël habe ich sehr viel zu verdanken.

Als er dann zum Intendanten in Paris ernannt wurde, kündigte er an, dass seine erste Handlung sein würde, für das Haus nach langer Zeit einen Musikdirektor zu ernennen. Er schätzte mich und so hatte er über die Jahre seit Graz meine Karriere verfolgt. Nach einer der *Rosenkavalier*-Vorstellungen im Jahre 2006 in Paris fragte er mich plötzlich, wie viele Proben ich für den *Ring* bräuchte und wen ich besetzen würde. Ich dachte zunächst, er biete mir den *Ring* als Gastdirigent an. Der Groschen, dass er mir den Chefposten der Pariser Oper anbieten wollte, fiel bei mir erst am nächsten Tag!

Schon allein, dass er einem so jungen Dirigenten die Position des Musikdirektors der Opéra National de Paris anbot, war eine ziemlich mutige Entscheidung, denn ich war nicht nur jung, sondern in Frankreich auch noch ein relativ unbeschriebenes Blatt. Zum Zeitpunkt dieses Gespräches war ich kaum zweiunddreißig Jahre alt und trotz meiner Erfahrungen in einer Leitungsposition in Graz und dem, was ich zuerst in Ulm und dann in Berlin mitbekommen hatte, war das Angebot, musikalischer Chef einer solch riesigen musikalischen Institution zu werden, respekteinflößend. Ich war zunächst einmal unsicher und in den folgenden Wochen und Monaten beriet ich mich mit verschiedenen Persönlichkeiten, die Erfahrung hatten und denen ich vertraute, aber die Unterschiedlichkeit der Antworten verwirrte mich noch mehr. Das reichte von Daniel Barenboims »Unbedingt machen!« bis hin zur Aussage des ehemaligen Direktors der Opéra National, Hugues Gall, der meinte, ich solle die Finger davon lassen, denn ich würde im Laufe der Zeit jede Freude an der Musik verlieren, wenn ich mich in den bürokratischen und politischen Netzen dieses Riesenbetriebs verfinge.

Als meine Unsicherheit stetig zunahm, sagte ich Nicolas Joël nach vier Monaten zunächst ab. Der bedauerte das, meinte aber, den *Ring* solle ich trotzdem dirigieren und so gingen die gemeinsamen Planungen daran weiter. In dieser Zeit fragte ich mich natürlich auch zunehmend, *wie* sich meine weitere Laufbahn nun tatsächlich gestalten sollte. Ich hatte bereits genügend Erfahrungen gesammelt, um zu sehen, dass im Gastieren allein auch nicht das Glück zu finden war, denn als Gastdirigent stößt man notgedrungen – selbst an den besten Häusern und bei den besten Orchestern – an eine Grenze, die man nur als Chef mit kontinuierlicher Arbeit durchbrechen kann.

Es war dann ausgerechnet Karen Stone, meine frühere Grazer Intendantin, die mit ihrem Rat den Ausschlag gab und meinte, wenn ich schon das Riesenunternehmen, einen neuen *Ring* in Paris zu erarbeiten, angenommen hätte, warum ich dann nicht auch den Titel akzeptieren würde, der mir auch die Möglichkeit geben würde, die Arbeit viel mehr in meinem Sinne zu gestalten und das Ganze für mich wirklich befriedigend in die Tat umzusetzen – und das könne man letztlich nur als Chef. Auch mir war inzwischen bezüglich meines weiteren künstlerischen Weges klar geworden, dass das, was ich gestalten wollte, letztlich nur in einer Institution zu erreichen wäre, die ich musikalisch nach meinen Vorstellungen lenken konnte.

Etwa sechs Monate nach dem Angebot von Nicolas Joël war ich dann so weit und fühlte mich nun doch in der Lage, das Angebot, musikalischer Direktor der Pariser Oper zu werden, zu akzeptieren. Er freute sich riesig.

Mein Vertrag sah ungefähr sieben Monate Anwesenheitspflicht mit 35 bis 40 Vorstellungen pro Saison vor. Das scheint vielleicht für einen Außenstehenden viel Zeit für eine gar nicht so hohe Vorstellungszahl, aber wenn man bedenkt, dass man für eine Neuproduktion heute durchschnittlich sechs Wochen probiert und dann zwei bis drei Wochen Aufführungen folgen, so kommt man zum Beispiel bei drei Neuproduktionen, von denen jede im Schnitt achtmal gespielt wird, und zwei Wiederaufnahmen, die ungefähr genauso viele Wiederholungen haben, ganz leicht auf den Zeitraum und diese Vorstellungszahl.

Zu den Aufgaben eines Musikdirektors zählt, neben den Proben und Aufführungen mit Orchester, Chor und Solisten, auch die Arbeit mit den Repetitoren und dem Studienleiter. Die hohe Präsenz ist auch entscheidend, um einen musikalischen Standard zu etablieren und den gewünschten Orchesterklang im Laufe der Zeit zu formen und zu festigen. In Paris bilden die insgesamt 174 Musiker und Musikerinnen des Orchesters zwei getrennte Gruppen, die fast nie wechseln. Mit beiden Gruppen galt es, eine gemeinsame Arbeitsweise und Klangkultur zu erarbeiten.

Der Musikdirektor ist zudem auch für die Nachbesetzungen der Orchestermusiker zuständig, engagiert die Repetitoren und Assistenten, führt – besonders in Paris! – alle möglichen Formen von Krisengesprächen. Kurz gesagt: Er ist auch der »musikalische Papa« des Hauses. Vor meiner Zeit hatte es in Paris einige Jahre keinen Chefdirigenten gegeben. Gerard Mortier wollte keinen, zog einen direkten Einfluss auf das Orchester vor und hatte sieben ständige Gastdirigenten unter Vertrag, die er auch schon bei den Salzburger Festspielen oft eingesetzt hatte.

Natürlich kann ein Haus auch ohne Musikdirektor irgendwie funktionieren, denn es gehen ja auf allen Seiten Profis zu Werke. Aber ein Musikdirektor und sein Orchester sind trotzdem die natürliche Basis jedes Opernbetriebes. Selbst bei einer großartigen Inszenierung und wunderbaren Sängern wird es, wenn das musikalische Fundament nicht stimmt, wohl keine herausragende Aufführung werden. Hingegen kann eine Aufführung, bei der ein Dirigent Sänger und Orchester im Griff hat, die gut gearbeitet ist und einfach musikalisch stimmt, immer noch ein großer Abend werden, auch wenn die Regie einmal nicht so wie geplant gelingt. Die Musik ist das Fundament eines Opernhauses. Auf ihr baut alles auf.

Der Musikdirektor schafft ja nicht nur für sich, sondern auch für alle Gastdirigenten die Basis der musikalischen Arbeit, und deshalb ist es auch an jedem Haus, das einen Musikdirektor hat, wichtig und richtig, dass dieser auf die Auswahl der Gastdirigenten einen entscheidenden Einfluss hat. Wenn man, wie in Wien, alleine 250 Opernabende und 50 Ballettabende pro Saison spielt, hat man als Musikdirektor, selbst wenn man 40 bis 50 Abende leitet, noch immer gut 200 Abende, an denen Gäste am Pult stehen. Es ist daher entscheidend, *wer* diese sind und wie sie mit dem Orchester arbeiten, ebenso wie die Frage, wer für welches Werk engagiert wird. Der alte Spruch: »Ein Haus ist nur so gut wie der schwächste Dirigent, der dort auftritt«, hat sicher auch einen wahren Kern. Ein Musikdirektor, dem das ganze musikalische Niveau und Wohl des Hauses am Herzen liegt, muss sich mit solchen Fragen auseinandersetzen. Das konnte ich schon sehr gut bei Daniel Barenboim lernen. Die Staatskapelle Berlin wäre heute nicht das Orchester, das sie ist, ohne dass der Chef entscheidenden Einfluss darauf genommen hätte, wer neben ihm dirigiert. Man muss bei diesen manchmal schwierigen Entscheidungen auch ein Ohr im Orchester haben und neben der eigenen Meinung oder dem eigenen Bild von einem Kollegen auch viele andere Aspekte einbeziehen, denn letztlich ergibt sich jede Entscheidung eines Musikdirektors aus einer Summe von Informationen und Eindrücken. Entscheiden muss man dann allerdings selbst – natürlich immer auch noch im Einklang mit dem Intendanten, der schließlich die Letztverantwortung trägt. Früher war die Position des Intendanten und des Chefdirigenten an vielen Häusern in einer Person vereint, aber ich glaube, dass heutzutage die Anforderungen an einen großen Kulturbetrieb zu komplex geworden sind und man sich letztlich in der Organisation aufriebe und die Musik auf der Strecke bleiben würde. So sehr ich davon überzeugt bin, dass die Position eines musikalischen Leiters bei einem Opernhaus notwendig ist, so wenig wäre für mich eine solche Doppelfunktion je in Frage gekommen. In Paris wäre das sowieso völlig undenkbar, denn es ist in vielerlei Hinsicht kein einfaches Haus. Zunächst schon deswegen, weil die Opéra National de Paris genau genommen aus zwei sehr unterschiedlichen Häusern besteht. Da ist zum einen das prachtvolle historische Palais Garnier und zum anderen der moderne, 1989 eröffnete Funktionsbau der Opéra Bastille, der meiner Meinung nach akustisch besser ist. In beiden Häusern wird heute sowohl Oper als auch Ballett gespielt. Im Garnier ist die Bandbreite weit gefächert: Es werden Mozart, Barockoper, aber auch klassische Moderne wie Bartoks *Blaubarts Burg* oder Opern von Janáček, aber auch Uraufführungen programmiert. Letzteres ist im Garnier auch deshalb von Vorteil, weil man das Haus mit 2100 Plätzen leichter vollbekommt. Hingegen werden vielbesuchte Werke wie *Don Giovanni* oder *Zauberflöte* oft in der Opéra Bastille für 2700 Besucher angesetzt, obwohl das Haus für diese Werke eigentlich zu groß ist. Das moderne Haus ist jedoch sängerfreundlicher, hat mehr Hall, und die Bühnentechnik ist großartig. Mit sechs Seitenbühnen und zwei Hinterbühnen wirkt der ganze szenische Apparat wie ein Riesenspielzeug. Die Bastille hat auch einen hochfahrbaren Orchestergraben, was ich sehr zu schätzen weiß, denn ich persönlich bevorzuge es, wenn das Orchester weiter oben sitzt, denn sonst ist der Klang oft indirekt und sehr indifferent. Zudem spielen die Musiker zumeist lauter, wenn sie die Sänger schlecht hören, was wiederum dazu führt, dass die Sänger zu »brüllen« anfangen und sich dann alles gegenseitig dynamisch aufschaukelt. Wenn man hingegen den Sängern vermitteln kann, dass sie die Lautstärke weniger forcieren müssen, spielt auch das Orchester leiser und alle hören aufeinander. Dieses Zusammenspiel ist aber keine Selbstverständlichkeit und muss immer wieder aufs Neue eingefordert werden.

Neuerdings gibt es auch überall auf der Welt in den Orchestergräben wegen der Lautstärke immer öfter Klagen wegen Gehörproblemen bei Orchestermusikern. Dieses Lärmschutzproblem gab es früher viel seltener, höchstens für Musiker, die unmittelbar vor den Blechbläsern saßen. Ich versuchte im Laufe der Jahre daher dem Orchester zu vermitteln, in Proben nicht mehr in voller Lautstärke zu spielen und verstärkt aufeinander zu hören. Dasselbe gilt übrigens auch für den Chor. Durch diese kontinuierliche Arbeit entstand in Paris mit der Zeit ein neuer Klang und auch die Gastdirigenten, die wir einluden, wurden gebeten, in diese Richtung zu wirken. Mit der Lärmschutzproblematik wurde ich das erste Mal schon in Zürich konfrontiert, als der Orchestervorstand auf einer weniger forcierten Lautstärke bestand. Dort kommt noch erschwerend hinzu, dass das Haus für viele Werke des romantischen und moderneren Repertoires eigentlich zu klein und damit akustisch problematisch ist. In Paris war der Auslöser ein Ballett, bei dem Schlagzeug und Xylophon extrem laut zu spielen hatten. Einige Musiker hatten danach für mehrere Monate Gehörprobleme. Ich denke auch, dass wir ohnehin alle lärmempfindlicher geworden sind, weil auch der Lärmpegel in unserer täglichen Umwelt ständig ansteigt. Dazu kommt, dass sich das Klangspektrum seit der zweiten Hälfte des 19. Jahrhunderts zu immer größeren Dimensionen hin entwickelte: Immer mehr und immer stärkere Instrumente kamen bei den Bläsern zum Einsatz, Stahl statt Darmsaiten bei den Streichern, die Sänger mussten in immer größeren Sälen immer größere Töne produzieren usw. Diese Tendenz hat auch zu einer akustischen Übersättigung geführt. Möglicherweise ist die Bedeutung, die ich der Stille und der damit verbundenen Kontemplation immer mehr in meinem Leben gebe, auch eine Reaktion darauf.

Der Chor der Pariser Oper besteht aus 112 Fixangestellten. Die Hauptarbeit leistet natürlich der Chordirektor, aber die Letztverantwortung lag bei mir als Musikdirektor. Ein Chordirektor muss nicht nur musikalisch überzeugen, sondern in besonderem Maße gut mit Menschen umgehen können. José Luis Basso ist in jeder Hinsicht ein brillanter Vertreter seines Berufstandes. Der Chor hat sich unter seiner Leitung in den letzten Jahren eindrucksvoll entwickelt, ist sehr motiviert und stolz auf die eigene Leistung. Ein so komplexes Werk wie *Moses und Aron* hatten sie sich ursprünglich gar nicht zugetraut, aber es wurde schließlich ein großer Erfolg – nicht zuletzt für den Chor. Alle lernten wieder, leicht, geschmeidig und homogen zu singen. Einmal im Jahr setzte ich auch ein Chorkonzert an, was sich ebenfalls positiv auf das Selbstbewusstsein aller auswirkte. Jeder Mitwirkende auf der Bühne will Erfolg haben, aber Erfolg sollte nicht das Hauptmotiv für das eigene Schaffen sein. Die Motivation besteht vielmehr darin, Erfüllung zu haben im Spiel, im Gesang und in allem, was man künstlerisch tut. Der Erfolg ist nur die Bestätigung.

Das Ballett ist in Paris mindestens ebenso wichtig wie die Oper. Das fixe Ensemble des Hauses ist eine der besten Kompanien weltweit. Ich mochte Ballett immer, hatte aber keinen so starken Bezug dazu wie meine Eltern. Meine Mutter war Tänzerin und mein Vater am Anfang seiner Karriere Ballettkorrepetitor. Er begleitete viele Trainingseinheiten und hatte ein Auge dafür, wie lange ein Tänzer für einen Sprung benötigt. Gerne würde ich solche grandiosen Partituren der klassischen Ballette wie *Nussknacker* oder *Schwanensee* dirigieren, aber ich kann den Tänzern nicht genügend dienlich sein, weil ich nicht die nötige Erfahrung und sehr viel Respekt vor diesem Metier habe. Mein Kollege Sebastian Weigle, zum Beispiel schaute in Berlin jahrelang beim Training im Ballettsaal zu, um das richtige Gefühl zu entwickeln, das man braucht, um sich als Dirigent auf die Tänzer einzustellen. Es ist heute sehr schwer, gute Ballett-Dirigenten zu finden, die sowohl den Tänzern als auch dem Orchester etwas geben können. Wenn ich in Paris Ballett dirigierte, war es ein Werk aus dem 20. Jahrhundert wie *Daphnis und Chloe* von Maurice Ravel, weil man hierbei nicht Konventionen befriedigen muss und die Tempi schon durch die Struktur des Werkes viel mehr festgelegt sind. Leider hat der wunderbare französische Choreograph Benjamin Millepied nach nur rund einem Jahr die Pariser Oper wieder verlassen. Er wollte vieles verändern, den Tänzern zeigen, dass die Bewegung aus der Musik kommen muss, dass die Musik nicht der Sklave des Tanzes ist, sondern Anlass zum Tanz. Da hätte viel passieren können, aber dem stand wohl der französische Hang zum Perfektionismus im Wege, wo es wichtiger ist, den Fuß in der fünften Position perfekt zu halten, als vielleicht nicht ganz so perfekt aus der Musik heraus zu tanzen. Dazu kam, dass Millepied dann in verschiedenen Medien nicht ganz glückliche Aussagen über die Kompanie tätigte und die Tänzer sich attackiert fühlten. Es kam also einiges zusammen und so wurde Aurélie Dupont seine Nachfolgerin, mit der ich übrigens viele interessante Gespräche – auch zum Thema Dirigenten im Ballett – führte. Doch leider kam es nicht mehr zu einer Zusammenarbeit.

Inklusive Administration und Technik ist die Pariser Oper ein Betrieb mit ungefähr 1700 Mitarbeitern und Mitarbeiterinnen. Die Gewerkschaften sind an der Pariser Oper sehr stark und es wird bekanntlich oft gestreikt. Entweder gibt es nationale Streiks, weil der Präsident wieder eine Reform durchsetzen will, oder der Streik ist hausintern, wenn es um bessere Verträge oder mehr Geld geht – im Regelfall betrifft das die Technik. Da es mit großen finanziellen Einbußen verbunden ist, wenn eine Vorstellung ausfällt, gibt es in einem solchen Fall oft eine konzertante Aufführung mit den Mitwirkenden in Kostüm und Maske und das Orchester sitzt wie immer im Graben. Wenn sich jedoch in äußerst seltenen Fällen einige Musiker dem Streik anschließen, muss die Vorstellung tatsächlich ausfallen. Einmal wurde ich von der Direktion überredet, mit einem Musiker zu sprechen, um die Vorstellung zu retten – den Fehler mache ich kein zweites Mal. Das kam ganz schlecht an, weil sich der Mann in seinen Rechten bedrängt sah. Ich verfolge mit größtem Interesse die politischen Entwicklungen, aber ich möchte mich öffentlich dazu nicht äußern. In Österreich ist es eher üblich, Künstler offen nach ihrer politischen Meinung zu fragen, in Paris hingegen geht es in Interviews eher um Fragen der Kulturpolitik oder um konkrete Probleme, wie zum Beispiel Streichung von Orchesterplanstellen.

Die Pariser Oper ist – im Gegensatz etwa zum Repertoire-Betrieb der Wiener Staatsoper – ein sogenannter Semi-Stagione-Betrieb. Das bedeutet, dass zwar einige Produktionen gleichzeitig gespielt werden, in jeweils einer Serie von fünf bis maximal fünfzehn Vorstellungen, aber alle gut geprobt, mit ausreichenden Orchesteralleinproben, Sitzproben, Bühnenorchesterproben, Hauptprobe, Generalprobe und allem, was sonst noch dazugehört – unabhängig davon, ob es nun Neuproduktionen oder Wiederaufnahmen sind. Pro Jahr werden so etwa zwanzig Opern herausgebracht, hinzu kommen noch weitere fünfzehn Ballettproduktionen. Das ist bei Weitem nicht so viel wie in einem Repertoirehaus wie Wien, aber dafür ist jede Vorstellung musikalisch sorgfältig geprobt und die Regisseure reisen auch meist für eine Wiederaufnahme an. Immer ist dieselbe Orchester- und Chorbesetzung eingeplant, und für jede Serie sind, mit wenigen Ausnahmen, dieselben Sänger engagiert. Nur wenn Spitzenstars engagiert sind, dann gibt es oft eine zweite Besetzung, denn diese Sänger wollen meist keine so langen Serien singen.

Die beiden Häuser, die in Paris zu bespielen sind, stellen den Dirigenten vor sehr unterschiedliche Herausforderungen. Im Palais Garnier muss man, nach meiner Ansicht, nicht nur gegen die trockene Akustik, sondern auch immer gegen den wunderschönen Saal ankämpfen. Besonders für Regisseure und Bühnenbildner ist Letzteres oft eine große Herausforderung, während im neuen Haus die ganze Konzentration des Publikums optisch immer nur auf die Bühne gerichtet ist. Die Wiener Staatsoper hat eine gute Akustik und auch einen schönen Saal, der aber in seiner Geradlinigkeit, wie er nach dem Zweiten Weltkrieg neu gestaltet wurde, die Bühne nicht erschlägt. Der Unterschied zu Wien zeigt sich auch in den Gewohnheiten des Publikums. In der Bastille kommen die jungen Menschen öfters in Jeans und nehmen die Mäntel wie im Kino in den Zuschauerraum mit; alles ist weniger formell und elegant. Diese Entwicklung begann mit Rolf Liebermann, der schon in den Siebzigerjahren eine Demokratisierung des Publikums anstrebte und sich bemühte, auch junge Leute ins Palais Garnier zu bringen. Damit war er sozusagen ein Vorgänger von Gérard Mortier. Trotz allem aber blieb es immer noch das alte Opernhaus, in das vorwiegend die bürgerliche Gesellschaft kam. Doch dann wurde auf Initiative von François Mitterrand, eine neue, große Oper für alle gebaut, mit ausschließlich guten Sichtplätzen. In diesem Haus gibt es nun tatsächlich ein wesentlich breiter gefächertes Publikum, allerdings wurde auch die Unruhe im Publikum größer, was manchmal etwas mühsam sein kann. Derselbe Effekt ist übrigens auch bei der neuen Pariser Philharmonie zu beobachten: viel junges Publikum, manchmal Applaus zwischen den Sätzen einer Symphonie – ein junges, impulsiveres Publikum und eine starke Öffnung! Das Pariser Leben hat sich in den letzten Jahrzehnten sehr stark verändert. Im Stadtzentrum, wo früher einfache Menschen wohnten, wo es Bäcker und kleine Geschäfte gab, leben jetzt vorwiegend sehr reiche Leute. Es gibt viele Banken und teure Boutiquen. Das normale Leben verlagert sich immer mehr in die Peripherie. Deswegen wurde damals die Opéra Bastille – und jetzt auch die neue Philharmonie – außerhalb des Zentrums gebaut. Gott sei Dank wurden diese beiden Standorte angenommen, und es kommt tatsächlich auch sehr viel junges Publikum.

Die Opéra Bastille verdankt ihre Existenz auch ganz entscheidend dem 2017 verstorbenen Unternehmer und Kunstmäzen Pierre Bergé. Er konnte Staatspräsident François Mitterrand davon überzeugen, dass Paris ein zweites und demokratischeres Opernhaus braucht. Ende der Achtzigerjahre wurde Pierre Bergé Präsident, Mitte der Neunzigerjahre Ehrenpräsident der Opéra de Paris und war Zeit seines Lebens dem Haus immer ganz stark verbunden. Erst später erfuhr ich, dass er sich auch für meine Berufung eingesetzt hatte. Er besuchte regelmäßig die Vorstellungen und war ein großzügiger Mäzen. Als Wagner-Liebhaber sponserte er die *Ring*-Produktion meiner beiden ersten Pariser Jahre, in deren Rahmen ich ihn schließlich auch persönlich kennenlernte. Als die Entscheidung gefallen war, dass wir gleich zu Beginn den *Ring* machen würden, gründete er sofort einen Unterstützerkreis. Die erste Orchesterhauptprobe von *Rheingold* war für Zuschauer gesperrt, nur er alleine durfte im Zuschauerraum anwesend sein. Anschließend kam er zu mir an den Orchestergraben. Er war sichtlich sehr bewegt, gratulierte mir und forderte mich auf, mich bei ihm zu melden. So entstand eine Freundschaft, die erst mit seinem Tod endete. In meinem zweiten Jahr erklärte er sich dann auch bereit, meine Konzerte mit dem Orchester zu unterstützen. Als wir für die TV-Übertragung der Beethoven-Symphonien auf ARTE zusätzliches

Geld benötigten, finanzierte er auf meine Bitte hin das Projekt sofort. Er wurde immer mehr zu meinem Fürsprecher, war Unterstützer und auch Meinungsbildner – ein Mäzen im idealen Sinn. Gemeinsam mit Yves Saint Laurent, mit dem ihn eine fünfzigjährige Partnerschaft verband, hatte er auch die größte private Kunstsammlung Europas aufgebaut und eine Stiftung gegründet. Ich besuchte ihn auch in Marrakesch, als damals gerade das Yves Saint Laurent-Museum in der Villa Majorelle errichtet wurde. Der glühende Wagner-Verehrer Bergé zeigte mir in seiner Bibliothek, die er dann kurz vor seinem Tod versteigerte, ein Original-Textbuch der *Meistersinger*, in dem noch die alte Version des Schlussmonologes von Hans Sachs zu lesen war, mit handschriftlichen Veränderungen von Wagners Hand in Richtung des heute bekannten – von vielen missverstandenen – Schlusses.

Die Funktion des Präsidenten der Pariser Oper ist als Bindeglied zwischen Politik, Ministerium und Verwaltungsrat sehr wichtig – ähnlich einem Aufsichtsratsvorsitzenden. Bergé kannte jeden Politiker und war eine sehr starke Persönlichkeit. Wenn ihm etwas bei einer Oper nicht gefiel, sagte er das auch unmissverständlich, verknüpfte diese Ansichten aber nie mit der Finanzierung, denn er respektierte stets die künstlerische Freiheit. Seit er im September 2017 starb, fehlen mir persönlich seine Präsenz, sein Rat und seine Unterstützung sehr.

Nicolas Joël erlitt leider schon vor Beginn seiner Direktion in Paris einen schweren Schlaganfall und war in der Folge nicht mehr so einsatzfähig, wie er und wir alle das gehofft und gedacht hatten. Das Orchester fand zwar in diesen ersten fünf Jahren meiner Tätigkeit das Selbstbewusstsein wieder, aber durch Joëls massive gesundheitliche Probleme fehlte dem Haus die dynamische Führung und der Visionär, der Oper für das 21. Jahrhundert gestalten sollte.

So wurde nach fünf Jahren 2015 Stéphane Lissner – durchaus mit meiner Hilfe – der Nachfolger von Nicolas Joël. Auch bei seiner Wahl war Pierre Bergé stark involviert, denn ich konnte ihn davon überzeugen, Lissner zu unterstützen. Lissner präsentierte neue dramaturgische Linien und gleich unsere erste gemeinsame Saison begannen wir mit Schönbergs *Moses und Aron*. Weiters programmierten wir

Zyklen von Berlioz- und Wagner-Werken, stärkten das russische Repertoire, etablierten wieder Uraufführungen, banden große Sänger und Sängerinnen regelmäßig ans Haus und brachten interessante neue Regisseure. Lissner kennt ausgesprochen viele Künstler und ist international gut vernetzt, was sich bewährte, weil die Pariser Oper über kein eigenes Ensemble verfügt, und man sich für jede Produktion die Mitwirkenden aussuchen kann, die man sich wünscht. Durch den Wechsel von Joël zu Lissner wurden es in Paris letztlich zwölf – im Wesentlichen erfolgreiche und für mich glückliche – Jahre, auf die nur am Ende durch die massiven Streiks ab Dezember 2019, die anschließende Corona-Krise und den überraschenden Abgang von Lissner in dieser schweren Zeit ein dunkler Schatten fiel.

Auch in zwölf Jahren kann und soll man nicht versuchen, »alles« zu machen, und so kristallisierte sich eine schwerpunktmäßige Auseinandersetzung mit den für mich wesentlichsten Komponisten heraus, und diese kontinuierliche Arbeit machte sich, so hoffe ich zumindest, nicht nur für mich, sondern für alle bezahlt.

Mozart

Mozart hat mich von Beginn meiner Laufbahn an begleitet, und ich kann mir ein Leben ohne seine größten Meisterwerke nicht vorstellen. Mozart schrieb für mich die himmlischste, die vollkommenste Musik, die je ein Mensch geschaffen hat.

Schon in Ulm durfte ich *Don Giovanni* und *Così fan tutte* übernehmen. In meinen Berliner Jahren hatte ich dann nicht nur das Glück, die drei Da Ponte-Opern und die *Zauberflöte* mit Daniel Barenboim einzustudieren, sondern sie in der Folge auch selbst zu dirigieren. Später folgten an der Lindenoper dann noch die *Entführung* und – in einer Neuproduktion – leider bis heute zum einzigen Mal

La clemenza di Tito. Von den »großen« sieben Mozart-Opern habe ich also, aus unerfindlichen Gründen, nur den *Idomeneo* – leider! – bis heute nie dirigieren können.

Auch in Paris blieb Mozart eine Konstante während meiner zwölfjährigen Amtszeit: Nur in drei der zwölf Jahre war keine Mozart-Oper auf meinem Plan. Ich kenne keinen anderen Komponisten, bei dem die Relation zwischen Form und Inhalt bei gleichzeitiger vollendeter Ästhetik so perfekt in sich stimmt. Mozart hat die menschliche Seele wie kaum ein anderer verstanden und hat als Erster den Figuren in der Oper ein vielschichtiges menschliches Profil und gedankliche Tiefe gegeben. Das Wunder bei Mozart ist aber: Egal ob eine Figur traurig, wütend oder verlogen ist, immer bleibt die Musik in Harmonie und Ausgewogenheit. Für mich ist das die vollendete Schönheit. Mir ist bewusst, dass man mit dem Begriff der Schönheit in unserer Zeit zunehmend Probleme hat, aber ich denke, jeder Künstler muss den Begriff zumindest für sich selbst definieren. Wir wissen aus Mozarts Briefen, wie sehr er um die Bühnencharaktere gerungen, wie oft er in die Libretti eingegriffen hat, um diese lebendigen und glaubhaften Charaktere zu gestalten. Belmonte, zum Beispiel, ist in der *Entführung aus dem Serail* in Mozarts endgültiger Gestaltung nicht mehr einfach nur der jugendliche Liebhaber, sondern viel komplexer: Er ist durchaus auch etwas arrogant. Er meint Probleme mit Geld regeln zu können, ist auf die Hilfe von Pedrillo angewiesen, aber wenn es dem an den Kragen geht, ist er nicht einmal in der Lage, für seinen Diener ein gutes Wort einzulegen. Mozart hat schon sehr früh danach getrachtet, seine Figuren durch seine Musik mit wahrhaftigem Leben zu erfüllen, und hat dann schließlich in Lorenzo Da Ponte seinen kongenialen Partner gefunden. Das Ergebnis ist ein großartiges Menschentheater auf Shakespeare-Niveau. Als Interpret steht man vor der fast unlösbaren Aufgabe, zwar lebendiges Theater zu machen, aber dabei niemals stimmlich in musikalisches Charakterisieren zu verfallen. Im Gegensatz zur weiteren Entwicklung der Opernliteratur, wo zum Beispiel Verdi von der Darstellerin der Lady Macbeth verlangt, in entscheidenden Passagen geradezu hässlich zu singen, oder Wagner von seiner Kundry dezidiert Schreie verlangt, um den gewünschten Ausdruck zu erzielen, muss bei Mozart jeder Ton, auch der verzweifeltste, stimmlich mit wohlklingender Schönheit ausgeführt werden, aber ohne dass es am notwendigen Ausdruck mangelt. Seine Musik muss zugleich immer wahrhaftig, aber auch schön sein. Bei Mozart muss auch immer die Spielfreude spürbar sein, das bedeutet eine ständige Gratwanderung zwischen der Perfektion und einem zugleich natürlichen und instinktiven Musizieren, sonst wird es nur glatt und sehr leicht etwas leer. In der Musik gibt es keine Perfektion, was man als Interpret schweren Herzens akzeptieren muss – aber der stetige Drang danach ist trotzdem unerlässlich. All diese scheinbaren Gegensätze unter einen Hut zu bekommen, macht es so schwierig, Mozart umzusetzen.

Bereits sehr früh hat sich Mozart mit besonderer Sorgfalt den Rezitativen zugewandt, aber bei den Da Ponte-Opern wurden sie dann der wesentliche Motor. Nie werde ich vergessen, wie Daniel Barenboim einmal einer Cherubino-Sängerin nach einer langen Rezitativ-Probe sagte, dass es jetzt nicht mehr notwendig sei, noch viel an der Arie zu arbeiten. Das bewahrheitete sich, weil die Energie bereits stimmte, denn Mozart setzte den Text der Rezitative fantastisch in Melodie um, in Pausen, in Akzente, in Akkorde. Nichts ist ungelenk, alles ist theatralisch und im Sprachrhythmus geschrieben. Da man in Mozarts Zeit ganz selbstverständlich davon ausging, dass alle Musik in der Oper von der Sprache ausgeht, ist jeder Rolle ganz natürlich ihr eigenes Tempo vorgegeben und so entstehen spannende Situationen und Dialoge. In den großen Dialogen bei Wagner ist das gar nicht so unähnlich, wie man denken möchte, nur hat der Komponist hier die Tempounterschiede oft schon deutlich notiert. Bei Mozart muss man heute die unterschiedlichen Tempi der Figuren erarbeiten, ebenso wie die Dynamiken, auch wo man eine Pause setzt, wo man sofort anschließt, wo man abbremst, was die Intentionen sind, welches Wort man besonders hervorhebt, was ein Schlüsselwort dieser Szene ist und wo es ein *Accelerando* braucht. Die Erarbeitung all dieser Details macht Mozart immer wieder aufregend und wunderbar.

Die Herausforderung besteht doch darin, diese unerreichte Natürlichkeit auf der Bühne und im Graben zu realisieren und vor allem den Inhalt zu transportieren. Wir haben uns in den letzten Jahren und Jahrzehnten zunehmend Gedanken über die Äußerlichkeiten gemacht und dabei völlig vergessen, dass es doch in der Umsetzung immer auf den Inhalt ankommen muss.

Fast immer hört man bei Vorsingen oder bei Probespielen für Orchester Musik von Mozart und das erweist sich immer wieder als unüberwindliche Hürde. Wenn eine Fiordiligi in *Così fan tutte* nur schöne Töne singt, ist das zu wenig. Wenn ihr aber gelingt, einen angedeuteten Schluchzer einzubauen, der den Stil nicht verrät, dann ist das erlebt, erfühlt und wunderbar. Junge Sänger und Regisseure bekommen oft am Beginn ihrer Karriere eine Mozartproduktion angeboten, weil das angeblich mit Energie, Motivation und Begabung leicht zu meistern sei. Aber natürlich scheitern fast alle. Doch auch in den späteren Jahren einer Karriere bleibt Mozart immer die größte Herausforderung.

Ich kann mir das Leben ohne Mozart schwer vorstellen: Auch in Wien soll jedes Jahr mindestens eine Mozart-Oper auf meinem Programm stehen und in den fünf Jahren bis 2025 sind zumindest Neuproduktionen der Da Ponte-Opern vorgesehen.

Verdi und Puccini

Als junger Dirigent dirigierte ich viele italienische Opern. Mein erster Puccini war *Tosca* in Ulm, dann kam *Madama Butterfly* und in Berlin leitete ich eine Premiere von *La Bohème*. Puccini habe ich immer geliebt und kann nicht verstehen, dass es Kollegen oder Intendanten gibt, die ihn nahezu verachten. Für mich jedenfalls war es Liebe auf den ersten Blick. Ich halte Giacomo Puccini für einen der besten Musikdramatiker und *La Bohème* für eine der besten Opern, die je geschrieben wurden; eine perfekte Mischung von großartigem Theater, guter Dramaturgie, Melodien voller Schmelz und einer Orchestration, die in ihrer Qualität Wagner und Strauss jederzeit vergleichbar ist. Kein Takt gleicht dem anderen, das Tempo muss extrem flexibel sein und wie bei Richard Strauss sind die Anfänge seiner Opern meist metrisch und rhythmisch sehr vertrackt. Wenn man die ersten fünfzig Seiten nicht auswendig kann, sollte man gar nicht zu dirigieren beginnen. Man muss einen guten Sinn für *Rubato* haben, mit dem großen Orchester sehr flexibel sein und zugleich mit den Sängern mitatmen. Es gibt Dirigenten, die sehr gut Verdi dirigieren, aber bei Puccini nicht dieses Niveau erreichen, weil sie die Strenge, die bei Verdi notwendig ist, auch auf Puccini übertragen. Damit erleidet man aber sehr schnell Schiffbruch. Erfahrene Puccini-Dirigenten sagen, dass *Manon Lescaut* das schwierigste Werk in der Umsetzung sei, weil Puccini damals noch wenig praktische Erfahrung hatte. Er schrieb ein feines Stück, konnte aber die Übergänge noch nicht theater- oder dirigentenfreundlich notieren, das sollte er erst bei *La Bohème* – nicht zuletzt unter dem Einfluss von Arturo Toscanini – lernen. Bei *Manon Lescaut* muss man also schon gehörig Puccini-Erfahrung haben, um die fehlenden Angaben zu ergänzen. Puccini hat sich übrigens die praktischen Anmerkungen von Toscanini immer zu Herzen genommen und in seine endgültigen Drucklegungen übertragen. Wenn man heute in einem etwas zweifelhaften Originalglauben auf die angeblichen Urfassungen zurückgreift, ignoriert man damit zu einem großen Teil einen Lernprozess, den Puccini aus der Praxis übernahm und der ihm – ähnlich wie Mahler, der allerdings sein eigener Dirigent war – zur Vollendung seiner Werke wesentlich war. Man muss wirklich aufpassen, die Balance zwischen möglichst korrektem Material und Aufführungspraxis zu halten. Bei Puccini ist es auch wichtig, nicht in die »Musical-Falle« zu gehen und Kitsch aufkommen zu lassen, man muss immer die Form behalten, die Puccini, wie jedem wirklichen Künstler, wichtig war. Die Pariser Oper lässt sich Puccini-Vorstellungen meist etwas kosten, schuf beispielsweise mit Anja Harteros und Bryn Terfel in *Tosca* einen Höhepunkt der Saison. Aber es gibt auch Produktionen, die bei der dritten Wiederaufnahme mit jüngeren, weniger bekannten Sängern besetzt werden – doch wenn Puccini auf dem Spielplan steht, kommt das Publikum trotzdem immer gerne.

Im Gegensatz zu *La Bohéme* oder *Tosca* tat ich mich anfangs mit *Madama Butterfly* recht schwer. Ich dirigierte diese Oper zunächst schon in Ulm und dann in Berlin, aber das japanische Kolorit war mir anfänglich suspekt und ich hatte das Gefühl, Puccini könne sich nicht entscheiden, ob er sich in einer japanisierten *Bohème* wiederholen oder doch kompositorisch einen Schritt weitergehen wollte. Die Augen öffnete mir erst eine Aufführung meines Vaters in Genf in einer Inszenierung von Francesca Zambello, wo ich begriff, dass Puccini im Allgemeinen und *Madama Butterfly* im Speziellen nicht eine Spielart des italienischen Verismo ist, sondern viel näher dem Impressionismus angesiedelt ist. Plötzlich veränderten sich mein Blick und mein ganzes Verständnis für dieses Werk und ich begann viele Stellen, die mir vorher schwierig, ja suspekt erschienen waren, als die wahren Perlen und Höhepunkte zu verstehen, wie zum Beispiel das Ende des zweiten Aktes und die Überleitung in den dritten. Man muss das Klangbild in seiner Sensibilität fast wie eine japanische Feinzeichnung oder bei den dramatischen Stellen wie einen Holzschnitt behandeln. Mit dem Verständnis für die Leichtigkeit und Feinzeichnung, die nötig ist, um diese Musik erblühen zu lassen, ging ich, so denke ich, einen für mich ganz entscheidenden Schritt bei Puccini weiter. Denn *Madama Butterfly* ist nicht nur viel näher dem Impressionismus angesiedelt, sondern man muss ganz grundsätzlich zwischen Puccini und dem italienischen Verismo unterscheiden. Puccini ging deutlich über diese Musikrichtung hinaus und zielte im zweiten und dritten Akt der *Butterfly* weit in die Zukunft.

Eine schöne Erfahrung in Paris war für mich die Neuproduktion vom *Trittico*, einem grandiosen Werk, das zu Unrecht seltener als zum Beispiel *Bohème, Butterfly, Tosca* oder *Turandot* aufgeführt wird. Möglicherweise hat das nicht zuletzt mit den erheblichen Kosten zu tun, die eine Produktion des Dreiteilers verursacht. Von den drei Einaktern ist mir persönlich *Tabarro* am nächsten. Dieses Werk wirkt vielleicht auf den ersten Blick ein wenig wie *Tosca*, aber dadurch, dass es im Schiffermilieu an der Seine spielt und sich diese Atmosphäre des Flusses mit seinen starken impressionistischen Anklängen fast leitmotivisch durchs ganze Stück zieht, erhält das Werk seine unverwechselbare und doppelbödige Atmosphäre. Auch *Gianni Schicchi* ist genial konzipiert. Dieser Einakter ist qualitativ durchaus auf der Höhe von Verdis *Falstaff*: wunderbare Ensembles, Situationskomik auf höchstem Niveau – einfach brillant konstruiert. *Suor Angelica,* der Mittelteil, ist natürlich ebenso ein ausgezeichnetes Stück, aber es birgt von den Dreien die größten Gefahren: Man darf dabei vor allem nicht in eine pseudoreligiöse, sentimentale Schiene abgleiten, sondern muss das Ganze mit vorsichtiger Distanz betrachten. Der Schluss, der Tod von Angelica, kann sehr schnell verkitscht werden und muss daher schlicht musiziert und mit fein dosierter Dramatik gestaltet werden. Sentimentalität ist ja immer der Tod echter Emotion. Selbst beim Schluss der *Bohème*, wenn Mimí stirbt, dürfen der Dirigent und das Orchester nicht schluchzen, der Tenor kann seine Verzweiflung zum Ausdruck bringen, aber der Schluss ist still, das Werk klingt sehr bewegend im *Pianissimo* aus – da muss man nicht noch mehr dazutun.

Ganz anders als bei Verdi.

Die Annäherung an diesen Komponisten dauerte bei mir verhältnismäßig lange, weil ich als Jugendlicher hauptsächlich von Mozart, Wagner und Strauss fasziniert war. Mein erstes Verdi-Dirigat war *La Traviata* in Essen, ein Stück, das ich davor in Ulm korrepetiert hatte. In Berlin konnte ich dann *Otello* mit Daniel Barenboim einstudieren und später auch von ihm übernehmen, genauso wie *Falstaff*, den ich nach Claudio Abbado dirigierte. Spätestens mit *Don Carlo* änderte sich dann mein Bild von Verdi komplett. Ich hatte Oper immer vom Text und vom Orchester aus betrachtet und musste erst lernen, dass Verdi alles in die Melodie legte und dass man die Begleitung – nicht nur in den frühen Opern – sehr differenziert gestalten muss: mit Emotion, mit Brillanz, mit Feuer und Gefährlichkeit. Neben *Don Carlo*, *Falstaff* und *Otello* ist für mich *Aida* die größte Partitur von Verdi: grandios orchestriert und mit wunderbaren Melodien. Das Problem dieser Oper ist leider das Libretto, die Geschichte. Wenn man allerdings bei *Aida* die politische und vor allem die religiös-fundamentalistische Ebene mehr miteinbezieht, wird das Werk plötzlich ganz große Oper. Amneris ist zwischen ihrer echten großen Liebe zu Radames und ihrem religiösen Fanatismus hin- und hergerissen – wahrscheinlich die schillerndste Figur der Oper. Auch den Triumphmarsch muss man eher in eine fundamentalistische Richtung denken. Wie Menschen für die Religion politisch kämpfen und wie dabei Beziehungen unter die Räder kommen, ist in fast allen Opern die eigentliche Grundthematik Verdis, ein Thema, das auch wir kennen. Dramatisch kulminiert das Werk dann in der Gerichtsszene im vorletzten Bild – eine Szene, die wohl niemanden gleichgültig lassen kann und alle Elemente des Werkes auf einzigartige Weise verdichtet.

Eine andere Produktion in Paris, die mir – auch vom Werk her – sehr viel bedeutet hat, war die Neuproduktion von *La Forza del Destino*. Diese Oper ist ein Werk des Überganges von der mittleren zur Spätperiode Verdis. So wie die Ouvertüre, die wohl populärste Verdis, ein Potpourri der bekanntesten Melodien des Werkes enthält, ist die Oper im Ganzen ein Potpourri aus allen möglichen dramatischen und dramaturgischen Elementen und enthält die ganze Vielfalt von Verdis Schaffen: persönliche Schicksale, soziale Situationen und natürlich einen politischen Hintergrund mit Krieg, Kirche und scharfen sozialen Gegensätzen, der wiederum eine große Liebe zum Scheitern verurteilt. Die Vielfältigkeit der Vorlage beinhaltet zugleich die Schwierigkeit der Umsetzung. Aus all den sehr verschiedenen Teilen und Einfällen muss man szenisch, aber besonders auch musikalisch eine Einheit formen. Jedes Detail muss herausgearbeitet werden und trotzdem soll alles am Schluss eine Einheit bilden. Wie immer bei Verdi, aber hier nochmals ganz besonders, erfordert das Werk eine perfekte Besetzung in allen verfügbaren Stimmlagen.

Unter den Verdi-Produktionen, die ich leitete, war für mich der französische *Don Carlos* in Paris der Abschluss und zugleich ein Höhepunkt. Elfmal durfte ich diese fünfstündige Fassung dirigieren, was für mich ein großes Erlebnis war. Wir hatten dafür die ideale Besetzung: Elīna Garanča sang ihre erste Eboli, Sonya Yoncheva ihre erste Elisabeth, Jonas Kaufmann und Ludovico Tézier wurden als Carlos und Posa gefeiert und Ildar Abdrazakov war der souveräne König Phillip. Auch die kleinen Rollen waren exzellent besetzt.

Don Carlos wurde ja in Paris 1867 uraufgeführt. Verdi hatte den Ehrgeiz, mit diesem Werk die perfekte Grande Opéra zu schaffen und gleichzeitig der Sprachintensität des von ihm verehrten Schiller gerecht zu werden. Für die italienische Fassung hatte Verdi später dann vieles verändert. Aber diese erste, französische Fassung ist viel rezitativischer, trockener, und viele Szenen haben mehr theatralischen als opernhaften Charakter. Der Klang der Sprache ist royaler, ganz im Stile einer formellen Hofsprache. Im *Eboli*-Akt finden sich viele punktierte Rhythmen, die das spanische Hofzeremoniell charakterisieren.

Natürlich gab es zunächst Diskussionen mit den Sängern, weil musikalisch einiges ungewohnt war, wie zum Beispiel weniger *Rubato*, weniger *Fermaten*, weniger italienische »Schluchzer«. Es gab auch Einwände in der Presse wegen der angeblich »unitalienischen« Interpretation: »Kann ja sein, dass Herr Jordan das als französische Oper sieht, aber es ist trotzdem Verdi.« Ja, es ist Verdi – aber er hat das Stück eben ausschließlich auf einen französischen Text komponiert. Meiner Ansicht nach ist Französisch eine literarischere, vielleicht auch intellektuellere Sprache als Italienisch und die Musik Verdis wurde dadurch sachlicher, formalistischer. Es gibt immer einen Zusammenhang zwischen dem Klang der Sprache und dem Klangbild der Musik. In Wien standen die italienische und die französische Fassung einmal gleichzeitig auf dem Spielplan. Bertrand de Billy, dem es zu verdanken ist, dass die von Verdi konzipierte Urfassung überhaupt zum ersten Mal auf einer Bühne aufgeführt wurde, dirigierte die französische, ich die italienische Fassung. Es sind zwei grundverschiedene Haltungen, wobei ich persönlich zwar nach wie vor eine gewisse Präferenz für die spätere italienische Fassung habe, aber es war dann für mich doch sehr spannend, die ursprüngliche, französische Version gemacht zu haben, die eigentlich die einzige konsequente Fassung ist, die auch durchgehend bis zum Schluss stilistisch stimmt. Der erste Akt im Wald von Fontainebleau, der in der vieraktigen italienischen Fassung gestrichen ist, aber heute wieder oft in der sogenannten fünfaktigen italienischen Modena-Fassung gespielt wird, hat ein paar schöne Momente, aber in der französischen Fassung ist er eine Perle:

Carlos und Elisabeth, zwei junge Menschen mit einer zarten, sprießenden Liebe, die sich mit höfischer Etikette annähern und in traditioneller Hofsprache kommunizieren verlieben sich ineinander und werden sofort aus politischen Gründen brutal auseinandergerissen.

Es war besonders wichtig, dass gerade bei dieser Produktion, bei der Verdis Meisterwerk zum ersten Mal in Paris in seiner ursprünglich geplanten Version gezeigt werden konnte, eine solch perfekte Besetzung zur Verfügung stand, und natürlich kommen auch in der Pariser Oper große Teile des Publikums in erster Linie wegen der Stars.

Bei Verdi muss man, damit nicht alles aus dem Ruder läuft, den Sängern einen festen Rahmen geben, mehr als bei Puccini, weil die musikalische Struktur strenger gebaut ist. Aber innerhalb des Rahmens muss man flexibel bleiben und mit den Sängern atmen. Bei gesangstechnisch anspruchsvollen Stellen muss man ihnen die nötige Zeit geben oder auch manchmal das Tempo anziehen, aber trotzdem darf ein Sänger nicht plötzlich doppelt so schnell werden, weil er mit dem Atem nicht durchkommt, oder so schleppen, dass die Form kaputtgeht. Ein lange gehaltenes hohes C gehört zu Verdi, muss glänzen. Wenn der Sänger in der Lage ist, die üblichen *Fermaten* zu halten, die üblichen hohen Töne zu singen, finde ich, dass er sie haben soll, auch wenn sie nicht in den Noten stehen, aber alles muss mit Geschmack und Stilbewusstsein ausgeführt werden.

Das *Rubato* bei Verdi muss ganz aus der Sprache kommen und ist naturgemäß ein ganz anderes *Rubato* als bei Wagner, weil der Sprachrhythmus der deutschen Sprache eben ein anderer ist. Bei Verdi ist das *Rubato* eher auf die Melodie bezogen. Es gibt einen Schwung in den Worten und Sätzen, die auf gewisse Töne hinzielen, man arbeitet mit dem Sänger an der Phrasierung einer Linie. Bei Wagner bezieht sich das *Rubato* eher auf die Harmonik. Man arbeitet mit dem Sänger oft am Verhältnis zwischen der Länge der Vokale und Konsonanten, gibt gewissen Schlüsselwörtern ein Gewicht, was oft vertikal durch die Harmonik unterstrichen wird. Verdi und Wagner haben aber trotz ihrer Gegensätzlichkeit viele Gemeinsamkeiten: Sie wurden nicht nur im selben Jahr geboren, vor allem revolutionierten beide auf ihre Weise das Musiktheater, arbeiteten beide für Wahrhaftigkeit auf der Bühne, interessierten sich für Menschheitsthemen und waren beide politisch sehr aktiv. Wagner hatte durchaus ein Faible für italienische Musik, bewunderte zum Beispiel bis zum Ende seines Lebens Bellinis *Norma* und schrieb sogar in seiner Dresdner Zeit eine Einlagearie für den Bass. Verdi seinerseits beobachtete Wagners Entwicklung sehr genau und war auch, wenn man Franz Werfel Glauben schenken will, dadurch eine Zeit lang sehr gehemmt. Beide bestimmen unser heutiges Opernrepertoire.

Es ist schwierig, gute Verdi-Tenöre zu bekommen, aber noch viel schwerer ist es heutzutage, gute Baritone für Verdi zu finden. Sie müssen sowohl eine gute Höhe als auch eine gute Tiefe haben, die Stimme muss ausgeglichen sein, muss Kraft haben, aber immer auch Noblesse und Erotik, und Verdi muss immer auch schön klingen. Wenn eine Stimme bei Puccini nicht ganz so schön ist, mischt sich das mit dem Orchester, aber bei Verdi müssen alle Stimmen sehr gut geführt sein. Es darf keinen Bruch zwischen den Registern geben – und wer hat schon all diese Fähigkeiten? Deswegen ist für mich Ludovic Tézier, der auch im *Don Carlos* den Marquis Posa sang, ein Phänomen, weil die Stimme dieses Baritons von der tiefsten bis zur höchsten Lage unglaublich ausgeglichen ist. Ich bin – im Gegensatz zu vielen anderen – nicht der Meinung, dass italienische Sänger besser für das italienische Repertoire geeignet sind als andere, aber es gibt tatsächlich nur wenige Deutsche, die das wirklich gut können. Viele russische Sänger hingegen haben diesen Sinn für das italienische *Rubato.*

Berlioz

Je mehr ich mich mit Hector Berlioz befasse, desto mehr faszinieren mich sein unglaublicher Einfallsreichtum und seine Fantasie. Berlioz will gleichzeitig dramatisch überwältigen und mit Lyrik berühren. Als wir den Schwerpunkt mit seinen wichtigsten Bühnenwerken in

Paris planten, wusste ich nicht, ob ich Berlioz am Ende der Reise lieben würde oder nur respektieren. Aber als Musikdirektor des größten französischen Musiktheaters wollte ich mich ganz bewusst auch um einen Komponisten kümmern, der für das Repertoire dieses Hauses und die französische Musik im Allgemeinen von entscheidender Bedeutung ist. Rund um Berlioz gruppierten wir in den weiteren Planungen auch andere bedeutende französische Opern des 19. Jahrhunderts, wie zum Beispiel die *Hugenotten.* Meyerbeer war für mich immer eher, wie man heute beim Film sagen würde, ein guter Produzent, der die besten Sänger, die besten Bühnenbildner und besten Stoffe mit viel Geld auf die Bühne brachte und größten Wert auf eine möglichst effektvolle Musik legte. Er schrieb ein oder zwei tolle Melodien, die immer wiederkehren, die alle nachpfeifen können, und die auch viele beeinflussten. Auch Wagner war bekanntlich von Meyerbeer beeinflusst. Wahrscheinlich weniger von seiner Musik, sondern vor allem von seinem Sinn für große Oper, große Themen und die Art, theatralische Wirkung zu erzielen. Aber wahrscheinlich tue ich hier Meyerbeer unrecht und sehe das zu sehr aus Wagners Perspektive, der später alles tat, um ihn zu diskreditieren. Berlioz ist fraglos der viel größere musikalische Visionär. Ein wirklicher, revolutionärer Künstler und – ähnlich wie dann Franz Liszt – für viele andere Komponisten von essentieller Bedeutung. Bei *Benvenuto Cellini* hört man genau, wie viel von Wagner, Verdi oder sogar Leoncavallo darin schon vorweggenommen ist. Wagner entwickelte sich natürlich nicht in einem luftleeren Raum: Hatte er von Meyerbeer die Dramaturgie und die szenische Wirkung übernommen, so lernte er von Mendelssohn und Schumann Wesentliches für die Melodik, von Liszt die Harmonik und von Berlioz die Orchestration.

Den Zugang zu Berlioz musste ich mir erst langsam erarbeiten, indem ich mich über einen längeren Zeitraum in allen Aspekten intensiv mit diesem Komponisten auseinandersetzte. Mein Vater sagte zu mir: »Ich mag Berlioz nicht, weil er oft so monumental ist.« Auch ich mochte zuerst nur die intimeren Stücke, wie zum Beispiel *Les nuits d'été*, aber irgendwann kommt man im Laufe einer Karriere dann unvermeidlich zur *Symphonie fantastique*, die zwar spannend ist, mit der ich aber trotzdem lange Zeit inhaltlich eher wenig anfangen konnte. Als wir mit dem Pariser Opernorchester 2014 im Wiener Musikverein gastierten, hatten wir auch dieses Werk im Programm. Diese *Symphonie fantastique* ist eigentlich keine klassische Symphonie, sondern vielmehr die allererste richtige symphonische Dichtung. Diese Tatsache wurde mir erst in Frankreich voll bewusst. Drei Jahre nach Beethovens Tod schuf Berlioz also schon die erste Programmmusik! Diese Erkenntnis half mir sehr, und auch die Erfahrung, dieses Werk mit einem französischen Orchester aufzuführen, denn Berlioz muss sowohl gut klingen als auch mit einer gewissen Leichtigkeit gespielt werden. Wenn man ihn missversteht und beim Spielen forciert, kann seine Musik rasch grell und pompös klingen, aber ein französisches Orchester hat von Natur aus ein gutes Gefühl für diese notwendige Balance.

Dass dann aus dieser *Symphonie fantastique* in Paris ein ganzer Berlioz-Schwerpunkt wurde, daran ist eigentlich Jonas Kaufmann indirekt »schuld«, den wir langfristig ans Haus binden wollten und der sich mehr französisches Repertoire wünschte, ganz speziell *La Damnation de Faust* von Berlioz. Da dieser Komponist für die Pariser Oper historisch ohnehin besonders wichtig ist, beschlossen wir in der Folge, 2019, zum 350-Jahr-Jubiläum des Hauses, *Les Troyens* zu spielen, jenes Werk, mit dem nach der Eröffnung der Opéra Bastille vor 30 Jahren der reguläre Opernbetrieb aufgenommen wurde. Weiters präsentierten wir dann noch *Benvenuto Cellini* szenisch und *Béatrice et Bénédict* zumindest konzertant. Somit konnte ich während meiner Amtszeit alle bedeutenden Bühnenwerke von Hector Berlioz erarbeiten.

Mit *La Damnation de Faust* suchte Berlioz neue Wege im Musiktheater. Das Werk ist eher ein Oratorium oder eine szenische Symphonie als eine wirklich dramatische Oper. Die Produktion entstand im ersten Jahr von Stéphane Lissner, und leider liefen Musik und Regie eher nebeneinander her, als dass es gelang, ein Ganzes daraus zu machen. Berlioz war für mich damals – zumindest auf der Opernbühne – Neuland, ein Abenteuer, und ich wusste auch nicht, in welche Richtung der Regisseur, Alvis Hermanis, gehen würde. Er erfand unter anderem eine Marsmission als Symbol des Faustischen Paktes und um diesen Themenkreis baute er viele Bilder. Jonas Kaufmann fragte: »Was mach' ich hier? Ich singe den Text von Goethe zur Musik von Berlioz, muss aber eine andere Geschichte dazu spielen, die mit dem Text nichts zu tun hat.« Es gab beispielsweise Riesenföten in Gläsern auf der Bühne und die Schnecken, die auf einer Wiese Liebe machten, mögen zwar vielleicht ein poetisches Bild ergeben haben, aber es wollte nicht wirklich zur Geschichte passen. Vom Publikum wurde die Produktion überhaupt nicht angenommen und in der Premiere wurde es im Zuschauerraum bei besagter Schneckenszene so laut, dass ich mich umdrehen musste um zu sagen: »Bitte nicht jetzt!« Danach bestand ich darauf, dass die Schnecken entfernt werden, weil ich nicht wollte, dass das Publikum jedes Mal bei der schönsten musikalischen Stelle randaliert. Ich versuche immer, gegenüber der Regie offen zu sein, aber wenn es gar nicht mehr anders geht, muss man eingreifen. Ich möchte mich nicht in die ästhetischen Vorstellungen eines Regisseurs einmischen, das ist nicht mein Bereich, aber es ist wichtig für mich, dass ich das Werk zumindest musikalisch gut umsetzen kann, und dazu gehört unter anderem, dass Sänger und Chor optimal platziert sind, dass das Bühnenbild akustisch hilfreich ist, und auch, dass die Geschichte einigermaßen erkennbar erzählt wird. Manchmal muss man sich als Dirigent diesbezüglich durchsetzen. Regisseure sind nach der Premiere weg, Dirigenten sind hingegen für alle Vorstellungen verantwortlich. Diese Machtkämpfe verlangen viel Kraft, und es ist schade, dass es immer wieder Situationen gibt, in denen man wegen Selbstverständlichkeiten streiten muss. Ich würde mir für die weitere Entwicklung der Oper wünschen, dass es wieder möglich wird, Regisseure zu finden, die es nicht nur zulassen, sondern wie Walter Felsenstein seinerzeit sogar darauf bestehen, dass der Dirigent bei der Erarbeitung des Konzeptes anwesend ist. Es wäre geradezu eine ganz neue Ära des Musiktheaters, wenn man eine Generation von Regisseuren sucht, die so eine Zusammenarbeit nicht nur akzeptieren, sondern darin auch eine Chance sehen, dem komplexen Anspruch der Kunstgattung Oper gerecht zu werden.

Mit dem fünfstündigen Werk *Les Troyens,* das epische und antike Elemente beinhaltet, hat Berlioz vom Aufwand her sogar Meyerbeer noch übertrumpft: 200 Choristen, unzählige Solisten, ein Kinderchor, sechs bis acht Harfen, ein Bühnenorchester auf und hinter der Bühne usw. Wir scheuten zwar keinen Aufwand, aber in manchen Dingen mussten wir dann doch pragmatisch sein. Unser Chor hat 112 Personen, mehr braucht man nicht, denn dass sich Berlioz ursprünglich sogar 500 wünschte, ist eher auf die Gigantomanie der Entstehungszeit zurückzuführen. Berlioz wollte Saxhörner einsetzen, die von Adolphe Sax, dem Erfinder des Saxophons, damals entwickelt wurden. Wir besetzten diese Stimmen allerdings mit normalen Hörnern und die vorgeschriebenen antiken Flöten ersetzten wir durch Oboen. Natürlich ist das Werk als Ganzes auch ein gewisser Anachronismus, denn Hector Berlioz huldigt hier noch der untergehenden Form der Grand Opéra, zu einer Zeit, als Wagner, Gounod oder Massenet bereits ganz andere Wege gehen. Aber trotzdem bleibt *Les Troyens* für mich unzweifelhaft ein genuines Meisterwerk und je öfter ich es in Paris dirigierte, desto mehr erschloss sich mir die ungeheure Vielfalt und der fast grenzenlose Einfallsreichtum von Berlioz. Die Oper überwältigt rein äußerlich zunächst durch ihre Dramatik im ersten und dann durch die lyrischen und melodischen Eingebungen im zweiten Teil. So wie Berlioz bei *Damnation* versuchte, einen genuin »deutschen Tonfall« als charakteristische musikalische Sprache für das Werk zu finden oder eine gleichsam italienische, »rossinihafte« Leichtigkeit in *Benvenuto Cellini*, strebte er bei den *Troyens* nach einer Imagination von griechischer Musik – wie man sie sich zu seiner Zeit vorstellte – und in der Nachfolge von Gluck zugleich nach einer dramatischen Behandlung von Rezitativen und Szenen. In dieser Produktion entschlossen wir uns zu einigen dramaturgischen Strichen, die teilweise auch kritisiert wurden, und ich bin inzwischen ebenfalls der Ansicht, dass man das Werk weitgehend vollständig bringen kann. Allerdings muss man auch auf die dramatische Realität einer Aufführung Rücksicht nehmen, und ich glaube daher immer noch, dass insbesondere im letzten Akt Kürzungen nicht nur sinnvoll, sondern auch notwendig sind.

Benvenuto Cellini hatten wir dann im Rahmen des Berlioz-Schwerpunktes 2018/19 im Programm, zumal sich ja in dieser Saison im März der 150. Todestag des Komponisten jährte. *Cellini* ist sehr schwierig umzusetzen, weil das Werk so kleinteilig komponiert ist. Jeder Takt ist völlig anders, größte Flexibilität der Ausführenden ist notwendig, es gibt viele Taktwechsel, jeder Satz hat ein anderes Tempo, einen anderen Rhythmus. Es fühlte sich für mich wie eine »tonale Uraufführung« an. Auch für die Musiker und Sänger ist es sehr schwer, nicht in Fallen zu tappen. Ich bin froh, diese Oper dirigiert zu haben, denn ich habe jetzt bei Berlioz-Werken einen anderen Hintergrund und ein tiefgehenderes Wissen zu diesem Komponisten. In Falle *Cellini* musste ich auch nicht entscheiden, welche Fassung ich dirigiere, denn es war eine fertige Produktion von Terry Gilliam, dem Mitbegründer der berühmten englischen Gruppe Monty Python, die davor schon an der English National Opera, in Rom und Barcelona zu sehen war. Die Akrobaten, die in den Karnevalszenen mitwirkten, waren größtenteils überall dieselben und wirklich beeindruckend. *Benvenuto Cellini* ist allerdings nicht nur heiter, sondern auch ein Künstlerdrama, in dem ein Genie sein Werk verteidigt und verhindern will, dass ein anderer es fertigstellt. Angeblich sah sich der Komponist in dieser Figur selbst. Berlioz war einer der ersten großen europäischen Künstler, reiste viel, hatte Begegnungen mit anderen Künstlern und ein bewegtes Leben. Die Autobiografie von Cellini, dem genialen Bildhauer, der 300 Jahre vor ihm gelebt hatte, faszinierte ihn: Ein Mörder, der zweimal aus der Engelsburg ausbricht, ein Künstler, der für sein Werk lebt, aber auch das Leben in vollen Zügen ausschöpft. Dem Künstler Cellini, der auch zum Mörder wird, wird verziehen, weil er ein Genie ist. Die Uraufführung 1838 war ein furchtbarer Misserfolg, Berlioz war damals seiner Zeit einfach zu weit voraus. Im Paris des Jahres 2018 war das Publikum aber dann von der Farbigkeit und Vitalität des Werkes begeistert.

Lediglich konzertant erklang in unserem Berlioz-Zyklus sein letztes Werk: *Béatrice et Bénédict* nach Shakespeares *Viel Lärm um nichts*. Verglichen mit *Damnation* oder gar *Les Troyens* irritiert zunächst die ungewohnte Leichtigkeit, aber bei näherer Beschäftigung bestechen vor allem die meisterhafte kompositorische Behandlung der Vorlage und der souveräne Umgang mit den kompositorischen Mitteln.

Möglicherweise könnte mancher sagen, das Werk sei nicht das inspirierteste oder halte zumindest nicht ganz dem Vergleich mit Berlioz' anderen Opern stand, aber man muss den Sinn für Lyrik und Komik bewundern, ebenso wie wahre Perlen der Melodik, die sich zum Beispiel im Finale des ersten Aktes finden. Ich persönlich halte die Ouvertüre des Werkes für Berlioz' beste, und *Béatrice et Bénédict* ist sicher auf der Höhe seines handwerklichen Könnens geschrieben und daher mit *Les Troyens* das am souveränsten ausgearbeitete Werk, das er für die Bühne schuf.

Strauss

Richard Strauss ist für mich eine Herzensangelegenheit. Ich persönlich näherte mich diesem Komponisten über die Bühnenwerke an, dirigierte im Laufe meines bisherigen Berufslebens auch alle seine wesentlichen Opern außer der *Frau ohne Schatten*, die mich zwar beeindruckt, zu der ich aber noch nicht dieselbe Beziehung entwickeln konnte wie zum Beispiel zu *Elektra* oder dem *Rosenkavalier*.

Elektra war dann auch mein erstes Strauss-Dirigat, aber das war nur eine Übernahme in Ulm und das zählt daher nicht wirklich. Dann aber kam in Berlin *Der Rosenkavalier*, eine meiner liebsten Opern überhaupt, denn ich finde, in diesem Werk stimmt einfach alles: Text, Musik, Dramatik, Emotion. Immer wieder hörte ich mir als Jugendlicher dieses Werk an und war dann sehr dankbar, als ich meinem Vater im Pariser Théâtre du Châtelet dabei assistieren durfte. Als ich dann in Berlin eine Wiederaufnahme übernehmen musste, hatte ich vor dem Stück zunächst großen Respekt, konnte aber durch die Erfahrung, die ich bis dahin gesammelt hatte, künstlerisch einen

Schritt weitergehen. Man war in Berlin sehr entgegenkommend, gab mir mehrere Orchesterproben, sodass ich wirklich auch an den Feinheiten arbeiten konnte. Das Orchester, das den *Rosenkavalier* damals erstaunlicherweise nicht ganz so gerne spielte, weil anscheinend die Premiere nicht so gut einstudiert gewesen war, sagte dann: »Jetzt haben wir endlich Freude, dieses Werk zu spielen. Mit leichtem, differenziertem Klang und nicht nur wie einen schlechten, überinstrumentierten Wagner.« Das waren meine ersten Schritte. Dann kam aber schon die Wiener Staatsoper mit dem *Rosenkavalier.* Ich hätte das Stück sehr gerne davor noch woanders dirigiert, aber der Anruf von Direktor Holender erreichte mich in Paris überfallsartig: »Thielemann hat abgesagt, so ein Angebot bekommen Sie nie wieder in Ihrem Leben: *Rosenkavalier* an der Wiener Staatsoper mit drei Bühnenorchesterproben.« Das passierte noch dazu in meinem ersten richtigen Jahr an der Wiener Staatsoper – gerade hatte ich zuvor die *Werther*-Neuproduktion gemacht. Die Proben liefen unterschiedlich, eine besser, eine andere weniger gut, aber ab der ersten Vorstellung war ich unendlich dankbar, dass ich mir dieses Stück mit diesem Orchester, mit dieser Produktion »einverleiben« konnte. Mit jedem anderen Orchester muss man die Charakteristik eines Strauss-Walzers erst erarbeiten, bei diesem Orchester kommt alles von selbst und diese Erfahrungen konnte ich dann nach Paris mitnehmen, wo ich später ebenfalls *Rosenkavalier* dirigierte, und dieses Stück war ja dann auch »schuld«, dass ich dort Musikdirektor wurde.

Beim *Rosenkavalier* entsteht die große Emotionalität vor allem dann, wenn man Sängerinnen und Sänger hat, die in der Lage sind, die Feinheiten des Textes auszukosten und dessen Geist zu erspüren. Wenn man einmal zum Ende der Oper kommt, ab dem großen Terzett, kann man es auch als Dirigent genießen und muss nicht mehr viel »machen«. Es läuft fast wie von selbst. Gerne würde man als Dirigent auch schon im ersten Akt emotionaler agieren, aber das gelingt nur selten, weil die Musik in ihrer Leichtigkeit und Beweglichkeit schwer zusammenzuhalten ist. Vor allem der berühmte *Zeitmonolog* hat viele *Rubati*, ist ganz genau am Text entlang komponiert. Die meisten Marschallinnen missverstehen diesen Zeitmonolog, nehmen ihn zu ernst, zu traurig, zu schwer und dadurch zu dramatisch und schleppen daher auch oft. Dann wird das sehr schnell unerträglich. »Leicht will ich's machen dir und mir, leicht muss man sein, mit leichtem Herz und leichten Händen« – auch beim Dirigieren, sagte Strauss; leicht bitte, zügige Zeitmaße, nicht zu langsam, zu schleppend, mit leichten Händen – wie Mozart, nicht wie Lehár! Diese Anweisungen von Strauss habe ich verinnerlicht. Um diesen Ton hinzubekommen, braucht man Sängerinnen, die es verstehen, aus dem Text heraus zu gestalten, und jedwede Sentimentalität verweigern. Denn der Unterschied zwischen Sentimentalität und Melancholie ist ganz wesentlich. In einem Brief an den Musikwissenschaftler Willi Schuh schrieb Strauss, dass er vor »Marschallinnen mit Sentimentalität und tragischem Gesinge« warne und dass sie sich im Grunde doch »nur über den Friseur geärgert« habe. Drei Ausrufezeichen!!! Sie sei einfach schlecht gelaunt. Punkt. Niemals würde sie denken, dass Octavian sie schon am nächsten Tag für eine Andere, Jüngere verlassen würde. Selbst das wunderbare Schlussterzett der drei Frauen, bei dem auch ich selbstverständlich immer eine Träne zerdrücke, ist nicht Isoldes Liebestod. Strauss und Hofmannsthal schrieben auch, dass der Ochs eher ein jüngerer Mann sein solle, ein 35-jähriger Don Juan vom Lande, durchaus erotisch und durchaus auch aristokratisch. Ich finde, durch die Musik ist er ohnehin schon derb genug gezeichnet, der Sänger sollte das beim Singen nicht noch unterstreichen. Leider halten sich die meisten nicht daran. Wenn diese Charakteristik nicht stimmt, wird es sehr anstrengend, den ersten Akt zu dirigieren, noch dazu nehmen die meisten »Ochsen« den Rhythmus allzu frei. Aber trotz allem werden Momente, in denen man als Dirigent selbst berührt wird, mit zunehmender Erfahrung häufiger, denn Emotion und Wissen hängen zusammen.

Als ich das Werk dann auch an der Mailänder Scala dirigierte, näherte sich dieses Orchester relativ rasch dem gewünschten Klang von Strauss an, auch weil seine Kompositionsweise und sein musikalisches Vokabular sehr dazu beitragen, diesen schnell zu finden. Das Scala-Orchester hat nicht nur einen dafür idealen hellen Klang, sondern vermeidet auch einen Fehler, den andere italienische Orchester oft machen, indem sie versuchen, deutsches Repertoire deutscher zu spielen als die Deutschen.

Während *Rosenkavalier* Richard Strauss als den bereits souveränsten dramatischen Komponisten seiner Zeit auf dem Höhepunkt seines Schaffens zeigt, ist *Salome*, sein erstes großes Meisterwerk, noch ein Stück des Übergangs von der symphonischen Dichtung zur Oper. Im Grunde könnte man auch sagen, dass *Salome* noch eine symphonische Dichtung mit Stimmen ist, und die Herausforderung an jeden Dirigenten, der dieses Werk leiten darf, ist zunächst einmal, die Balance zwischen Bühne und Orchester herzustellen. War Richard Strauss in späteren Jahren ein unvergleichlicher Meister der Dynamik und Instrumentation, so lernte er wohl aus den Erfahrungen der Proben für die Uraufführung der *Salome* in Dresden durch den souveränen Dirigenten Ernst von Schuch, dass die Dynamik des Orchesters, während gesungen wird, immer schnell diminuiert werden muss. Diese Bezeichnungen gibt es in der *Salome*-Partitur noch nicht, und würde man 1:1 umsetzen, was an Dynamik in den Noten steht, würde man wohl kaum einen Ton von den Sängern hören. Strauss selbst hat das sehr schnell erkannt und auch später selbst zahlreiche Retuschen für *Salome* erfunden und andere auch bereitwillig akzeptiert. Sehr bald sprach er davon, dass man seine Musik wie »Elfenmusik« dirigieren müsse, aber beim Komponieren der *Salome* war er noch nicht so weit. War sein Stimmideal bei der Uraufführung noch eine genuine »Isolden-Stimme«, begeisterte er sich im Laufe seines Lebens immer mehr für Interpretinnen mit leichterer Stimme und adaptierte das Werk entsprechend. So fand ich zu meinem Erstaunen in der Berliner Hauspartitur bei meiner ersten Begegnung mit dem Werk ebenfalls zahlreiche Retuschen, auf die mich mein Kollege Sebastian Weigle hinwies. Ich erkannte sehr schnell, wie wichtig diese für die richtige Umsetzung in der Praxis sind, und verwendete viele von ihnen dann auch, als ich das Werk in einer Neuproduktion in London 2008 an der Royal Opera, Covent Garden, einstudierte. Sehr wesentlich für mich war es auch zu lernen, sich nicht am Anfang des

Stückes in Details zu verlieren, sondern von vornherein den Blick für das Ganze zu bewahren. Oft hat man das Gefühl, nach dem Duett mit Salome und Jochanaan schon am Ende zu sein, aber dabei ist man zeitmäßig gerade in der Mitte des Werkes, und der dramatische Aufbau beginnt ja erst richtig mit dem Auftritt von Herodes. Danach gilt es den Tanz organisch in das ganze Geschehen einzubinden und nicht eine »Konzertnummer« daraus zu machen und dann den grandiosen Schlussmonolog so zu gestalten, dass die Sängerin, die ja fast seit Beginn auf der Bühne steht, auch diese Anstrengung noch bewältigen kann. Man muss also bei *Salome* vor allem auch lernen, klug zu disponieren.

Eine wunderschöne Strauss-Produktion war *Capriccio* unter der Regie von Marco Arturo Marelli 2008 an der Wiener Staatsoper, jenes Konversationsstück, in dem es um die Frage geht, ob Musik oder Text in der Oper wichtiger sind. Diese Aufführung wurde zu einem dieser seltenen Glücksfälle, bei denen alles zusammenpasst und sich richtig anfühlt. Wir probten die üblichen sechs Wochen, hatten eine großartige Besetzung mit Renée Fleming als Gräfin, die eine sehr angenehme Kollegin ist und mit einer großartigen Stimme für Strauss gesegnet ist, sowie Michael Schade und Adrian Eröd als die beiden um sie konkurrierenden Männer. Bis zum letzten Moment wurde intensiv am Text gearbeitet. Mir war vor allem die Freude am Text und am Spiel wichtig, denn es geht nicht nur um Deutlichkeit, sondern um den Geist dieses Textes, denn Dichter und Komponist versuchen ja, ihre Liebe zu Madeleine über ihre Kunst zu erklären. Pure Sublimation! Das Werk beinhaltet wunderbare Ensembles, die allerdings sehr schwer für alle Beteiligten sind. In der Pause der Premiere wollte Christa Ludwig zu mir kommen, weil es ihr gut gefiel, und als man ihr sagte, dass ich das *Lach-Oktett* und das *Streit-Ensemble* mit den Sängern noch einmal probte, meinte sie: »Die habe ich auch nur auf der Schallplatte richtig gesungen.« Immer wieder verpasst jemand den Einsatz, kommt erst beim nächsten Einsatz wieder hinein, in den ersten Proben tut man sich sehr schwer damit, auch in den Bühnenorchesterproben musste ich noch an der Textakzentuierung arbeiten. Auf der Opernbühne ist man nun einmal nicht in einem kleinen Liederabend-Konzertsaal und ich hatte bei dieser Produktion gelernt, dass es notwendig ist, bei der Textdeutlichkeit und -ausdeutung zu insistieren.

Mit Renée Fleming machte ich auch *Arabella* in Paris. Mir war zu Beginn gar nicht bewusst, welch schwieriges Stück das ist. Auf den ersten Blick dem *Rosenkavalier* scheinbar nicht unähnlich, ist es dann doch viel »dicker« instrumentiert und Text und Musik sind bei Weitem nicht so gut ausbalanciert, vielleicht auch weil Hofmannsthal noch vor Abschluss der Arbeit verstarb. Der erste Akt ist noch relativ ausgewogen, aber für den zweiten und dritten Akt gab es zwischen den Schöpfern des Werkes noch offene Diskussionspunkte. Strauss bedankte sich mit einem Telegramm für die letzten Änderungen im Libretto, aber Hofmannsthal las diesen Dank nicht mehr, den er kurz vor dem Begräbnis seines Sohnes erhielt, der Selbstmord begangen hatte. An diesem Tag erlitt er selbst einen tödlichen Schlaganfall. Aus Respekt vor dem Dichter vertonte Strauss die zuletzt vorliegende Textversion, obwohl er eigentlich kein richtiges Happy End wollte und von Beginn an Einwände sowohl gegen die Handlung und deren mangelnde Konflikte als auch gegen die Zeichnung der Figuren hatte.

Ich empfinde im dritten Akt, trotz der wunderbaren Musik, immer eine gewisse Leere und glaube nicht, dass alle glücklich sind und dass alles gut ist. Die Musik ist in Teilen sehr überorchestriert und die Walzer im zweiten Akt sind nicht so schmissig und bezwingend wie noch im *Rosenkavalier* – alles ist ein wenig mehr »gestrickt« als erfühlt, und dadurch ist es schwer, die nötige Schärfe, den Biss und den Sarkasmus, den wienerischen Schmiss herauszuarbeiten und nicht in sentimentale Walzerseligkeit zu verfallen. In meiner nächsten Produktion dieses Werkes in München war Anja Harteros die Arabella, die im Vergleich zu Renée Fleming in dieser Rolle noch etwas Herbes, Schnippisches und Kesses einbrachte. Der Regisseur, Andreas Dresen, hatte eine schöne und trotzdem sehr konturierte Inszenierung gemacht, die im Wien der Zwanzigerjahre spielte. Trotz meiner wunderbaren Erfahrung mit dem Pariser Orchester muss ich sagen, dass das Bayerische Staatsorchester Strauss ganz besonders stimmig spielt, wahrscheinlich weil sie diese Musik einfach im Blut haben und auf einer unvergleichlichen Tradition aufbauen können, die auf den Komponisten selbst und seine bedeutendsten Interpreten zurückgeht. Daher konnte ich in München musikalisch noch viel weiter gehen als in Paris, was für mich im Ganzen eine großartige Erfahrung war und mir in der Auseinandersetzung mit dieser Partitur sehr viel gegeben hat.

Debussy

In der Saison, in der ich in Bayreuth zum ersten Mal *Parsifal* dirigierte, machte ich in Paris *Pelléas et Mélisande.*

Diese Oper lebt, wie *Parsifal,* vom Unausgesprochenen, von Geheimnissen, daher konnte Debussy für die Vertonung dieses symbolistischen Theaterstücks von Maeterlinck vieles von der *Parsifal*-Harmonik und -Klangwelt übernehmen. Schon Wagner hatte viel Impressionistisches, nicht nur im *Siegfried* und in den *Meistersingern,* aber Debussy selbst war nach meinem Verständnis viel mehr Expressionist als Impressionist. Hätte man ihm gesagt, er sei Impressionist, wäre er zu Tode beleidigt gewesen, denn es ging ihm um Ausdruck und nicht um Tonmalerei. Wagner hingegen waren Klangfarben und stehende Harmonien sehr wichtig, sowohl das *Rheingold*- als auch das *Parsifal*-Vorspiel sind purer Impressionismus. In *Pelléas* gibt es unüberhörbar Anspielungen auf die Gralsmärsche und Gralsglocken, speziell im ersten Teil. Im zweiten Teil, wenn sich Golaud und das Böse emanzipieren, geht die Musik in einen wahrhaft teuflischen Expressionismus über, der sich erst in der letzten Szene, beim Tod von Mélisande, verklärt. Die großartige Inszenierung von Robert Wilson lebte vom Licht, das wiederum hatte etwas Impressionistisches, aber zugleich arbeitete er auch viel mit Symbolen und mit einer gestischen Klarheit, die in ihrem Minimalismus expressionistischen Bildern entspricht. Das ist kongenial die Welt von Maeterlinck und Debussy. Bei manchen Stücken funktioniert der Stil von Robert Wilson für mich nicht so ideal, aber für *Pelléas und Mélisande* ist er wie gemacht.

Die Produktion, die ich in Paris dirigierte, war eine Koproduktion der Pariser Oper mit den Salzburger Festspielen 1997. Elena Tsallagova wurde mir als Mélisande empfohlen, und nach einer Arbeitsprobe in Zürich war ich hellauf begeistert. Es war, als hätte ich diese Mélisande schon immer gesucht und gehört. Robert Wilson kommt bei Wiederaufnahmen immer zu den Endproben, bis dahin hat er großartige Assistenten, die mit den Sängern arbeiten. Diese Oper ist generell sehr schwer zu lernen, und dann kommt noch die strenge Choreographie von Robert Wilson dazu, diese zentrierte Stille, die einen ganz anderen – fast Zen-artigen – Zustand bewirkt. Das ist für die Sängerinnen und Sänger eine zusätzliche Herausforderung. Robert Wilson gibt zunächst immer eine sehr interessante Einführung in seinen Stil und seine Arbeit. Er erzählte unter anderem auch von autistischen Kindern, mit denen er befreundet war, die nur über Laute oder Körpersprache kommunizieren, sich auf eine ganz andere Weise verständigen. Ich werde nie vergessen, was er zu den Sängern über Körperspannung sagte, was nach meiner Ansicht ebenso für den Dirigenten gilt: »Don't be aware only of the space in front of you. Be aware of the space behind you.« Seine Ansicht ist völlig zutreffend! Auch ein Dirigent, der sich des Raumes hinter sich bewusst ist, hat eine ganz andere Haltung und Spannung als einer, der sich dessen nicht bewusst ist. Karajan wusste das wie kaum ein anderer und konnte diesen Raum hinter sich bloß durch Bewusstsein füllen. Wobei es hierbei nicht um das Publikum geht, sondern um Präsenz. Denn wenn man nur nach vorne orientiert ist, fehlt ein Teil des Bewusstseins. Um diese Dimension geht es Robert Wilson, der als Kind selbst autistisch war, der auch kein ausgesprochener Musikfachmann ist, aber genau weiß, was er ausdrücken will. Er spürt die Musik und erkennt daher sofort, was bei einem Sänger fehlt. Die Arbeit mit ihm ist sehr professionell und hochkonzentriert in einer ganz eigenen Art von Sprache und in einer eigenen Welt. Trotz seiner präzisen Choreographie hat man als Dirigent die Freiheit, andere Tempi zu nehmen, und ich habe naturgemäß einiges anders gemacht als meine Vorgänger in Paris und Salzburg. Wilsons Bewegungen richten sich nach der Musik, sind sehr musikalisch, trotzdem ist es nicht leicht, dass Sänger und Orchester immer zusammen sind. *Pelléas und Mélisande* ist der Prüfstein für jeden Musikdirektor in Paris. Bis zur Generalprobe tat ich mich schwer – nicht mit dem Orchester, das funktionierte sehr gut, sondern eher mit mir selbst. Man kann diese Oper leicht zerdehnen, kann sie zu schwer machen, den Klang nicht leuchten lassen und zu langsame Tempi nehmen und die Musik nicht fließen lassen. Es gibt nichts unmittelbar Greifbares in dieser Musik, und ich musste akzeptieren, dass ich das Stück nicht »beherrschen« kann. Debussy will den Taktstrich aufheben, er verwendet wenig Zweiertakt, wenig Dreiertakt oder konkrete Vierertakte, wo jeder mitzählen kann, sondern viele Sechsvierteltakte, in denen die Sänger jedes Mal auf einem anderen Taktteil einsetzen. Es ist für alle Beteiligten nicht einfach. In *Pelléas* verändert sich ständig alles, wie Luft, Licht, Wind, Wasser und Wolken. Trotzdem hat man den Eindruck, dass es gleich aussieht. Eine Wolke ist immer eine Wolke, und trotzdem ist sie immer anders. Bei der Hauptprobe legte ich, einer plötzlichen Eingebung folgend, den Taktstock beiseite und dirigierte das Ganze wie bei einer Mozart-Oper nur mit den Händen. Plötzlich entstand etwas Fließendes und Schwebendes und ich merkte, wie leicht sich diese Musik formen und modellieren lässt, wie sie endlich flexibel wurde. Selbst da hatte ich noch den Eindruck, das Stück nicht zu kennen, aber mir wurde klar, dass das Geheimnis dieser Oper darin besteht, dass man sie nicht *beherrschen* darf. Wenn man sie beherrscht, ist sie verraten – sie muss ein Geheimnis bleiben. Es hat mir geholfen, mit den Händen zu formen und zu zeichnen; bei konkreten Dingen ist ein Taktstock gut, aber hier hatte ich das Gefühl, damit in einem Teig herumzurühren. Auch jetzt, nach dem dritten Mal, dirigiere ich dieses Werk noch immer nicht auswendig, werde das wahrscheinlich auch nie können, denn es hat in seiner Komplexität kein System. Alles ist ähnlich und doch niemals gleich.

Moses und Aron mit Easy Rider

Die Saison 2015/16 stand unter dem Motto »Ich fühle Luft von anderen Planeten«. Zum Auftakt war *Moses und Aron* von Arnold Schönberg auf dem Programm. Nachdem ich die Partitur für mich analysiert hatte, hörte ich mir auch viele Aufnahmen an. Man muss die Aufführungsgeschichte zwar nicht in die eigene Interpretation mitnehmen, aber man sollte sie zumindest kennen. Zwei Jahre bereitete ich mich vor, länger als für alle Werke, die ich je an einem Opernhaus davor dirigiert hatte, denn es war sicher die komplexeste Partitur, die ich bis dahin studiert hatte. Bei jedem neuen Werk gehe ich immer zuerst vom Großen ins Kleine. Zunächst versuche ich die Struktur und die Temporelationen zu erfassen, dann kläre ich die Frage, wie ich etwas schlage, und danach studiere ich die Singstimmen, den Text, jeden einzelnen Einsatz, die Chorstimmen, und erst dann kommen die Orchestration und die Dynamik. Man darf sich, nach meiner Erfahrung, beim Studieren nicht gleich zu Beginn in den Details verlieren.

Für mich war *Moses und Aron* schwer, für das Orchester war es schwer, aber am schwersten war es wohl für den Chor, der ein ganzes Jahr arbeitete, alles auswendig können musste, noch dazu in Deutsch, was für einen französischen Chor eine unglaubliche Leistung war. Wir versuchten alle Formen, die Schönberg in diesem Werk verwendet hatte – Walzer, Marsch, Fuge, Choral, Kabarettnummer, Doppelchor –, wirklich zu musizieren, denn »Zwölfton« ist ja lediglich ein Kompositionssystem, in dem man musizieren kann. Schönberg hat mich schon früh fasziniert, aber diese Arbeit gab mir nun die Gelegenheit, mich intensiv mit seiner Musik auseinanderzusetzen und noch deutlicher herauszufinden, was für ein Genie er war. Das

Orchester spielte diese Musik schön und klar, glänzte und funkelte. Die Produktion von Romeo Castellucci hatte eine ganz unverwechselbare Ästhetik und gab der Musik Raum. Die Reaktion des Publikums war sehr positiv.

Moses ist bei Schönberg derjenige, der Gottes Existenz erfährt, es aber nicht ausdrücken kann, weil man eben nicht ausdrücken kann, was Gott ist. Deswegen ist seine Partie durchgehend ein genau festgelegter Sprechgesang. Aron dagegen ist der begnadete Demagoge, ein strahlender Tenor, der das Volk auch durch Wunder verführt. Das Verständnis der Franzosen für diese Oper erfolgt eher über die Literatur, was nach meiner Meinung übrigens die wirklich starke Seite der Franzosen ist. Musik findet zwar statt, ist auch wichtig, aber nicht so wie in Österreich, wo – neben Theater – Musik das A und O ist. Ein Großteil des französischen Publikums ist sehr intellektuell, daher waren viele vom gesamten Schönberg-Schwerpunkt, den wir mit Konzerten und Ballett rund um *Moses und Aron* bauten, fasziniert. Auf der Opernbühne gab es übrigens einen echten Stier namens Easy Rider, der schon lange Zeit vor Probenbeginn mit Lautsprechern beschallt wurde, damit er sich an die Musik gewöhnte. Als die Produktion dann in Madrid gezeigt wurde, gingen die Tierschützer auf die Barrikaden, weil ein Stier in einem Glaskasten auf der Bühne stand – in einem Land, in dem es Stierkämpfe gibt! Aber niemand beschwerte sich, dass der Stier monatelang mit Schönberg-Musik beschallt wurde! Unser Chor hatte anfänglich Angst, dass der Stier ausbrechen könnte, wenn er aus dem Plexiglaskasten herausgeführt wurde, aber es war immer ein Mann dabei, der ihn an einem Nasenring führte. Easy Rider war jedenfalls der heimliche Star der Produktion.

Ursprünglich sollte Patrice Chéreau *Moses und Aron* inszenieren, und ich bin sehr dankbar, dass ich diesen großen Theatermann bei ersten Vorbesprechungen noch kennenlernen durfte. Beim ersten Treffen sprachen wir über mögliche Besetzungen und über die Richtung, in die wir gehen wollten. Ich erlebte ihn als eher wortkargen und fast schüchternen Mann. Der introvertierte Künstler blühte immer erst auf, wenn er direkt mit den Sängern arbeitete. Ich bedauere es unendlich, dass wir diese Produktion, für die er Feuer und

Flamme war, letztlich nicht gemeinsam realisieren konnten, weil er davor seinem Krebsleiden erlag.

Daniel Barenboim hatte mir einmal erzählt, dass er bei seinem ersten *Wozzeck* tagelang mit den Sängern vorgeprobt hatte, von musikalischer Seite alles fertig war, und als dann Chéreau kam, der diese Oper auch zum ersten Mal inszenierte, begann dieser die szenischen Proben nur mit dem Text, ganz ohne Musik, durchzugehen. Auf diese Weise erfolgte ein spannender und bereichernder Austausch zwischen Text und Musik – dass mir diese Art der Arbeit verwehrt wurde, schmerzt mich noch immer sehr.

Bérénice – Eine Uraufführung

Die Pariser Oper war schon immer ein Ort vieler Uraufführungen: die dreiaktige *Lulu* von Alban Berg in der Fertigstellung durch Friedrich Cerha, *Saint François d'Assise* von Olivier Messiaen, die Pariser Fassung von Wagners *Tannhäuser*, Strawinskys *Feuervogel*, *Benvenuto Cellini* von Berlioz, Verdis *Don Carlos*, mehrere Opern von Meyerbeer und Halévy und vieles mehr. Heute gibt es von Seiten des Ministeriums den Auftrag, jedes Jahr eine zeitgenössische Oper oder – noch besser – eine Uraufführung herauszubringen, und das Publikum nimmt das auch gerne an. Eine Uraufführung zu machen, ist ein spannender Prozess, weil man nichts als die Partitur als Ausgangspunkt hat. Dann kommen Gespräche mit dem Komponisten und erst bei den ersten Proben hört man, wie das Werk klingt. Ich bin Gott sei Dank mit absolutem Gehör gesegnet, das heißt, ich höre auch bei dieser Musik trotz aller Dissonanzen einen falschen Ton sofort, was die konkrete Arbeit an einer Uraufführungspartitur natürlich erleichtert. Nach den üblichen Vorbereitungen und Vorbereitungsgesprächen beginnen musikalische und szenische Proben, danach kommen Orchesterproben, meistens zunächst Streicher und

Bläser getrennt, Schritt für Schritt kommt ein weiteres Element dazu. Es ist sehr aufregend, wie man langsam ein Gefühl für diese Musik entwickelt und auch mit dem Komponisten noch etwas ändern kann, wenn zum Beispiel die Orchestrierung nicht ideal ist. Den meisten Komponisten, die beim Entstehungsprozess einer Produktion dabei sind, geht es nicht nur um viele kleine Details, sondern vielmehr um den Ausdruck und den Inhalt. Es ist ein Geschenk, beim Erarbeiten eines Werkes dessen Schöpfer an seiner Seite zu haben.

2018 fand die Uraufführung von *Bérénice* von Michael Jarrell statt, ein Auftragswerk für die Pariser Oper. Der Inhalt ist die Vorgeschichte von *La clemenza di Tito*. Bérénice ist die jüdische Königin, die Geliebte des römischen Kaisers Titus, und der Konflikt entzündet sich an dessen Ehe mit einer »Fremden«. Die Produktion war meine erste Uraufführung in Paris und schon deswegen ein wichtiges Projekt. Ganz allgemein glaube ich, dass das größte Problem zeitgenössischer Opern in der Behandlung der Singstimmen liegt und auch im Fehlen dramaturgisch gut geschriebener Libretti, weil es den Beruf des klassischen Librettisten nicht mehr gibt. *Bérénice* ist ein großartiger Theatertext von Racine, neben *Phädra* in Frankreich so wichtig wie der *Faust* im deutschsprachigen Raum. Allerdings wurde Racine schon seinerzeit dafür kritisiert, dass in seinem Stück so wenig passiert und dass nur Seelenzustände geschildert werden. Lissner, der jedes Jahr eine Uraufführung einer Oper basierend auf einem großen Text der französischen Literatur herausbringen wollte, hatte als Komponisten Michael Jarrell vorgeschlagen, weil er schon einiges mit ihm gemacht hatte. Was mir an dessen Musik gefallen hatte, ist seine Fähigkeit zu orchestrieren, einen intensiven, dunklen, sinnlichen und theatralischen Klang zu erzeugen, ergänzt durch elektroakustische Elemente. Seine Musik ist keine leichte Kost, zum Teil sehr anspruchsvolle Boulez-Schule, aber sie vermag zu verführen. Claus Guth inszenierte, Barbara Hannigan und Bo Skovhus sangen die Hauptrollen. Die Frauenstimme hat viele sehr hohe Töne zu singen, Koloraturen, auch hysterische Passagen, die Männer haben ihre eigene Tonsprache, die zum Teil rezitativisch ist. Jarrell kann sehr gut für Instrumente schreiben, weiß sehr genau, was er will, und hat einen unglaublichen Sinn für Farben. Ich weiß nicht, wie viele Dämpfer die Posaune »brauchte«, ganze Tische von Dämpfern, die zum Teil kleinen Gießkannen und Blumentöpfen glichen, was vergnüglich anzusehen war. Viele Komponisten sitzen bei Uraufführungen in den Proben und machen eher allgemeine Bemerkungen, aber Jarrell hatte sehr exakte Wünsche, ihm ging es um feinste dynamische Abstufungen und differenzierte Tempi. Claus Guth erarbeitete eine besonders schöne und gute Inszenierung in einem von Christian Schmidt entworfenen kargen, strengen Raum. Er erfand eine sehr gute Personenregie und für Sänger, die darstellerisch ein wenig Schwierigkeiten hatten, schuf er stark wirkende Haltungen. Die Produktion war für alle, auch für mich, sehr anstrengend, weil es, wie in der zeitgenössischen Musik schon fast selbstverständlich, natürlich ununterbrochen schwierige Taktwechsel gibt. Die Sänger hatten es besonders schwer mit komplizierten Rhythmen und Synkopen, das perfekte Ausführen der gewünschten Töne stand für alle im Vordergrund, und sie mussten hart arbeiten, um sich szenisch freizuspielen. Aber letztlich kam dieses Gesamtkunstwerk sehr gut an.

Wagner & Bayreuth

In den ersten zwei Jahren meiner Tätigkeit in Paris erarbeiteten wir den gesamten *Ring*-Zyklus, der dann im Wagnerjahr 2013 wiederaufgenommen wurde. Richard Wagner ist für jedes Opernhaus eine der wesentlichen Säulen des Spielplans, zudem hat die Bastille gerade für seine szenisch so anspruchsvollen Werke ausgezeichnete Bühnenvoraussetzungen, und Wagner hatte schon zu seinen Lebzeiten eine große Fangemeinde in Frankreich. Auch für die Entwicklung eines Orchesters ist Wagner ideal. Die Klangvorstellung von Wagners Musik ist bei einem französischen Orchester naturgemäß anders als bei deutschen Orchestern, was mir insofern sehr entgegenkommt, als ich Wagners Musik auch nicht für schwer und pathetisch halte. Wagner selbst hätte dieses Klischee wahrscheinlich am wenigsten gemocht, denn er plädierte sehr für französische Blasinstrumente, weil sie leichter, feiner und flexibler waren, und auch für italienisch geschulte Gesangsstimmen. Ein typisch französischer Orchesterklang ist luftiger, impressionistischer, farbiger, heller und damit natürlich gesangsfreundlich. Selbst, wenn ich dann am Klang des Orchesters arbeite und an manchen Stellen die natürlichen Vorzüge des deutschen Orchesters einfordern muss, verlieren die Streicher und Holzbläser nicht ihre Klarheit und Transparenz. Auch zu meinem Abschied in Paris wäre noch einmal ein neuer *Ring* geplant gewesen. Damals, bei meinem ersten *Ring,* saß Pierre Boulez in der Premiere von *Rheingold*, den ich aus meiner Berliner Zeit, als er bei Barenboim dirigierte oder eines seiner Stücke zur Aufführung gebracht wurde, flüchtig, aber nicht gut kannte. Er fand die Aufführung offensichtlich gut, war dann in der *Walküre* und schrieb mir anschließend einen sehr ermutigenden Brief, was mich wirklich sehr freute. Da er an der baulichen Konzeption der Bastille maßgeblich beteiligt war, machte er mich auf akustische Herausforderungen in diesem Haus aufmerksam und gab mir wertvolle Ratschläge bezüglich der Orchesteraufstellung. Er meinte, ich solle mich an Bayreuth orientieren. Ich machte dann so lange diverse Akustikproben mit verschiedenen Orchesteraufstellungen, bis ich von allen Beteiligten positive Rückmeldungen bekam.

Boulez hatte mich immer sehr beeindruckt, als Persönlichkeit, als Komponist, als Dirigent und auch als Denker. In seiner Jugend galt er als Fanatiker, aber als ich ihn in Paris besser kennenlernte, war er ein umsichtiger und feinsinnig denkender Mensch. Die Musik, die er schrieb, ist grandios, sehr klangfarbenorientiert – je öfter man sie hört, desto intensiver zieht sie einen in ihren Bann. Leider konnte ich bis jetzt noch nicht viel von ihm dirigieren, aber ich hoffe, dass sich das in naher Zukunft ändert. Er zeigte mir dann sein IRCAM (Institut de Recherche et Coordination Acoustique / Musique) beim Centre Pompidou, aber als wir danach essen waren, sprach er nicht über zeitgenössische Musik oder Politik, wie ich vermutet hatte, sondern über Wagner. Boulez hätte sich auch für die Bastille einen Orchestergraben wie in Bayreuth mit einer ausfahrbaren Klangmuschel gewünscht, aber das wurde nicht realisiert. Doch allein an diesem Wunsch sieht man, wie sehr ihn sein Bayreuther Erlebnis mit *Parsifal* und dann vor allem mit dem sogenannten Jahrhundert-*Ring* unter der Regie von Patrice Chéreau geprägt hatte. Als ich den *Ring* in Zürich zum ersten Mal dirigierte, hörte ich mir zuvor sicher fünfzehn verschiedene Aufnahmen des *Rheingold*-Vorspiels an und fand – zu meinem Erstaunen – die Boulez-Version am besten und stimmigsten, weil er Klang und Tempo am feinsten auffächerte und in Einklang brachte. Boulez kam nach diesem Pariser *Ring* auch in meine Konzerte sowie in eine *Don Giovanni*-Vorstellung, weil ihn auch interessierte, wie ich Mozart machte. Es berührte mich immer sehr, wenn er anwesend war. Leider sahen wir uns danach nicht mehr oft. Er wurde sehr krank und zog sich zurück, aber die Begegnung mit diesem außergewöhnlichen Menschen und Musiker, die damals anlässlich des *Rings* an der Bastille begonnen hatte, wird für mich ein wesentlicher Eindruck bleiben.

Der *Ring* behandelt die großen Menschheitsthemen: Es geht um Politik, um Wirtschaft, um Religion und Erlösung, um Verrat und Treue und um das Weltenende. Sogar um Ökologie, um die Frage, wie man die Welt einmal hinterlassen wird, und natürlich um Macht und Liebe. Der Weg, den Wagner selbst im Zuge der 25-jährigen Entstehungsgeschichte gegangen war, ist immer wieder erstaunlich: Am Beginn stand ein antikapitalistisches Manifest, das sich dann zu einem Weltendrama entwickelte, in dem es um den Kreislauf des Lebens und der Natur geht. Eine Welt vergeht, und eine neue entsteht.

Wagners ganz frühe Opern sind im Stile der Grande Opéra geschrieben, beim *Ring* aber fängt das Musikdrama an, fallen alle Opernkonventionen völlig weg, wird die Distanz zwischen Bühne und Publikum überbrückt. Der Orchesterklang erzählt die Geschichte mit einer Leitmotivtechnik, welche das Geschehen ständig untermalt, kommentiert oder mehrdeutig macht. Die Leitmotivtechnik hat aber auch einen entscheidenden Einfluss auf die Formgestaltung. Alles ist immer ambivalent und man versteht Wagner völlig falsch, wenn man versuchen würde, seine Welt nur in Gut und Böse einzuteilen. Ist Wotan der Gute, ist Alberich der Schlechte? Vielleicht in Wagners Urkonzeption, die ja nun leider einen unleugbaren antisemitischen Grundton hat. Aber in der weiteren Entwicklung des Stoffes und besonders der Charaktere gewann Wagners Genie die Oberhand über den Demagogen. Nikolaus Lehnhoff hat mir einmal gesagt: Eigentlich ist Alberich der einzige authentische und konsequente Charakter in dem Stück, weil er bis zum Schluss zu seinem Schmerz, zu seiner Vergeltungssucht und zum Fluch steht. Ja, er ist böse, aber er ist verstoßen und sehr verletzt worden. Er ist ein unglücklicher Mensch, hat keine Liebe bekommen und hat die Liebe verflucht. Wotan hingegen spielt den Guten, ist selbstgerecht. Er stellt allen möglichen Frauen hinterher, ist seiner Frau absolut untreu. Er baut ein großes Haus, ohne die notwendigen finanziellen Mittel zu besitzen, ist ein unfairer Verhandlungspartner und benötigt einen schmierigen Anwalt, der ihm aus der Patsche hilft. Kein guter Charakter, aber von der Musik wird er als guter Gott dargestellt, weil er die Welt aufbaut und das Gute schaffen will, egal mit welchen Mitteln. Das ist Wagners Überzeugung und entspricht auch der damaligen Zeit: früher Kapitalismus, frühe Industrialisierung, Revolution in Dresden. Aber Wotan merkt sehr schnell, dass er scheitert, und da wird die Geschichte menschlich. Auch Siegfried ist nicht der deutsche Held, für den man ihn vielleicht hält und als der er auch ganz ursprünglich konzipiert wurde. Ein armes Kind ohne Vater und Mutter, von einem feigen, manipulierenden Gnomen aufgezogen, ein Knabe, der niemals ein Mädchen sah – ein Fall für die Couch von Siegmund Freud. Er kann weder mit Menschen noch mit Treue oder Verrat umgehen und ist ein wirklich tragischer Fall. Es gibt zwei Momente von Siegfried, die mich mehr berühren als alles andere: Das Waldweben – »Wie sah meine Mutter wohl aus? Sterben die Menschenmütter an ihren Söhnen alle dahin?« – und natürlich sein Tod, als er den ganzen Irrtum seines Lebens erkennt: »Brünnhilde! Heilige Braut!« Da wird ihm plötzlich bewusst, wie schön es hätte sein können, wenn er seine Lebenslüge von Anfang an erkannt hätte. Eine grandiose Szene – da, ganz am Ende, wird Siegfried plötzlich ganz groß! Sowohl in der Rollenarbeit mit Sängern als auch beim damit zusammenhängenden Orchesterklang ist es mir wichtig, diese Ambivalenzen herauszuarbeiten. Denn wenn man den leider noch immer gängigen Klischees verfällt, wird Wagner unerträglich.

Den ersten *Ring* zu dirigieren, ist schon so etwas wie ein Ritterschlag für einen Dirigenten. Als ich in Zürich diese Chance bekam, war mir noch nicht klar, wie viel ich von dieser Musik als Musiker ganz allgemein lernen würde: Deutlichkeit, Tempowahl, Aufbau, Timing, Höhepunkte aufzubauen und auszutarieren, nicht zu früh zu laut zu werden und auch über große Strecken zu disponieren. Es bedeutete für mich eine neue Dimension des Berufes, weil ich mit einem Meisterwerk der Orchestrierung konfrontiert war, mit einer Partitur, die über alles hinausging, was ich bis dahin kannte, noch systematischer angelegt als später bei Mahler oder Strauss. Ich hatte zu diesem Zeitpunkt schon fünfzehn Jahre lang meinen Beruf ausgeübt, aber Emotionen beim Dirigieren kannte ich in diesem Ausmaß bisher noch nicht. Bei Wagner nimmt die Emotion plötzlich überhand, und man versteht zunächst nicht, was gerade mit einem passiert. Dann fragt man sich, wie viel Kraft man verliert, wenn man sich dieser Emotion hingibt. Einmal gab es dann in der *Götterdämmerung* so einen Moment, in dem ich mich gehenließ. Das war damals bereichernd und eine schöne Erfahrung, aber ich weiß nicht, ob es richtig war. Mittlerweile kann ich damit umgehen, damit spielen und es auch kreativ benutzen.

Im Frühjahr 2018 brachten wir in Paris einen neuen *Parsifal* heraus. Dieses Werk war für mich persönlich sehr vorbelastet, weil mein Vater es nicht nur oft dirigiert hatte, sondern auch als Dirigent und Amfortas-Darsteller im Film von Hans-Jürgen Syberberg mitgewirkt hatte, der damals Maßstäbe setzte. Als Kind war für mich der *Ring* als Sagengeschichte sowohl inhaltlich als auch musikalisch viel verständlicher. Als Fünfzehn-, Sechszehnjähriger beschäftigte ich mich dann verstärkt mit Wagner, und wenn man *Die Götterdämmerung* schon kennt, ist man auch mit der Sprache von *Parsifal* mehr vertraut.

Ich verfiel dem Stück durch seine Chromatik, durch das Märchenhafte im ersten Vorspiel, durch die Zwischenspiele und durch den *Karfreitagszauber* im dritten Akt. In der Schule hatten wir uns mit römischer Geschichte, mit dem Christentum, dem griechischen Erbe und den humanistischen Werten beschäftigt. Diese vielfältige europäische Kulturgeschichte schwingt bei Wagner immer mit – der *Parsifal*-Mythos stammt bei ihm nicht nur aus der deutschen Kultur, sondern wie die jüngste Quellenforschung eindrucksvoll belegt hat, bediente er sich verschiedener älterer europäischer, insbesondere französischer Quellen.

Als ich dann in Graz meinen ersten *Parsifal* dirigierte, merkte ich erst, *wie* komplex die Partitur wirklich ist, auch und gerade in Tempofragen, vor allem deshalb, weil ich davor noch keinen *Ring* dirigiert hatte. Ich hatte den Umgang mit diesen Fragen zwar bei Barenboim genau studieren können, aber ich musste dann in der Praxis viele Überlegungen anstellen, und Graz war eine wunderbare Möglichkeit, dieses unergründliche Stück zum ersten Mal zu realisieren. *Parsifal* ist die Verdichtung, die Essenz von Wagner, auf einer noch abgeklärteren Ebene als *Tristan*; ein vergeistigtes Theater, das durch den Klang transzendiert wird. Der Opernbesucher wird mit dem langsamen Vorspiel des ersten Aktes in ein anderes Zeitgefühl und in eine andere Dimension versetzt, denn die Gralsritter existieren ja nicht konkret, und auch Kundry wandelt zwischen den Welten, wenn sie über Christus sagt: »Nun such' ich ihn von Welt zu Welt, ihm wieder zu begegnen.« Das buddhistische Element der Wiedergeburt hat Wagner zur Zeit des *Parsifal* mindestens so beschäftigt wie das Thema der Erlösung – das ja das Grundthema aller seiner Werke war. (Pierre Boulez war übrigens der Ansicht, dass Wagner, hätte er länger gelebt, sich nicht mehr mit Oper, sondern mit symphonischer Musik beschäftigt und keine Worte mehr gebraucht hätte.) Eine sakrale Komponente ist in der Musik natürlich deutlich enthalten: Choralgesänge, Anklänge an die Gregorianik, wobei allerdings das sogenannte Gralsthema nicht so sehr – wie oft behauptet – aus der *Reformationssymphonie* von Mendelssohn stammt, sondern aus dem Dresdner *Amen*, das Bruckner dann auch im *Adagio* seiner neunten Symphonie (in abgeschwächter Form) verwendet hat. Das Vorspiel zum dritten Aufzug ist dann purer – wenn auch harmonisch sehr stark weiterentwickelter – Bach. Choräle und Fugen sind in den *Meistersingern* schon vielfältig eingesetzt, aber im *Parsifal* bekommt die Verwendung dieser Formen eine zusätzliche Dimension. Die Darstellung des Lichts erfolgt durch eine sehr schwebende Musik, ein Leuchten, viele Teile sind von Bässen befreit, die für Wagner sonst immer wichtig waren. Dieser Komponist wusste sehr genau, wie man den Himmel, das Licht beschreibt. Das *Lohengrin*-Vorspiel ist das beste Beispiel: lichte Streicherklänge, das Gralsmotiv sinkt langsam zur Erde, strahlt und steigt wieder zum Himmel. Das ist der Prototyp für *Parsifal*, einer von vielen Zusammenhängen mit *Lohengrin*. In der Bayreuther Akustik fängt die Musik des *Parsifal*-Vorspiels in einer besonderen Art und Weise zu schweben und zu vibrieren an; der Klang verselbständigt sich geradezu. Diesen Effekt hat Debussy ja bekanntlich in seinem *Pelléas* fortgeführt, denn auch dort gibt es keine realistische Handlung.

Das berühmte Gurnemanz-Wort »Zum Raum wird hier die Zeit« ist reine Metaphysik, denn der Tempel ist rein geistig, für niemanden auffindbar. Daher sucht Wagner eine Möglichkeit, den Raum, auch den Bühnenraum, zu vergeistigen – das ist fast eine szenische Anweisung. Wie schafft man eine Verwandlung der Bühne vom Wald in einen Gralstempel, den es nicht wirklich gibt? Das geht nur durch die Musik. Das heißt, die Musik, der Klang ist die Zeit. »Ich schreite kaum, doch wähn' ich mich schon weit« ist die Aufhebung von Raum und Zeit, der Eintritt in eine andere Welt. Wagner ging es um die Überhöhung der menschlichen Themen, darum, die Menschen zu etwas Größerem zu führen, als es das Ego ist. Denn das Ego ist konkret und immer in der Polarität: du und ich, Gut und Böse in der konkreten, materiellen Welt, in der wir leben. Irgendwie spüren wir es alle – manche stärker, manche weniger stark –, dass die Wahrheit woanders liegt, dass sie nichts mit unserem Ego zu tun hat. Das Ego ist nur die Persönlichkeit, die Schale um uns herum, die uns erlaubt in der Materie zu leben. Musik macht uns bewusst, dass es etwas Größeres, etwas Göttliches gibt, etwas Universelles, etwas, das in uns ist. Die Buddhisten sagen: Was wir mitbekommen auf dem großen Ozean, sind nur die Wellen, mal ruhiger, mal wilder. Die Wellen schlagen, aber unten, tief im Ozean, ist es immer ruhig. Ob es nach dem Tod eine Existenz ohne das Ego gibt, wissen wir nicht.

Wagner hatte natürlich ein Riesenego, aber es interessierte ihn, worum es im Leben wirklich geht: um die Essenz von Tod, Liebe und Erlösung. Deshalb beschäftigte er sich bereits vor *Parsifal* in dem nicht vertonten Drama *Der Sieger* eingehend mit dem Buddhismus. Wie alles bei Wagner ist auch das ambivalent. Er will die Menschen zu etwas Höherem führen, auch zu Deutschland, zu einer Nationalität, aber er meint natürlich »ICH habe die Menschen da hin geführt«, und dieses Riesenego hört man auch in seiner Musik. Wenn ich Wagner gekannt hätte, und ich hätte ihn gerne gekannt, wäre ich sicher fasziniert und abgestoßen zugleich gewesen. Denn auch der Umgang mit seiner politischen Haltung ist schwierig. Man muss zwar trennen, was er selbst, und was seine Familie später mit ihm und seinem Werk gemacht hat, aber sein aggressiver Antisemitismus, dessen Verbreitung und Selbstverständnis im 19. Jahrhundert er wesentlich befördert hat, ist nicht zu tolerieren. Charisma, Persönlichkeit, Wissen und Visionen auf der einen Seite und unerträgliche Ansichten und Aussagen auf der anderen Seite. Das spiegelt sich, vielleicht noch deutlicher als in allen anderen Werken, im *Parsifal*. Kundry und Klingsor sind von der Konzeption her fraglos antisemitische Figuren, das ist nicht nur durch Forschung, sondern durch Wagners eigene, im unmittelbaren Umkreis des *Parsifal* entstandene »Regenerationsschriften« belegt, die dann von ihm in einem Band mit dem *Parsifal*-Text und der Neuauflage des berüchtigten Aufsatzes *Das Judentum in der Musik* herausgegeben wurden. Aber ebenso wie im *Ring* gewinnt auch im *Parsifal* das künstlerische Genie die Überhand und Wagner selbst hat erkannt, dass ihm ausgerechnet mit diesen Gestalten und insbesondere mit der Kundry seine vielleicht vielschichtigste und anrührendste Frauengestalt gelungen war. Den Schlussvers des Werkes, »Erlösung dem Erlöser«, hat man schon auf nahezu unüberschaubar viele Arten zu deuten versucht. Ich glaube, dass es keine wirklich eindeutige Erklärung für die »Erlösung des Erlösers« gibt, denn wie immer bei Wagner, wurden alle seine Einflüsse und Gedanken zu einem Amalgam, und diese »Nichtdeutbarkeit« hat bei ihm nicht nur System, sondern macht ja letztlich auch das Faszinierende an diesem Werk mit aus. Ich kann die Person von der Musik trennen, denn ich habe ursprünglich auch musikalisch nicht den »deutschen« Wagner kennengelernt, deshalb muss ich wohl auch immer wieder einige Wagnerianer mit meinem Musizieren enttäuschen, weil mich eine teutonische Interpretation, das ausgeprägt Nationalistische, das manche in seiner Musik lesen oder hören wollen, nicht interessiert.

Parsifal lebt grundsätzlich vom Klang. Der Orchesterklang evoziert bei Wagner eigentlich das Drama in sich. Man kann eine Wagner-Oper im Grunde sehr gut ohne szenische Darstellung hören, denn das Drama wird allein schon durch die Musik versinnbildlicht. Von Oper zu Oper kann man diese Entwicklung gut verfolgen, und bei *Parsifal* ist seine Musik so perfektioniert und zur Essenz gereift, dass der Orchesterklang, das unsichtbare Theater, wie Wagner es als Wunschtraum nach der *Ring*-Uraufführung formulierte, das konkrete Bühnenbild und die konkreten Kostüme eigentlich ersetzt. Das wäre zu seiner Zeit natürlich undenkbar gewesen, aber er war selbst vor allem mit seiner eigenen *Ring*-Inszenierung nicht glücklich. Sicher hätte er später vieles reduziert, Archetypen geschaffen, wahrscheinlich hätte es auch keinen Wotan im Bärenfell und mit Bronzehelm mehr gegeben.

Die Pariser *Parsifal*-Produktion war schon meine vierte nach Graz, München und Bayreuth. Interessanterweise ist eine frühe Wagner-Oper wie *Der fliegende Holländer* oder *Tannhäuser* technisch schwieriger zu dirigieren, das Problem bei *Parsifal* sind allerdings die Tempi. Pierre Boulez brauchte für den ersten Akt 1:34, Toscanini hingegen 2:06. Man muss dem Klang Raum und Zeit geben und gleichzeitig ein Theaterstück, ein Drama erzählen. Schon Wagner war es wichtig, dass Gurnemanz keine Arien singt, sondern es sollte immer ein Dialog sein, mit einem erkennbaren Sprechrhythmus. Man muss lernen auszutarieren, ein langsames Tempo fließend und ein schnelles Tempo nicht zu hektisch zu nehmen, damit es das Gewicht hat, das es braucht. Je länger man den *Parsifal* kennt, desto mehr gewinnt man den Überblick, um in die Details gehen zu können und zu erkennen, wie genau die Instrumentation in ihren feinschichtigen Verästelungen und impressionistischen farblichen Abschattierungen gearbeitet ist. Warum kommt das Englischhorn zur Klarinette erst auf diese Achtel, beim zweiten Mal aber schon zwei Achtel vorher? Je mehr man in die Details geht, desto weniger hat man das Gefühl, das Werk zu kennen. Ich wusste damals nicht, wie naiv ich war, in Graz *Parsifal* zu dirigieren, wusste auch nicht, wie – verhältnismäßig – leicht dagegen der *Ring* ist. Ich erinnere mich, wie schwer ich mich mit den Knappen tat oder mit den Blumenmädchen, um diese Schlichtheit mit ihnen durch Dynamik, Rhythmus und Farben, den Wortgehalt und den Subtext zu erarbeiten. Vieles wird im *Parsifal* nicht ausgesprochen, das Spannendste ist das Nichtgesagte. Wir hatten in Graz damals, wie schon erwähnt, lauter aufstrebende, junge Sänger, die am Anfang einer großen Karriere standen und ihre Rollendebüts feierten. In Paris stand dann die nächste, nicht weniger überzeugende Wagner-Generation auf der Bühne: Andreas Schager als Parsifal, Günther Groissböck als Gurnemanz, Anja Kampe als Kundry, Peter Mattei als Amfortas. Auch hier war die Arbeit schwer, weil die Rezitative zwischen Gurnemanz und den Knappen rhythmisch auf den Punkt stimmen müssen, weil es nicht nur Laut und Leise gibt, sondern die Zwischentöne genau dosiert werden müssen, und weil die Länge der Pausen exakt stimmen muss. Wenn man den Sprachrhythmus ein wenig schlampig nimmt, ist sofort die Spannung weg oder es wird beliebig. Das schafft zwar eine gewisse Unfreiheit bei den Sängern, die aber zunächst sehr wichtig ist, bis man als Dirigent dann wieder loslassen kann. Das Orchester in Paris weiß inzwischen ganz genau, was ich bei Wagner will, und folgte jedem kleinsten Wink.

Was der Regisseur, Richard Jones, wollte, war mir allerdings nicht so klar. Eigentlich ein großartiger Künstler mit vielen Meriten, der aber – wie ich zu spüren glaubte – mit dem Stück nicht wirklich viel anfangen konnte. Es wurde eine Materialschlacht. Ein Jahr davor schickte er mir Bühnenbildentwürfe mit vielen unterschiedlichen Räumen: einem Eintrittsraum, einer Küche, einer Bibliothek und einem Schlafraum auf dem Weg in die Kapelle. Er wollte von mir nur wissen, ob das akustisch in Ordnung sei und wo die Sänger stehen sollten. Bisher war ich immer sehr pragmatisch gewesen, wollte dem Regisseur nicht dreinreden, denn ich lasse mir vom Regisseur auch nicht die Tempi vorschreiben, aber ich merkte immer mehr, wie wichtig es für die Zusammenarbeit von Regisseur und Dirigent ist, wenn elementare Dinge im Vorfeld geklärt werden. Ich ging damals zum Intendanten, um ihm mitzuteilen, dass ich bezüglich dieses Bühnenbildkonzeptes erhebliche Bedenken hätte, aber Stéphane Lissner meinte nur, wenn das Licht und die Kostüme dazukämen, würde alles anders sein. Tatsächlich war dann aber leider das Gegenteil der Fall: Es war noch ärger! Immer wieder stellt sich für mich die Frage, warum alle Häuser den Regisseuren freie Hand bei der Wahl des Bühnenbildners und des Kostümbildners lassen. Am Broadway oder in Hollywood gibt es einen Produzenten, der interessante Konstellationen zusammenbringt; dieses System sollte vermehrt auch im Opernbereich angewendet werden, abgesehen davon, dass es mit der Zeit langweilig wird, immer die gleichen Konstellationen geboten zu bekommen. Manche Regisseure arbeiten immer mit demselben Team, schmoren oft im eigenen Saft. Es sind gute Regisseure, aber muss ich zum Beispiel immer die gleiche Tapetenwand sehen, nur weil sie für einen Regisseur oder Ausstatter typisch ist? Es sollte doch hauptsächlich um das Stück und nicht um persönliche Handschrift und Wiedererkennbarkeit der Interpreten gehen.

Der Engländer Richard Jones inszeniert sowohl Theater als auch Oper. *Parsifal* behandelte er nicht nur weihevoll, sondern mit Distanz und klarer Personenführung. Man kann ein Werk wie *Parsifal* selbstverständlich nicht immer gleich inszenieren, im Gegenteil: Theater muss aus der jeweiligen Zeit heraus neu entstehen – aber es gibt ein paar unabdingbare Grundparameter, wie zum Beispiel: Text und Musik müssen respektiert werden und: die Sänger müssen sich in ihren Kostümen wohlfühlen. Wenn das nicht der Fall ist, schauen sie nicht nur unvorteilhaft und lächerlich aus, sondern singen auch nicht so gut, wie sie könnten. Auch das Bühnenbild darf nicht für sich alleine stehen und muss dem Ganzen dienen. Wir hatten lange und intensive Proben und es hieß, die Szenerie werde sich fast unmerklich von einem Raum in den anderen bewegen. Leider war das nicht der Fall – die Bühne fuhr zu schnell, manchmal auch auf störende Weise hin und her, und es gab vor allem ein deutlich vernehmbares Quietschen beim Bewegen der Bühne. Es hieß immer: »Wir arbeiten daran«, bis ich bei der Technik Nachtschichten einforderte, damit das Problem endlich gelöst wird, was natürlich zusätzlich Geld kostete. Aber dann kam der Unglückstag der Generalprobe. Die Hauptprobe davor ging noch recht gut, abgesehen von den technischen Problemen und den platten Kostümen, ein guter Durchlauf, aber am Tag vor der Generalprobe passierte es: Ein Seil des Eisernen Vorhangs zwischen Bühne und Hinterbühne riss. Man konnte es noch provisorisch befestigen, aber die Gegengewichte auf der Rückseite waren nicht sicher. Dadurch bestand das Risiko, dass diese Gegengewichte wie eine Guillotine bis zum sechsten Untergeschoß herunterrasseln könnten. Also gab es keine Generalprobe. Klavierproben davor waren schon wegen eines Streiks ausgefallen, als wieder einmal gegen Reformen von Präsident Macron protestiert wurde, später streikte dann noch die Technik. So wichtige Dinge wie Licht oder Kostüme konnten wir zum ersten Mal in der Hauptprobe sehen. Alles war nur halbfertig. Ich bin es in Paris gewohnt, pragmatisch zu denken; man redet sich dann üblicherweise auf den »Zauber des Augenblicks« heraus, und wir waren bereit, ohne Generalprobe in die Premiere zu gehen, aber am Tag darauf kam die nächste Hiobsbotschaft: Da auch alle Seitenbühnen mit Eisernen Vorhängen gesichert sind, wurden auch diese Verankerungen zur Sicherheit geprüft, und es stellte sich heraus, dass sämtliche Seile aus Sicherheitsgründen ausgetauscht werden mussten, weil sie bereits dreißig Jahre alt und morsch waren. Es war klar, dass die Premiere unter diesen Umständen verschoben werden musste. Zunächst hieß es, vielleicht auf den zweiten Vorstellungstermin, dann auf den dritten, aber als sich abzeichnete, dass wir erst die vierte geplante Vorstellung spielen könnten, verlangte ich, dass wir nach so langer Zeit eine Generalprobe bekämen, zumal wir ja noch keine gehabt hatten. Am Wochenende nach dem ursprünglich geplanten Premierentermin fiel ich in ein Loch, wie ich es bis dahin nicht gekannt hatte, keine Depression, eher eine komplette Leere. Der Körper baut in den letzten Tagen bis zur Premiere eine Spannung auf, die sich in diesem Fall dann aber nicht entladen konnte. Alle Sängerinnen und Musiker erzählten dasselbe. Mittlerweile waren zweieinhalb Wochen vergangen und statt der vierten Vorstellung gab es nun einen Durchlauf als Generalprobe. Letztlich gab es dann anstelle von acht nur vier Vorstellungen. Die Sänger mussten allerdings für alle Vorstellungen bezahlt werden, denn es handelte sich ja nicht um höhere Gewalt.

Die nunmehrige Premiere, die eigentlich die fünfte Vorstellung war, war eine Sonntagnachmittagsvorstellung mit einem Publikum, das teilweise mehrfach umgebucht hatte, kein typisches Premierenpublikum. Französische und einige österreichische Journalisten waren trotz der Verschiebungen anwesend, doch die sonst übliche internationale Presse fehlte. Aber über der Vorstellung lag trotz allem ein Zauber, denn alles, was wir erarbeitet hatten, kam ganz natürlich, ohne die sonstige Premierenspannung, ohne Nervosität. Es tat mir sehr leid, dass wir nicht mehr Vorstellungen spielen konnten, weil man in jeder wieder etwas ausprobieren kann, vor allem, was die Tempi betrifft.

Bei einer so langen Oper ist es wichtig, sich die Kräfte einzuteilen. Auch *Götterdämmerung* oder *Meistersinger* sind lang, aber *Parsifal* kann wegen der getragenen Tempi sehr ermüdend werden. Daran muss man sich gewöhnen, und deswegen bin ich froh, diese Oper relativ früh dirigiert und ein Gefühl dafür entwickelt zu haben. Ich erinnere mich noch, dass ich nach dem ersten Durchlauf in Graz fix und fertig war. Man lernt aber mit der Zeit, sich beim Dirigieren weniger zu verspannen, vor allem wenn es dramatisch wird, vergleichbar einem Schauspieler, der in Wut einen Gegenspieler rütteln muss und das nicht mit Kraft, sondern mit Technik macht und ganz locker bleibt, obwohl es heftig aussieht. Bei Mozart oder bei Puccini lernt man das nicht in diesem Maße. Interessanterweise ist eine Beethoven-Symphonie in dieser Hinsicht schwieriger. Auch Orchestermusiker haben festgestellt, dass einen die Intensität bei der 35 Minuten dauernden fünften Symphonie von Beethoven anfällig für Verspannungen macht, weil Beethoven gewissermaßen ständig mit dem Kopf durch die Wand will und man dieses Gefühl entsprechend umsetzen möchte. Bei einer China-Tournee mit Beethoven-Symphonien hatte ich plötzlich Schulterprobleme, die ich bei einer Wagner-Oper nie habe. Da schmerzen eher die Füße und nach sechs Stunden stehen ist es eine wahre Wohltat, die Schuhe auszuziehen!

Nach einem *Ring* ist man eher mental erschöpft. Man lernt auch mit der Erfahrung, am Beginn nicht gleich hundert Prozent zu geben. Auch beim *Parsifal*-Vorspiel muss man nicht gleich die Welt erobern, vielmehr in aller Ruhe die Musik entstehen und sich entwickeln lassen. Dann entfalten sich – bildlich gesprochen – die Wellen des Ozeans, die uns mitnehmen. Franz Welser-Möst hat einmal gesagt: »Bei der *Götterdämmerung* kann man als Surfer, wenn man die richtige Welle erwischt hat, sehr lange darauf reiten.« Das geht bei *Siegfried* nicht, da sind die Wellen sehr kurz. Man lernt bei Wagner, mit der Zeit umzugehen.

Die erste Wagner-Oper, die ich dirigierte, war *Der fliegende Holländer*, nicht so sehr aus Neigung, denn das Stück interessierte mich damals weniger, sondern weil ich im Rahmen meines Ulmer Vertrages Vorstellungen davon übernehmen sollte. Meine erste wirkliche Annäherung an die frühen Opern Wagners war aber *Lohengrin*, was nicht einfach war nach dem *Ring*, weil mir das ganze Werk zunächst vergleichsweise eindimensional erschien. Aber man darf den jungen Wagner nicht »von hinten«, also mit der Kenntnis seiner weiteren Entwicklung dirigieren. Deswegen finde ich viele *Tannhäuser*- und *Holländer*-Aufnahmen der Vergangenheit nicht überzeugend, weil sie versuchen, diesen Opern das Gewicht von *Walküre* oder *Parsifal* zu geben. Das funktioniert nicht, auch weil für diese Stücke damals zu große Stimmen eingesetzt wurden. Man muss diese Werke aus der Perspektive von Weber, Lortzing, Mendelssohn oder Marschner sehen und aus dieser Frische heraus musizieren. Der Bruch beginnt mit *Rheingold*, dem wahren Beginn des Musikdramas. Und nach *Tristan* und *Meistersinger* sprechen *Siegfried* und *Götterdämmerung* musikalisch dann natürlich noch einmal eine ganz andere Sprache.

Ich finde die jüngsten Versuche, Wagner mit Originalklanginstrumenten aufzuführen, spannend, weil sie uns daran erinnern, in welcher Klangwelt Wagner gedacht hat. Da kann man auch die Stimmen ein bisschen leichter besetzen, denn die uns heute vertrauten großen Stimmen gab es in der Zeit von Wagner einfach noch nicht. Ein *Fliegender Holländer* mit Originalklanginstrumenten hat etwas herrlich Erfrischendes und Frühromantisches, ohne die übliche Schwere. Ich höre mir das gerne an und finde das Wissen über diesen Klang wichtig, würde es aber selbst nicht so machen, weil ich unsere heutigen Instrumente und Stimmen besser finde. Aber wir müssen sehr aufpassen, dass wir nicht in falsche Klang- und Tempogewohnheiten fallen und diese für selbstverständlich halten, denn Wagner hat Sentimentalität und Pathetik gehasst. Das alles ist erst nach seinem Tod aufgekommen.

Das Orchester spielt in den Opern von Richard Wagner die wesentliche Rolle. Auch ohne die Gesangsstimmen bleibt diese Musik spannend, anders als zum Beispiel in vielen Werken der italienischen Oper des frühen und mittleren 19. Jahrhunderts, in denen das Orchester oftmals mehr begleitende Funktion hat. Manchmal komponiert Wagner wie ein Klangmaler auch Dekorationen mit, wie das Feuer in der *Götterdämmerung*, denn es war auch die Zeit der ersten großen symphonischen Dichtungen. Viel übernahm er auch von Mendelssohn, denn die *Sommernachtstraum*-Ouvertüre ist eigentlich keine Ouvertüre, sondern eine symphonische Dichtung, die ganze Geschichte der Elfen, Handwerker und der anderen Figuren aus Shakespeares Stück. Wagner perfektionierte diese Kompositionsweise in seinen Opern, die Mitte des 19. Jahrhunderts als »Programmmusik« gang und gäbe wurde.

Lohengrin, den ich erstmals 2017 in Paris leitete, war (abgesehen von den ganz frühen Opern *Feen* und *Liebesverbot*) die letzte von Wagners Opern, die ich noch nicht dirigiert hatte, mit einer wunderbaren Besetzung: Jonas Kaufmann, Martina Serafin, Wolfgang Koch, René Pape und andere. Regie führte Claus Guth. Mit diesem Werk ließ ich mir Zeit, da ich lange mit *Lohengrin* wenig anfangen konnte. Die Kriegschöre der Männer konnte ich nicht leiden, ebenso die »Heil«-Rufe und allgemein die martialischen Elemente der Partitur.

Inzwischen kenne ich die Zusammenhänge und verstehe Wagners Absichten: Hier werden Menschen zu einem Kampf angestachelt und geraten in eine Art Fanatismus. Es ist eine Kriegsmusik, die fast wehtut. Man muss diesen Sog aus der Musik herausfiltern, dass sie sich nicht nur in banalem D-Dur über vier Abschnitte verteilt, sondern man muss darstellen, wie sich die Männer in diesen Kriegswahn, ja Kriegsrausch hineinsteigern. Wenn man das nicht nur brav durchexerziert, hat das auch echte Tragik.

Bei *Parsifal* ist man bei der Chorprobe mit einem guten Chor und einem ebensolchen Chordirektor in einer knappen Stunde fertig, aber im *Lohengrin* gibt es weitaus mehr zu tun. Nach *Lohengrin* entwickelte sich Wagner zum Musikdrama hin, und die Rolle des Chores wurde zunächst – besonders im *Ring* und im *Tristan* – deutlich geringer. In den frühen Opern wie *Rienzi*, *Holländer*, *Tannhäuser* spielte er noch eine große Rolle, und *Lohengrin* ist vielleicht das anspruchsvollste Chorwerk. Da kommt noch die Tradition der Grande Opéra von Meyerbeer, Halévy und Berlioz zum Tragen. Aber bei Wagner ist der Chor nicht mehr so plakativ, er hebt auch Individuen aus der Masse heraus. Das extremste Beispiel dafür ist die *Prügelfuge* in den *Meistersingern*. Gefühlte dreißig verschiedene Stimmen – Handwerker, Nachbarinnen und Nachbarn, Meister, Lehrbuben, die Solisten singen mit, und das alles auf zweieinhalb Minuten komprimiert. Der Wahn wirbelt alle durcheinander, und dieser Chor provoziert dann den *Wahnmonolog* von Hans Sachs im dritten Akt. Sonst gibt es für den Chor in den *Meistersingern* nur den Anfangschoral und die *Festwiese*. Es wirkt viel mehr, als es tatsächlich ist.

Die Instrumentierung von *Lohengrin* hat viel mit Berlioz zu tun, der nicht unbedingt durch seine Melodik besticht, aber die Charaktere der handelnden Personen konsequent durch eine geniale Instrumentierung zeichnet. Das findet sich auch im *Lohengrin*, wo jede Figur ihre eigenen Instrumente zugeordnet hat: Elsa die Holzbläser in B-Dur, Lohengrin die Streicher in A-Dur, Telramund Bässe, Posaunen und Fagotte in fis-moll. Anfangs schien mir das zu plakativ, und das C-Dur von König Heinrich in den Blechbläsern bereitete mir zunächst fast Kopfschmerzen. Ich musste erst die Hintergründe und Ambivalenzen erkennen, um zum Beispiel bei Lohengrin nicht nur das Strahlen, das Siegessichere zur Geltung zu bringen, sondern auch das Fragile, sowie bei Telramund das Menschliche, seinen Schmerz, und bei König Heinrich neben der Begeisterung auch das Hohle und Tragische.

Auch wegen dieser Ambivalenzen ist Wortdeutlichkeit bei Wagner so wichtig, denn die Interpretation kommt aus dem Text. Wagner hat sich genau überlegt, wo er einen *Legatobogen* schreibt und wie er jedes Wort zur Wirkung bringt. Es ist auch wichtig, die Endkonsonanten eines Wortes richtig zu sprechen, ein hartes »t« oder ein langes »th«. Oft machen sich Sänger darüber lustig und spucken dann die Konsonanten extrastark – hier die Balance zu finden, ist viel Arbeit. Bei *Parsifal* in Paris hatten wir einen Sänger, der die Tempi so lange nicht schaffte, bis er es verstand, im Sprachrhythmus zu denken. Auch wenn »breit und gedehnt« angegeben ist, darf man nicht jede Silbe betonen, sondern muss die ganze Phrase sehen. Das »Bayreuther Konsonantengespucke«, das sich nach Wagners Tod ausbreitete, ist schon lange Vergangenheit, und es sollte auch in seinem Sinne trotz aller Deutlichkeit schön gesungen werden, denn Wagner hatte ja den Klang italienisch geschulter Sänger im Ohr. Die frühen Wagner-Opern sind teils von Bellini und teils von der französischen Oper beeinflusst. Man muss die Konsonanten dehnen und ihnen dadurch Farbe geben, eine Linie denken. Das wird leider heute nur mehr recht selten gelehrt. Viele dunkeln einfach die Vokale ab und singen möglichst wenig Konsonanten, damit es weich und »schön *legato*« klingt. Das ist sicher das größte Missverständnis. Dabei kann man gerade über die Konsonanten und deren Dehnung ein herrliches *Legato* singen.

Natürlich kann es ein Vorteil sein, wenn Text und Musik aus einer Hand stammen. Ich finde Wagners Texte auch keineswegs lächerlich, wie manche Menschen meinen. Als Librettist gehört Wagner zu den Meistern der Gattung, allerdings glaubten fanatische Anhänger in ihm auch einen Goethe-gleichen Dichter sehen zu müssen, was natürlich Unsinn ist. Stabreime eignen sich nicht besonders gut zum Lesen, aber mit Musik funktioniert der Text sehr wohl. Es ist interessant, sich nochmals zu vergegenwärtigen, wie sich der Text beim *Ring* entwickelte. Wagner begann bekanntlich das Libretto mit dem letzten Teil, der *Götterdämmerung*, und schrieb sich dann immer weiter in die Vorgeschichte, bis er schließlich beim *Rheingold* anlangte. Der Text der *Götterdämmerung* ist daher im Vergleich sprachlich noch sehr schlicht, aber musikalisch ist die *Götterdämmerung* in puncto Harmonik und Orchestration das am weitesten entwickelte Stück, da die Komposition ja bekanntlich dann in der chronologischen Abfolge der Tetralogie erfolgte. Der Beginn, das *Rheingold*, ist das verrückteste der Stücke, mit dem blumigsten Text, aber – mit Rezitativen – musikalisch hörbar direkt nach *Lohengrin* entstanden. Bei den Stabreimen von Alberich zu Beginn der ersten Szene muss man aufpassen, dass es nicht unfreiwillig komisch wird. Wenn man bei »garstig glitschiger Glimmer ...« die Anfangsbuchstaben überbetont, kann es leicht lächerlich wirken. Um das zu vermeiden, muss sorgfältig phrasiert werden, aber trotzdem muss der Charakter sofort klar herauskommen. Wagner hatte die Musik beim Verfassen des Librettos bestimmt schon in irgendeiner Form im Kopf. Ein anderes Beispiel dafür findet sich in der neuen, mit Skizzen und Briefen ergänzen Wagner-Ausgabe. Da steht beim *Siegfried*-Libretto: »1. Aufzug, Höhle im Wald ...: düstere, brütende Musik«, was es dann später im Vorspiel auch wurde. Ob das Schmiedemotiv schon da war oder wie konkret die Vorstellungen von der Musik so lange Zeit davor schon waren, weiß man natürlich nicht, aber ein Klang, eine grundsätzliche Idee musste damals bereits existiert haben.

Die Musik von Wagner löst bekanntlich extrem starke Emotionen aus, sowohl positive als auch negative. Wagner lässt auf keinen Fall kalt, er wühlt auf, verführt und provoziert bis hin zum Rausch. Ein *Tristan*-Vorspiel hört man nicht zur Entspannung. Der Beginn scheint erst verführen zu wollen, aber schon dieser berühmte Akkord klingt nicht gesund, ist pures Gift. Diese Gegensätze mit völlig neuen, überraschenden Wendungen sind sehr schwer, richtig zu dosieren. Das ganze *Tristan*-Vorspiel braucht lange Erfahrung und bleibt selbst nach vielen Jahren immer eine Herausforderung. Auch die Reaktionen von Seiten des Publikums fallen höchst unterschiedlich aus. Die meisten Menschen, die mir sagen, dass sie Wagner nicht mögen, meinen, er sei vor allem laut und lang. Aber wenn sie dann eine Interpretation hören, die nicht dem Klischee verhaftet ist, sondern das umsetzt, was Wagner so detailliert vorschreibt, stellen sie fest, dass die Musik nicht aggressiv ist, sondern im Gegenteil: dass sie schwebt und ständig wogt. Wagner war einer der wesentlichen Vorläufer der heutigen Filmmusik. Seine Musik ist zwar nie illustrierend, aber er wusste, was es heißt, Atmosphäre zu schaffen.

> Eva Wagner-Pasquier:
> *»Als ich Philippe Jordan am Châtelet in Paris bei den Proben zur* Götterdämmerung *unter Jeffrey Tate kennenlernte, fiel er mir als junger und noch jünger aussehender Korrepetitor nicht nur durch sein hervorragendes, einfühlsames Begleiten der Sänger auf, sondern auch durch seine Ernsthaftigkeit der Arbeit und den Menschen gegenüber, immer verbunden mit diesem kleinen verschmitzten Blick. Als mich Daniel Barenboim fragte, ob ich einen Assistenten für ihn an der Staatsoper Unter den Linden in Berlin wisse, empfahl ich ihm Philippe, und seit damals entwickelte sich durch viel Arbeit und Konzentration auf das Wesentliche eine Weltkarriere, die ihn um den Globus und auch für* Parsifal *und* Die Meistersinger *nach Bayreuth brachte.*
> *Die Liebe und tiefe Ehrfurcht der Musik gegenüber haben ihn zur rechten Zeit an den rechten Ort gebracht. Ich bin auch ein wenig stolz, dass wir immer noch befreundet sind, und wünsche ihm für die Arbeit an der Wiener Staatsoper weiterhin die Bewunderung und Sprachlosigkeit gegenüber einer der herrlichsten Kunstarten, der Musik, die immer wieder neue Herausforderungen bringt.«*

An meinem Debüt in Bayreuth ist der Vulkan in Island »schuld«. Weil der Flugverkehr wegen des Ausbruchs des Eyjafjallajökull im Frühjahr 2010 gestört war, war ich von Berlin nach Zürich mit dem Auto unterwegs und fuhr dabei über Bayreuth. Ich arbeitete zu dieser Zeit gerade an *Rheingold* und *Walküre* für Paris, und bei dieser Fahrt wurde mir bewusst, dass ich ein wesentliches Element für die

Umsetzung der Partitur nicht kannte, nämlich die Akustik des Festspielhauses in Bayreuth. Daher beschloss ich, im Sommer dahin zu »pilgern«. Es war das letzte Jahr, in dem Christian Thielemann den *Ring* dirigierte, und Eva Wagner, die ich gut kannte, war Co-Chefin der Festspiele geworden. Ich bekam Karten für die Generalproben, sah *Rheingold* und *Die Walküre* und verstand sofort, dass sowohl das *Rheingold*- als auch das *Parsifal*-Vorspiel nur in dieser Akustik so funktionieren können, dass die Musik gleichsam schwebt. Es gibt andere Säle für einen direkteren Wagner-Klang, aber das Haus in Bayreuth ist etwas Einzigartiges. Dann war ich bei der Generalprobe der *Meistersinger*, die Sebastian Weigle dirigierte, saß im Zuschauerraum und fand das Orchester erstaunlich leise, fast zu diskret für meinen Geschmack – die Sänger hörte man hingegen immer sehr gut. Weil ich nicht glauben konnte, dass das Orchester voll spielen würde, durfte ich beim dritten Aufzug im Orchestergraben sein, dort klang das Orchester so unglaublich laut, dass es manchmal kaum auszuhalten war. Ich saß neben Andris Nelsons und wir mussten uns öfters die Ohren zuhalten!

Drei Wochen später rief mich Eva Wagner an, weil Daniele Gatti für den *Parsifal* 2012 in seinem letzten Jahr nicht mehr zur Verfügung stand, und bei der Überlegung, wer die Vorstellungen übernehmen könnte, war ich plötzlich »auf dem Radar«, eben weil ich kurz davor in Bayreuth gewesen war. Ich freute mich natürlich über diese Möglichkeit, nicht zuletzt, weil dieses Orchester etwas ganz Außergewöhnliches ist, indem es ausschließlich aus Musikern und Musikerinnen besteht, die jedes Jahr eigens für Richard Wagner zusammenkommen. Jeder einzelne Musiker liebt diese Musik, ist von diesem »Virus« infiziert, alle können die Werke nahezu auswendig, sprechen die Texte mit und haben Freude daran. Dieses exzellente Orchester setzt sich unter anderem aus Musikern der Staatskapelle Berlin, der Staatskapelle Dresden, des Stuttgarter Radioorchesters, der Stuttgarter Oper und vieler anderer deutscher Orchester zusammen. In Bayreuth ist man von hervorragenden Kollegen umgeben und bewegt sich in einer familiären Atmosphäre. Mit diesem Orchester muss man die Musik nicht in den Proben eigens erarbeiten, sondern kann von Anbeginn gemeinsam mit den Sängern künstlerisch gestalten. Danach kann man gezielt an den Details feilen, da ja jeder einzelne Musiker die Noten bestens kennt. Das Orchester spielt in einem Sommer fünf bis sieben Opern unter bis zu fünf verschiedenen Dirigenten. Trotzdem kann man bei den naturgemäß knappen Proben zwischen Ende Juni und Ende Juli viel erreichen, und im Laufe der Vorstellungen wachsen dann Orchester und Dirigent noch enger zusammen, werden eine Einheit, sodass alles selbstverständlicher wird. Natürlich war es sehr hilfreich, dass ich mit *Parsifal* den denkbar besten Einstieg in Bayreuth hatte, die beste Chance, die Akustik des Saales kennenzulernen, weil dieses Werk explizit für dieses Haus geschrieben wurde. Als Wagner an *Parsifal* arbeitete, kannte er ja durch den *Ring*, für den das Festspielhaus gebaut worden war, schon die Eigenheiten des Hauses. Mein zweites Stück, die Neuproduktion der *Meistersinger von Nürnberg* im Juli 2017, war das Gegenteil davon: das denkbar schwerste Stück für diese Akustik. Hätte ich nicht *Parsifal* davor gemacht und die *Meistersinger* nicht schon zweimal woanders dirigiert, wäre ich dort mit diesem Stück wohl gescheitert. *Parsifal* hat grundsätzlich getragene Tempi und wenn es kleine Verschiebungen im Zusammenspiel gibt, ist das leicht zu korrigieren. *Meistersinger* jedoch ist wie eine Bach-Kantate, Kontrapunkt pur, Choräle, Fugen, alles ist wie ein Uhrwerk zusammengebaut. Jede kleinste Note muss alles andere abgestimmt sein – und das in einer mystischen Mischakustik, die eigentlich für Walhall und die Gralsburg geschaffen wurde, nicht aber für Nürnberg und seine Handwerksmeister.

Das Spezielle an der Bayreuther Akustik ist, dass der Orchesterklang im abgedeckten Orchestergraben zunächst von einer Klangschale hinter dem Dirigenten auf die Bühne reflektiert wird und von dort, gemischt mit den Sängerstimmen, ins Publikum kommt. Es gibt außer den Bratschen und den Celli, die unter der schmalen Öffnung sitzen, durch die der Dirigent die Bühne sieht, keinen direkten Klang für das Publikum. Durch die zweifache Reflexion des Orchesterklanges ist es wegen der daraus resultierenden Verzögerung für Sänger und Dirigent extrem schwer, zusammen zu sein. Wenn ein Sänger mit dem Schlag des Dirigenten singt, ist er daher zu früh, denn der Orchesterklang braucht ja längere Zeit als in einem »normalen« Opernhaus, bis er beim Zuschauer ankommt. Der Sänger muss also geradezu etwas hinter dem Schlag des Dirigenten singen und trotzdem auf das Orchester hören. Für die Ohren des Dirigenten ist der Sänger daher immer leicht hinter dem Orchester. Daran muss man sich gewöhnen und auch wissen, dass die Katastrophe perfekt ist, wenn der Sänger vor dem Orchester singt. Dieses Timing muss jeder für sich herausfinden und als Dirigent muss man lernen, mehr zu führen, als zu begleiten. Dazu kommt, dass jedes Orchester immer ein wenig hinter dem Schlag spielt, weil alle auf die Sänger hören, und dass der Wagner-Klang auch Zeit braucht. Man hat als Dirigent im Orchestergraben immer das Gefühl eines Simultanübersetzers, ist in Proben sehr von guten, erfahrenen Assistenten abhängig, die genau hören, in den Dirigentenmonitor schauen und ein Gefühl dafür entwickeln, wie es tatsächlich im Saal klingt – nämlich hier ganz anders als im Graben, wo der Klang unglaublich laut, stark und trocken wie in einem Aufnahmestudio ist. Im Saal kommt dieser Klang wie weichgespült an, als ob ein Toningenieur in einem Studio Hall dazumischt. Der Orchestergraben in Bayreuth, den Wagner den »mystischen Abgrund« nannte, hat etwas Heimeliges, ja geradezu Familiäres. Man ist Teil einer Maschinerie. Auch die Sitzordnung der Musiker ist anders als gewohnt. Da der Graben weit nach hinten unter der Bühne abfällt, sind wir mit den Geigen sehr nahe am Proszenium. Die ersten Geigen sitzen, anders als gewohnt, auf der rechten Seite, weil sie sonst »an die Wand« spielen würden, wir aber einen präsenten Klang der ersten Geigen benötigen. Die Bratschen sind direkt vor dem Dirigenten platziert, die Celli schon eine Stufe tiefer. Diese einzigen beiden – nach oben hin – »freien« Stimmen müssen also ständig »abgedämpft« werden. Die Bläser sitzen noch weiter unten »im Abgrund«, alle bereits weit unterhalb der Bühne. Daher kommt dieses Gefühl, dass man sich als Teil der Untermaschinerie der Bühne fühlt. Es gibt keinen Auftritt des Dirigenten, keinen Applaus, nur ein rotes Licht als Signal zum Beginn. Man ist dort unten eine verschworene Gemeinschaft, die aber den wesentlichen Beitrag zum Spektakel leistet. An sehr heißen Tagen, wenn es im Graben 36 Grad haben kann, schlägt sich das auf die Intonation der Bläser, aber da kann man gar nichts machen. Wir alle sind möglichst leicht angezogen, mit kurzen Ärmeln, vor dem dritten Aufzug ziehe ich mich dann schon teilweise um, aber erst nach dem Ende des Stücks mache ich mich fertig für den Schlussapplaus. Die Freude auf ein erfrischendes Bier ist dann immer groß!

In Bayreuth muss man sein Ego an der Pforte abgeben. Man kommt hierher, um ein Werk im besten Sinne zu realisieren, sodass es in dieser Akustik, in diesem Haus optimal funktioniert. In den frühen Zeiten der Festspiele stand der Name des Dirigenten nicht einmal im Programm, weil man von einer gleichbleibenden Realisierung und nicht von einer individuellen Interpretation ausging und der einzige Star Richard Wagner sein sollte. Heute ist das natürlich anders und es bleibt immer Freiraum für Interpretation – damals wie heute. Jeder Dirigent hat seine Vorstellung, seine Färbung, er vermittelt schon durch seinen Schlag und seine Persönlichkeit einen anderen Klang. Auch die Tempowahl, die in Bayreuth natürlich durch die Besonderheit der Akustik beeinflusst wird, ist entscheidend. Wenn man zu schnelle Tempi nimmt, verschwimmen die Konturen und das Ganze wird ein impressionistischer Brei. Gerade bei den *Meistersingern* muss man etwas Zeit geben, damit die Musiker deutlich artikulieren können. Klarheit und Deutlichkeit sind in diesem Werk ganz entscheidend. Die schnellen Tempi dürfen nicht zu schnell genommen werden, und jedes langsame Tempo braucht einen natürlichen Fluss, weil die Musik sonst auseinanderfällt. Schon Wagner sagte seinen Assistenten in Bayreuth beim *Ring* und bei *Parsifal* immer: Sprachtempo, im Rhythmus der Sprache, im Rhythmus eines Dialogs, nicht im Rhythmus einer Arie, kein Gesinge. Das ist sehr interessant und gilt grundsätzlich für jede Musik. Das nahm ich aus Bayreuth nicht nur für Wagner-Opern mit, sondern auch für Beethoven, Tschaikowsky oder Berlioz: Schnelle Tempi nicht zu schnell und langsame nicht zu langsam. Als junger Dirigent sieht man das nicht so, denn man möchte Kontraste erzeugen, damit es wirklich jeder merkt. Natürlich gibt es Stücke, die bei einem sehr langsamen Tempo große Spannung aufbauen, die Frage ist aber, ob man in der Lage ist, bei einem so langsamen Tempo die Spannung zu halten. Dazu braucht man große Erfahrung.

In Bayreuth muss alles ein wenig mehr Zug haben. Die klare Handwerksmusik eines Hans Sachs ist absolut nicht für die indirekte Mischakustik in Bayreuth geschrieben, es ist nahezu unmöglich, die gewünschte Transparenz und Deutlichkeit sowie ein präzises Zusammenspiel zu erreichen. Jeder Klarinettist muss wissen, mit welchem Handwerksmeister er in den Ensembles zusammenspielt, wann er mit welchem Sänger welche Note zu spielen hat. Und das sechs Stunden lang! Ich bin sehr froh, dass ich dieses Stück 2010 in Zürich dirigieren durfte und dabei wichtige Erfahrungen sammeln konnte. Das Orchester spielte fantastisch, aber es gab damals Stellen, die plötzlich zu langsam waren, weil ich noch nicht wusste, wie gewisse Übergänge zu meistern und zu steuern sind. Man muss in großen Bögen kalkulieren, was später immer selbstverständlicher wurde.

Vor meinem *Meistersinger*-Dirigat in Bayreuth hörte ich mir zwei Aufnahmen aus dem Jahr 1943 mit Wilhelm Furtwängler und Hermann Abendroth an. Furtwängler war erstaunlich schnell, bis auf das Vorspiel, das ich ein bisschen pathetisch empfand, und Abendroth dirigierte mit unglaublich viel *Rubato*, was man sich heute nicht mehr trauen würde. Ich bin kein Freund von großen, übertriebenen *Rubati;* nach meiner Überzeugung kann man mit natürlichen Temposchwankungen innerhalb einer Phrase oder solchen, die sich aus der Sprache ergeben, ganz natürlich spielen. Wir wissen, dass Wagner in seiner Schrift über das Dirigieren seinen Fokus vor allem auf die Tempomodifikation richtete. Er war der Meinung, dass der Charakter eines Themas ein bestimmtes Tempo braucht, wie zum Beispiel auch das Hauptthema in einer Beethoven-Symphonie ein bisschen schneller genommen wird als das Seitenthema, dem man ein bisschen Zeit geben kann. Das alles kann man in genauen Notizen seiner Assistenten nachlesen, die in den Dokumentenbänden der Gesamtausgabe veröffentlicht wurden. Auch der österreichische Dirigent Felix Mottl schrieb authentische Angaben Richard Wagners zu Szene, Tempo und Charakter in die von ihm edierten *Ring*-Klavierauszüge, wie: »Hier nicht schleppen, hier den Geigen Zeit geben, hier bitte vorwärts«; sogar Zitate von Wagner, wie »Das muss besonders deutlich gesprochen sein« gibt es. All das ist für uns heute Gold wert. Wir sehen, wie

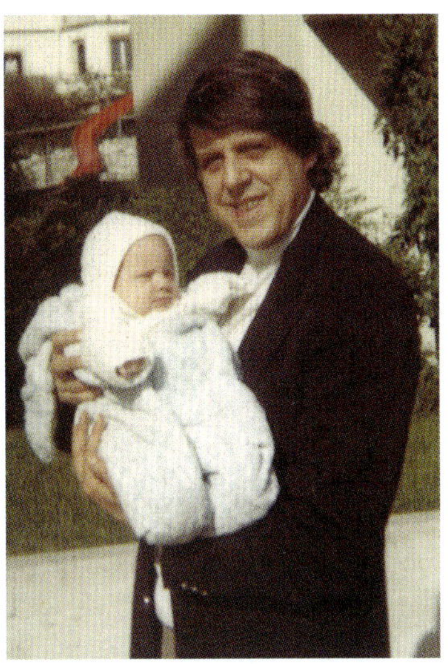

Vater und Sohn: Zollikon, 1975

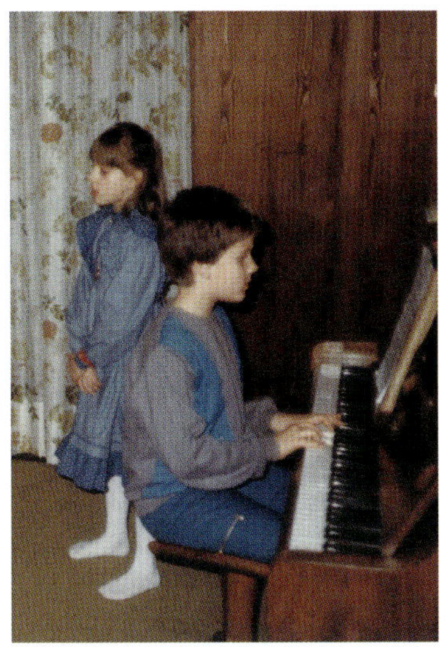

Bruder und Schwester Philippe und Pascale bei ihrem ersten »Hauskonzert« zu Silvester: Zumikon, 1981

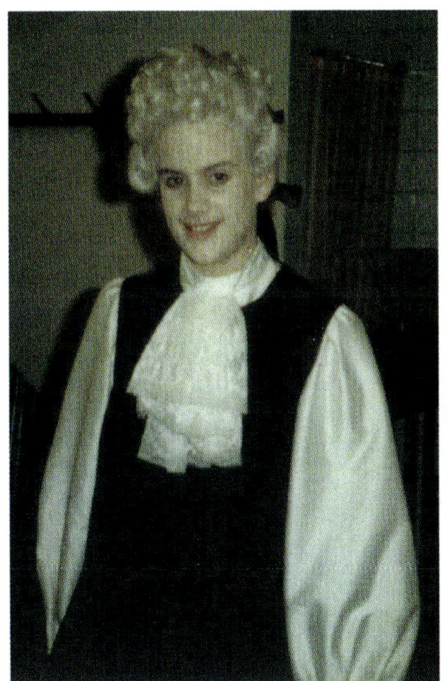

1. Knabe in der *Zauberflöte* am Opernhaus Zürich unter Nikolaus Harnoncourt in der Inszenierung von Jean-Pierre Ponnelle, 1988

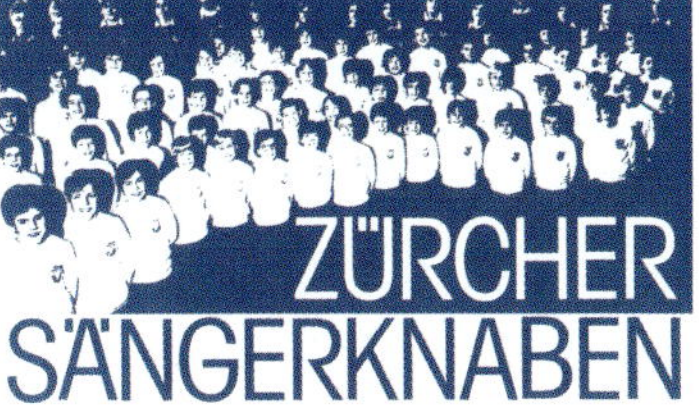

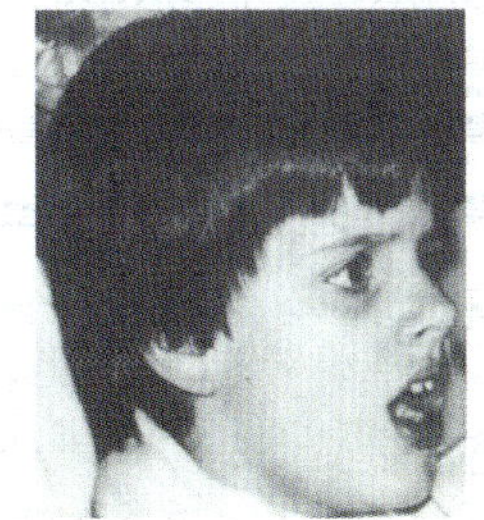

Titelseite der Broschüre der Zürcher Sängerknaben, 1985

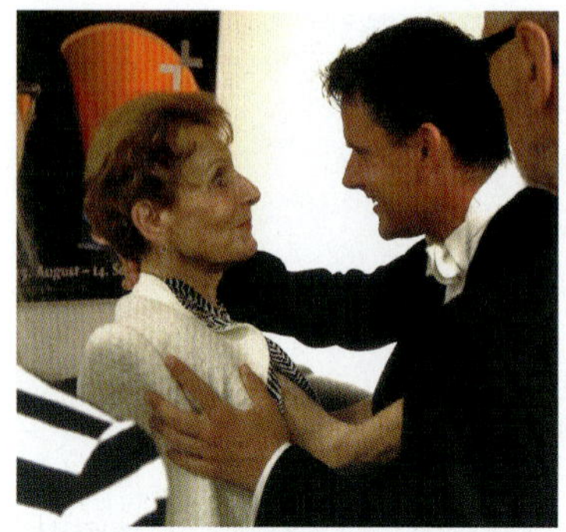

Mutter und Sohn nach dem Antritts-
konzert an der Opéra Bastille, 2009

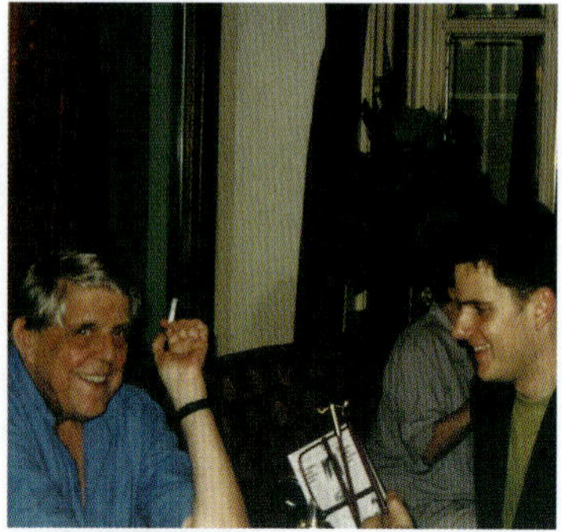

Vater und Sohn in Wien
während der *Lustigen Witwe*, 1999

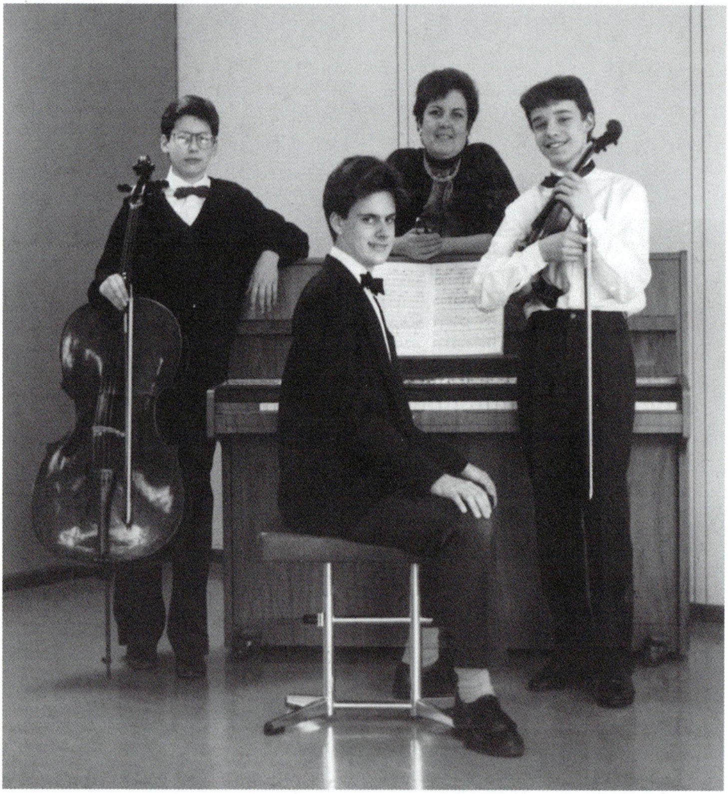

Die erste Kammermusikformation: Das »Margess-Trio«, geleitet von Nancy Chumachenco; Linus Roth (Violine), Christian Poltéra (Cello), 1991

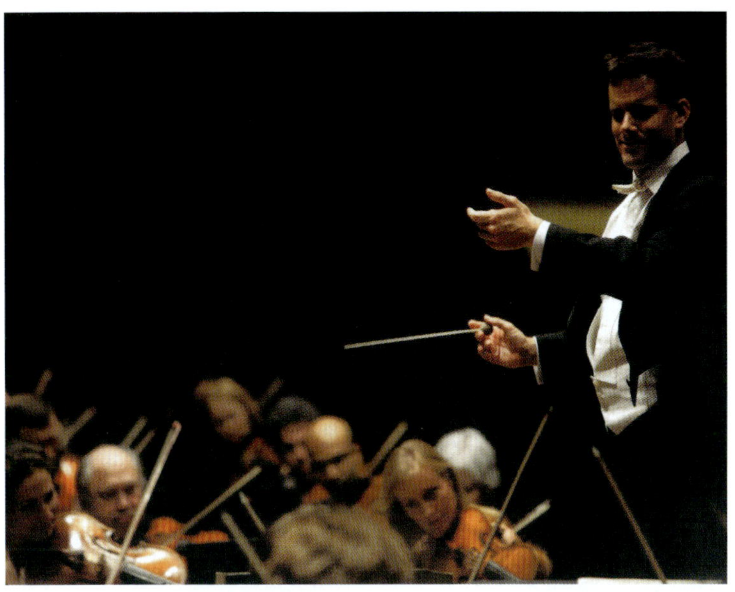

Debüt mit dem New York Philharmonic Orchestra, 2007

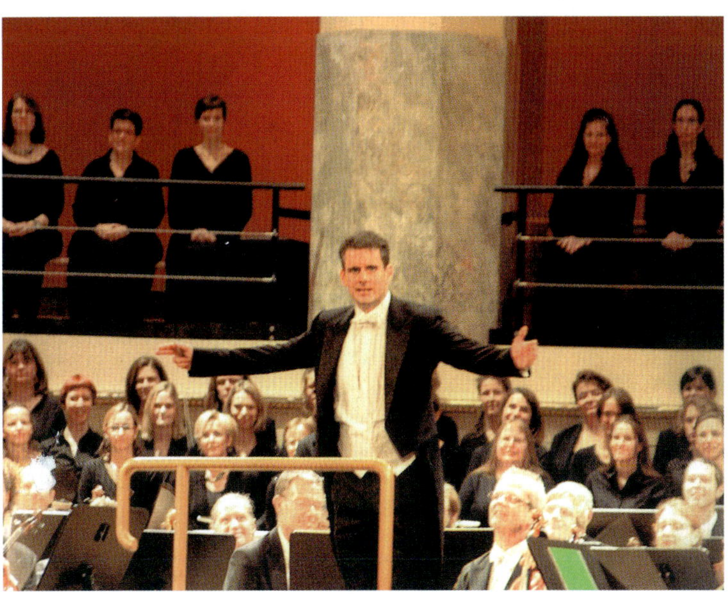

Beethovens 9. Symphonie im Wiener Konzerthaus mit den Wiener Symphonikern, 2011

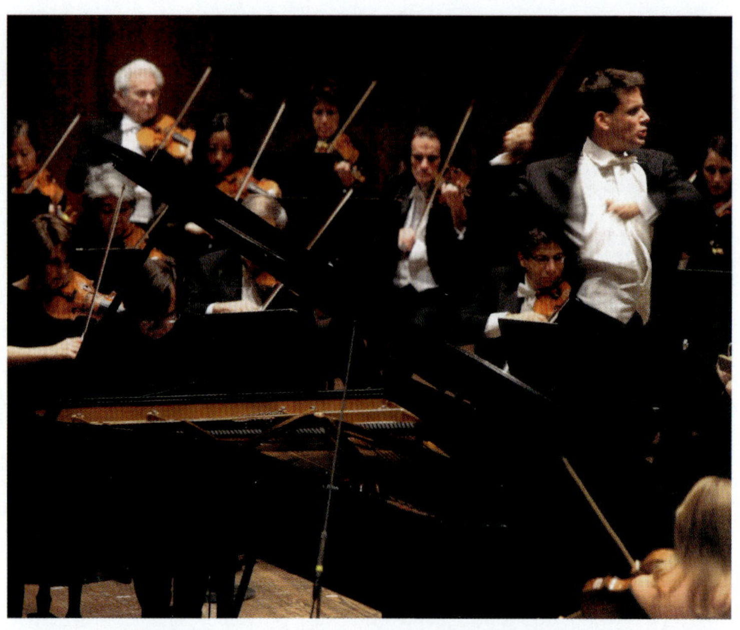

Beethovens 3. Klavierkonzert mit Pierre-Laurent Aimard: New York, Dezember 2007

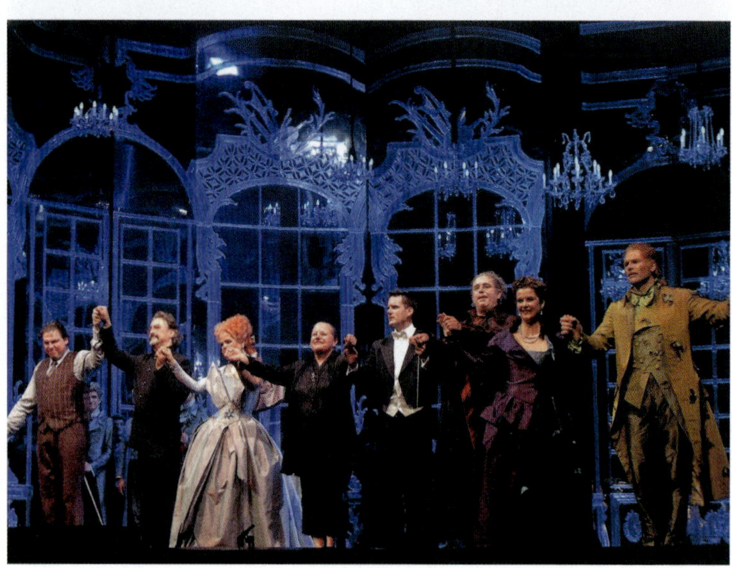

Schlussapplaus zu *Capriccio* von Richard Strauss:
Wiener Staatsoper, 2008

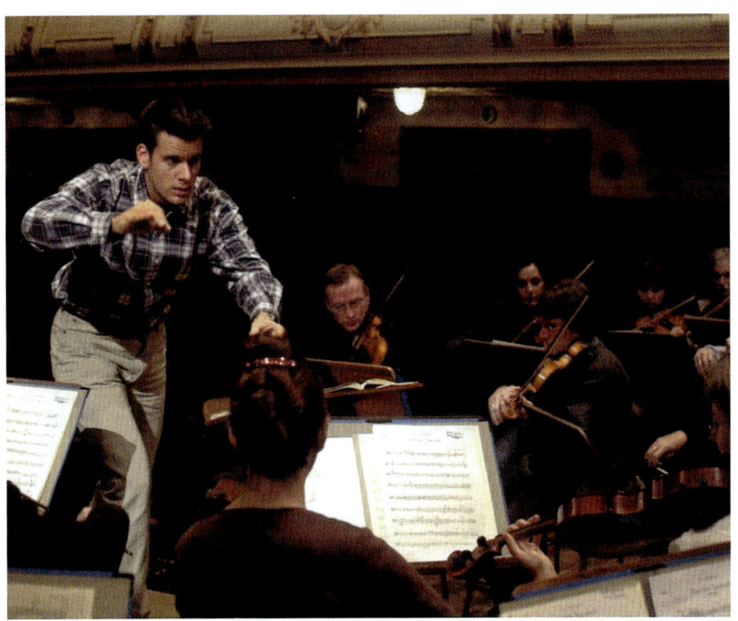

Erste symphonische Erfahrungen: Proben zu Beethovens *Eroica* in Graz, 2002

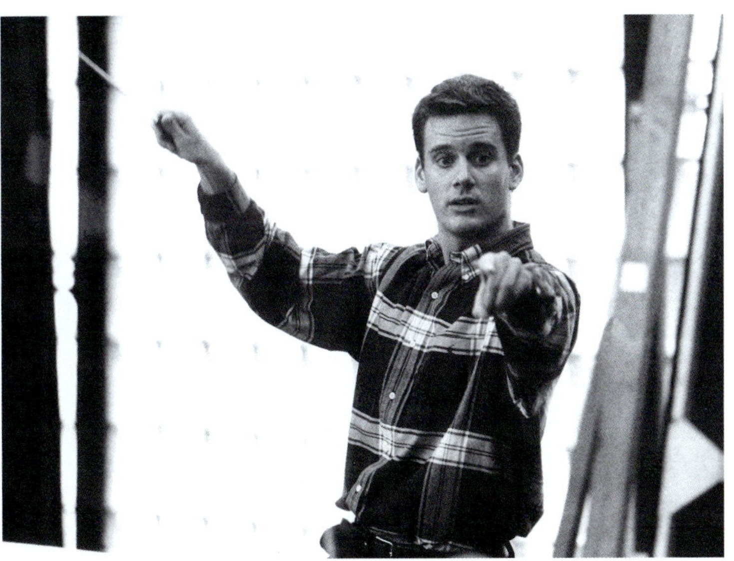

Assistent und Kapellmeister an der Berliner Staatsoper Unter den Linden
Probe für *Der Rosenkavalier*

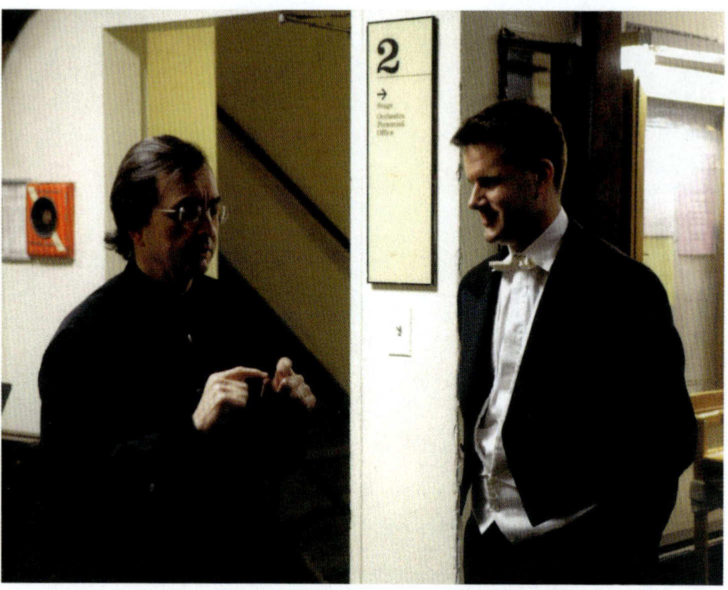

Vor dem Auftritt mit Pierre-Laurent Aimard: New York, Dezember 2007

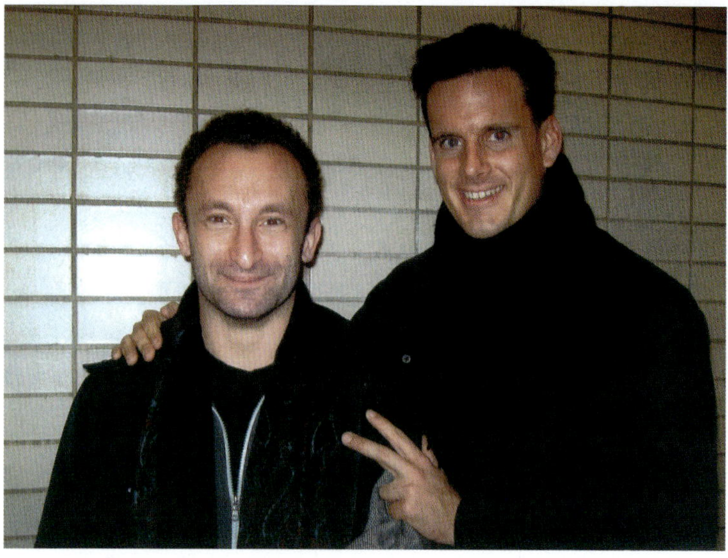

2007 am Bühneneingang der Metropolitan Opera: Kirill Petrenko (nach einer von ihm geleiteten *Zauberflöte*) und Philippe Jordan (der zur gleichen Zeit *Figaro* dirigierte)

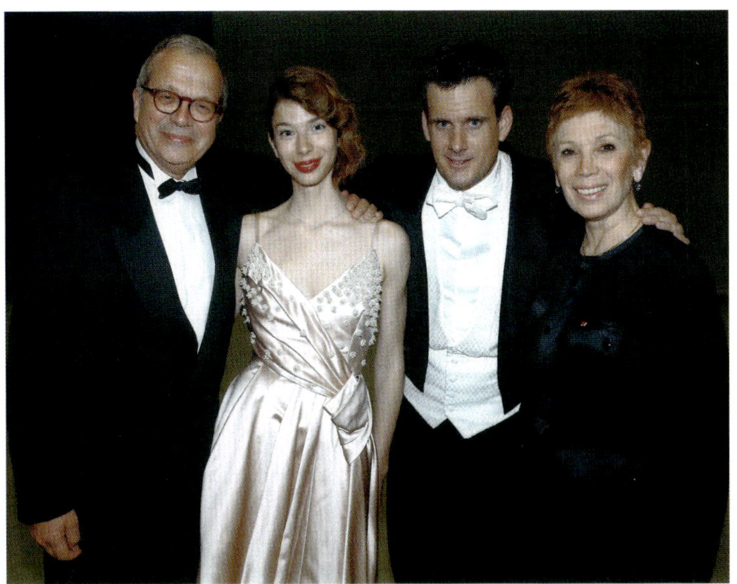

Nach einer Ballettaufführung von *Daphnis und Chloe* mit der damaligen Ballettdirektorin Brigitte Lefèvre (rechts): Paris, 2014

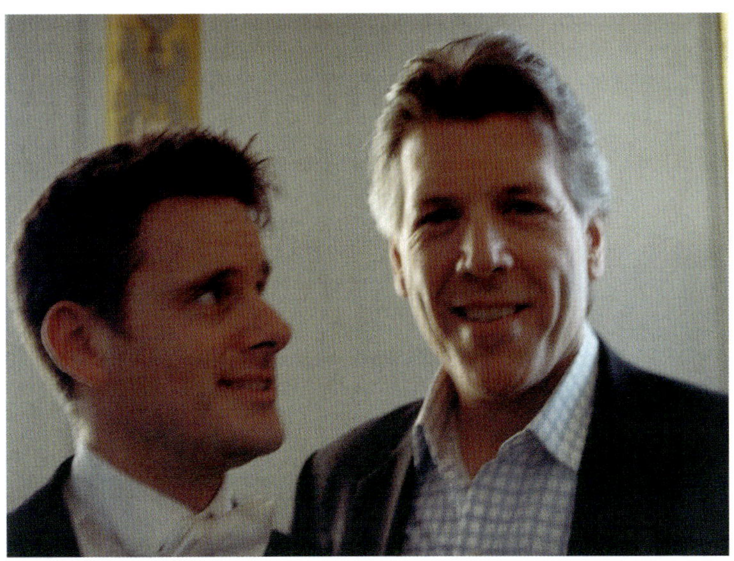

Während einer Tournee mit dem Gustav Mahler Jugendorchester und Thomas Hampson, 2007

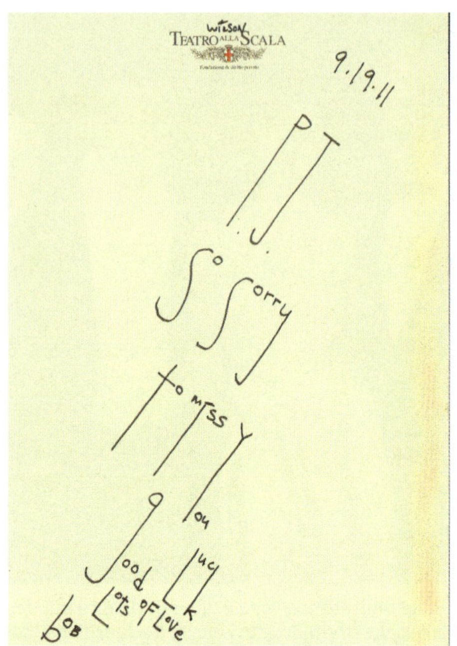
TEATRO ALLA SCALA
Wilson
9.19.11
P.J.
so sorry
to miss you
good luck
lots of love
bob

Grüße von Robert Wilson während der Proben zu
Der Rosenkavalier an der Mailänder Scala, 2011

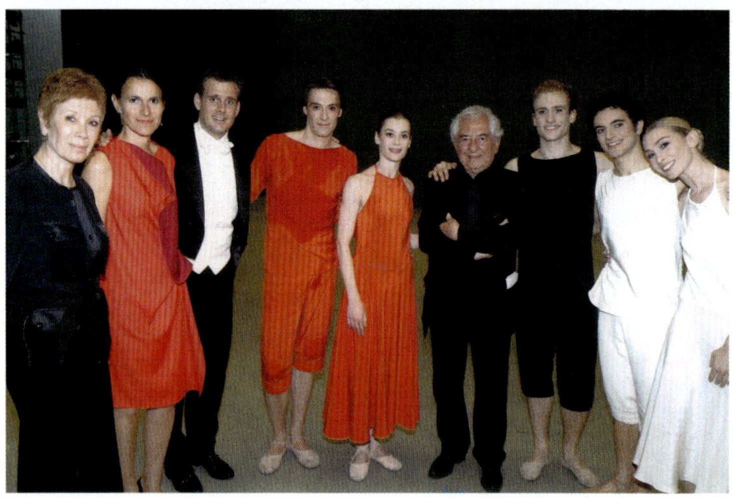

Gruppenfoto nach einer Vorstellung von *Daphnis und Chloe*: Paris, 2014

handwerklich Wagner damals mit seiner eigenen Musik und der Regie umging. Allerdings muss man diese Anmerkungen auch mit Vorsicht genießen, denn »hier nicht eilen« bedeutet, dass der damalige Dirigent etwas zu schnell war, aber manchmal merkt man dann selbst, dass man an dieser Stelle fälschlicherweise eine Tendenz zum Eilen hat. Ich persönlich versuche, den Text so natürlich wie möglich zu gestalten, mir zu überlegen, wo ein Wort Zeit braucht, wo eine große Bedeutung unterstützt werden muss, wo ich eine wichtige Pause setze. Mit Generalpausen muss man allerdings in Bayreuth sehr sparsam umgehen, denn sie fallen leicht in sich zusammen. Das Publikum sieht nicht, wie der Dirigent die Spannung hält, es ist einfach nur Stille. Zu Beginn meiner *Meistersinger* setzte ich noch mehr Generalpausen, jetzt gehe ich sparsamer damit um, sodass, wenn ich sie dann anwende wie zum Beispiel im *Fliedermonolog,* daraus ein magischer Moment wird. Regisseure lieben Generalpausen, wollen immer in der Pause etwas inszenieren, was dann oft länger dauert, als die Stille sein sollte, aber wenn ich nur auf das Ende der Aktion warten soll, wird die Pause technisch und lebt nicht mehr. Dann fühle ich mich als Dirigent geknebelt. Immer wieder passiert es auch, dass jemand im Publikum in der Pause ein lautes Geräusch macht, dann ist die Spannung kaputt, und ich muss weitergehen, egal ob die inszenierte Aktion zu Ende ist oder nicht.

Eine Premiere, insbesondere die Eröffnungspremiere in Bayreuth, zu dirigieren, ist etwas ganz Außerordentliches und Unvergleichliches. Aber obwohl die Arbeitsatmosphäre dort sehr freundschaftlich ist, muss man doch immer für die Qualität kämpfen. Bei der Wiederaufnahme in den darauffolgenden Jahren gab es ausreichend Proben, inklusive Klavierproben mit den Sängern, denn das Ganze muss selbstverständlicher werden. Trotz vieler großer Produktionen, die ich in der Zwischenzeit gemacht hatte, fühlte ich mich bei meiner Rückkehr nach Bayreuth im zweiten Jahr, als wäre ich nur kurz weg gewesen. Nun ging es darum, mit Sängern und Orchester an den Details weiterzuarbeiten, und man versteht, warum sich der Begriff »Werkstatt Bayreuth« etablierte. Wir alle konnten einen Schritt weitergehen, schärften vieles, auch der Regisseur änderte im zweiten Aufzug etwas, das nicht so funktioniert hatte, wie er sich das vorgestellt hatte. Ich konnte an den Tempi und Übergängen, bei denen ich im ersten Jahr nicht genug insistiert hatte, feilen. Christian Thielemann sagte mir im ersten Jahr: »Du wirst sehen, ab dem dritten Jahr gibt es Vorstellungen ganz ohne Schmiss«, denn bei sechs Stunden *Meistersinger* passieren immer Kleinigkeiten, Textpatzer oder musikalische Ungenauigkeiten. Er hatte recht. Im dritten Jahr erreicht eine Produktion in Bayreuth meistens ihren Höhepunkt. Das haben mir auch andere Kollegen bestätigt und das deckt sich mit meiner eigenen Erfahrung.

Die einstündigen Pausen zwischen den Aufzügen sind für die Ausführenden auch in mentaler Hinsicht notwendig. Man legt sich auf die Liege in der Garderobe, denkt nach, spricht mit den Assistenten und schaut in den nächsten Aufzug hinein. Durchzuatmen ist wichtig, meistens ist es ja noch dazu ziemlich heiß. Man bleibt auch in dieser Zeit im Stück, fällt nicht aus der Konzentration. Lange Pausen sind nur für diejenigen Sänger unangenehm, die im zweiten Aufzug keinen Auftritt und somit vier Stunden Pause haben. Was machen Gurnemanz und besonders Amfortas im *Parsifal* bis zum dritten Aufzug, fragt sich das Publikum? Gehen sie nach Hause, schminkten sie sich ab? Das ist wohl individuell sehr unterschiedlich.

Obwohl das Haus nicht sehr groß ist, braucht man in Bayreuth trotz der guten Akustik Sänger mit tragenden Stimmen. Prinzipiell gibt es einerseits immer Sänger, die trotz Riesenstimme im Zuschauerraum nur bis zur fünften Reihe gut hörbar sind, und andererseits nicht so große Stimmen, die mühelos bis zur dritten Galerie gut klingen, weil sie gut tragen. Deshalb ist es wichtig, Vorsingen auf der Bühne durchzuführen, was ich im Prinzip eigentlich für jedes Opernhaus, an dem ich arbeite, bevorzuge. Nicht jede Stimme passt für jede Akustik und umgekehrt – Bayreuth ist aber mit seinen speziellen Gegebenheiten noch eine ganz andere Herausforderung. Ich musste auch lernen, dass es für die Sänger in Bayreuth gar nicht so empfehlenswert ist, ganz vorne auf der Bühne zu stehen, von weiter hinten klingen die Stimmen in der Regel viel besser. Auch die Wirkung der Dekoration auf die Akustik ist in Bayreuth ganz anders als in üblichen Opernhäusern, weil der Orchesterklang zuerst auf die Bühne geht und in einem geschlossenen Bühnenbild sehr leicht zu laut werden kann.

Besonders wichtig bei den Proben sind die Assistenten im Saal, die mir bei der Mischung der Orchesterstimmen und auch bei allen dynamischen Fragen helfen, weil ich unten im Graben alles anders höre: »Hier brauchen wir mehr viertes Horn, hier hört man die zweite Klarinette nicht, hier fehlt der Bass« – sie agieren wie Aufnahmeleiter bei einer CD-Produktion. Immer wenn auf meinem Pult das rote Licht des Assistententelefons leuchtet, weiß ich, dass etwas nicht stimmt oder wir zu laut sind.

Auch der Probenablauf ist in Bayreuth anders als gewohnt, weil alle Stücke der jeweiligen Festspiele gleichzeitig entstehen, sämtliche Generalproben innerhalb einer Woche stattfinden und daher die Abstände zwischen den Endproben und der ersten Aufführung viel größer sind, was aber trotzdem erstaunlich gut funktioniert. Dieser Ort bringt für alle große Umstellungen.

Wortdeutlichkeit ist mir bei Wagner allgemein und im Speziellen bei den *Meistersingern* sehr wichtig. Durch den Mischklang und Hall in Bayreuth müssen sich die Sänger darauf konzentrieren, die Konsonanten zu dehnen und sehr früh zu setzen, Vokale zu verkürzen und Endkonsonanten sehr deutlich zu sprechen. Gerade Sänger mit deutscher Muttersprache müssen immer wieder daran erinnert werden, weil sie in ihrer gewohnten Sprache sonst zu natürlich artikulieren. Michael Volle als Sachs und Johannes Martin Kränzle als Beckmesser sind in dieser Hinsicht wirklich großartig. Volle lernte ich in meiner Assistentenzeit in Berlin kennen, als er als Don Giovanni einsprang. Es herrschte sogleich Sympathie zwischen uns und wir konnten uns sofort sehr gut über alles austauschen. Ich sah ihn in Covent Garden bei meiner *Salome* wieder, als er seinen ersten Jochanaan sehr souverän sang, und vielleicht noch intensiver empfand ich ihn dann als Beckmesser in Zürich. Als ich mit den Wiener Symphonikern in Bregenz Brittens *War Requiem* mit ihm machte, hatten wir Gelegenheit, viel über Musik, aber auch über das Leben zu sprechen. Er erzählte mir, dass es ihm sehr leidtue, so wenig Zeit mit seinen Kindern verbringen zu können, und ich sagte ihm, wie sehr ich als Kind meinen Vater vermisst hatte. Heute verzichtet er des Öfteren zugunsten seiner Familie auf Auftritte. Aber er war mein Wotan an der Met und ist sicher heute einer der größten »Sachs-Darsteller« in den *Meistersingern*. Außerdem hat er ein großes Herz – wunderbar verbunden mit Hirn und einer souveränen Technik.

Im Augenblick sind gute Wagner-Sänger Mangelware: Tenöre, Baritone, Heldensoprane. Früher hatte jedes bessere deutsche Stadttheater seinen eigenen Tristan, seine eigene Brünnhilde, die vielleicht keine internationale Karriere machten, aber es waren gesunde Stimmen, die funktionierten. Mit einer guten Technik sollte man alles singen können: einen guten Wotan, einen guten Sachs, einen Almaviva, einen Jago oder einen Falstaff, und dann zu Ostern eine *Matthäuspassion*. Dafür müsste man die Opernszene aber wieder von der Internationalisierung zum Ensemble zurückbilden. Das liegt nicht in meiner Macht, aber manchmal denke ich, es wäre schön, wenn eine Stadt mit ihrem eigenen Publikum und ihrem eigenen Haus wieder ihre eigenen Sänger hätte. Wer sagt denn, dass es immer besser ist, eine womöglich zu wenig geprobte erstklassige Starbesetzung zu haben als eine sehr gut geprobte, immer noch A-Besetzung, die in sich stimmt? Ich kenne diese Probleme aus Paris, wenn große Stars dann absagen müssen und das Publikum verärgert ist. Irgendetwas ist an diesem System nicht richtig. Natürlich kommen wir ohne die heute ohnehin sehr wenigen Superstars nicht aus, weil das vom Publikum erwartet wird, aber man muss versuchen, vermehrt gute Sänger wieder enger an ein Haus binden und ihnen das Gefühl geben, dass sie nicht nur dann gefragt sind, wenn kein »Star« verfügbar ist.

Der Text der *Meistersinger* ist für mich eine der besten deutschen Komödien überhaupt, auf dem Niveau von Kleist oder Lessing, mit wirklich brillanter Situationskomik. Dieser Text ist der einzige von Wagner, den man auch ohne Musik lesen oder spielen kann, ohne dass er lächerlich wirkt. Manchmal hat das Stück auch Pathos, das man bedienen muss, aber nie handelt es sich dabei um hohles Pathos. Deshalb geht es mir bei diesem Werk um Leichtigkeit, um Transparenz. Oft schreibt Wagner »*Scherzando*« oder »*Cantabile*«, es muss

»sehr gehalten« gespielt werden, es darf aber nie martialisch sein. Schon das Vorspiel klingt in manchen Aufführungen brachial, gleichsam nationalistisch, was es von der Intention her nicht ist. Es steht nur *forte* als Anweisung in den Noten, das Vorspiel ist kein Manifest, keine Behauptung, sondern eine Aufforderung, eine Einladung zu einer Komödie. Vorgeschrieben ist »sehr mäßig bewegt«. Die meisten lesen immer nur »sehr mäßig«, aber es ist bewegt, muss fließen und singen, denn es geht um Kunst, um Gesang. Wagner selbst dirigierte angeblich das *Meistersinger*-Vorspiel in acht Minuten und beschwerte sich immer, dass es viele Kapellmeister zu langsam nahmen.

Barenboim sagt: »Der Mensch Wagner ist zu verurteilen, seine Musik nicht, denn Musik kann nicht politisch sein.« Für mich ist das Wort »national« im Zusammenhang mit den *Meistersingern* nicht politisch zu verstehen, sondern kulturell. Wagner ist ein deutscher Komponist, aber trotzdem ist er, ähnlich wie Berlioz und Liszt, einer der ersten europäischen Komponisten. Er war viel in Frankreich, in Riga, oft in Italien, in Venedig und Sizilien. Ich höre es seiner Musik an, dass ihm *Belcanto* wichtig war, dass er verschiedene Sprachen konnte und sehr kosmopolitisch war. Ich verstehe den Schlussmonolog auf der Festwiese nicht als nationales Manifest, sondern es geht um die deutsche Kultur, um Identität, um die Wurzeln, die man pflegen muss. Es geht in den *Meistersingern von Nürnberg* in erster Linie darum, was die Kunst mit Menschen machen kann, wie sie benutzt wird und wie wichtig sie für die Gesellschaft und für den Einzelnen ist. Ich sagte Michael Volle, er solle »deutsch und echt« leise und nicht laut singen, weil es eine Herzensangelegenheit ist, und außerdem nicht »deutsch« betonen, sondern »echt«, denn die *Meistersinger* stehen für die Werte, die Identität und die Wahrheit in der Kunst, die nicht verloren gehen sollen. Sie stehen für Authentizität, nicht für Nationalität.

Bach ist die Grundlage von allem, was Wagner schrieb. Natürlich wurde er auch beeinflusst von Beethovens Symphonien, von Berlioz, Meyerbeer, Liszt, Schumann und Mendelssohn, aber Bach ist seine Basis, nicht nur bei den *Meistersingern* mit den vielen Chorälen und Fugen. Schon der Beginn der Oper ist ein protestantischer Choral, und der Anfang des dritten Aufzugs ist Bach pur, die Kunst der Fuge. Auch der »*Wach auf*«-Choral wirkt wie Musik aus der Welt von Bach. Man darf nicht vergessen, dass Wagner in Leipzig geboren wurde und mit Bachs Kantaten und Passionen groß wurde, was ihn mit Sicherheit prägte. Die *Prügelfuge* im zweiten Aufzug entspricht ganz den Chören in den Passionen. Auch die Art seiner Texte ist oft nahe an den Passionen von Bach. »Gerastet hab' ich und süß geruht, weiter wend' ich den Schritt.« Das könnte ein wunderbarer Text für eine Bach-Kantate sein, es ist aber der Text von Siegmund aus dem ersten Aufzug der *Walküre*. Mit seinem Sinn für theatralische Wirkungen wäre Bach wahrscheinlich auch ein wunderbarer Opernkomponist gewesen.

Mit Barrie Koskys Inszenierung der *Meistersinger* in Bayreuth war ich sehr einverstanden. Für ihn als australischen Juden war das Thema schwierig, und selbstverständlich musste er als erster Jude, der in Bayreuth inszenierte, Position beziehen. Eine politische Botschaft ist in diesem Werk fehl am Platz, weil es um die Kunst geht, aber man kann die Aufführungsgeschichte der Oper und die Geschichte des Ortes, an dem wir sie aufführten, nicht ignorieren, muss sich damit auseinandersetzen, ohne sie an die erste Stelle zu setzen.

Wagner schrieb in einem Brief an den Sänger der Uraufführung, dass er Beckmesser kreischend singen solle, dass er deshalb für einen Bassbariton die vielen hohen Noten geschrieben habe und dass es eigentlich nur eines guten Schauspielers bedürfe für diese Rolle, die nicht schön gesungen gehöre. Seine Intention war fraglos, eine antisemitische Karikatur daraus zu machen. Aber wie alles bei Wagner muss man auch das mit zweierlei Maß messen: die Intention deckte sich – dessen war er sich später wohl bewusst! – oft nicht mit dem endgültigen künstlerischen Resultat. Fast immer gerieten ihm die bewusst antisemitisch angelegten Charaktere zu seinen lebendigsten und vielschichtigsten Figuren. Man denke nur an Alberich, Mime, Klingsor, aber vor allem Kundry! Ganz besonders gilt das auch für den Beckmesser: Natürlich muss diese Figur charakterlich interessant geschärft sein und an gewissen Stellen auch so singen, weil Wagner von sicherlich antisemitisch gemeintem »unangenehmem Lautausdruck« sprach, aber sein Lied im zweiten Aufzug muss gleichzeitig auch Schöngesang sein. Beckmesser ist ernst zu nehmen, er ist immerhin Stadtschreiber, aber letztlich auch ein armer Hund, weil er die Frau nicht bekommt und ständig ungeschickt agiert. Das ist von der Musik schon stark charakterisiert und gezeichnet, da muss man nicht durch die Interpretation noch nachhelfen. Sein Liebeslied zur Laute muss zunächst schön klingen, aber je mehr Sachs mit dem Hammer dazwischenschlägt, desto mehr hyperventiliert er, desto unsicherer wird er und desto hässlicher wird sein Gesang. In Wagners Schrift »Das Judentum in der Musik« findet sich die schreckliche Behauptung: »In dieser Sprache dieser Kunst kann der Jude nur nachsprechen, nachkünsteln – nicht wirklich redend dichten oder Kunstwerke schaffen«, und Wagner spricht auch von der »Lächerlichkeit seines Gesanges«. Es gibt die Theorie, dass diese Behauptung etwas mit der Figur Beckmesser zu tun hat. Aber Wagner schuf, vielleicht auch ungewollt, zugleich eine zutiefst menschliche Figur, mit der man am Ende auch Mitleid empfindet. Wir alle sind irgendwie Beckmesser, wenn wir bei Probespielen die Fehler der Bewerber zählen. Aber wir alle kennen auch den furchtbaren Moment des Scheiterns. Wagners Genie hat auch hier über die schreckliche Grundintention gesiegt: In uns allen ist zugleich Sachs und Beckmesser.

Ein wichtiges Element der Inszenierung von Barrie Kosky war die Verlegung der Szenerie in den Nürnberger Prozesssaal. Sachs, Wagners Alter Ego, steht am Ende allein im Zeugenstand in diesem historischen Raum und muss die Frage beantworten, wie er zu seinem Werk steht und was damit passiert ist. Mit den Worten Sachs' »Ich bin verklagt und muss besteh'n« muss sich Wagner dem Publikum stellen und erklären, was seine Kunst angerichtet hat. Er bekennt sich zu dem, was er geschrieben hat, und lässt die anderen darüber richten.

In der Veranstaltungsreihe »Diskurs Bayreuth« geht es immer wieder um den Zusammenhang zwischen Wagner und dem Nationalsozialismus, ein Thema, das immer eines bleiben wird und bleiben muss, ganz besonders in Bayreuth. Barrie Kosky sagte: »Auschwitz is horror, Bayreuth is not, Bayreuth is not black comedy; mit Winifred, mit Chamberlain, das ist Addams Family. Das ist furchtbar, aber es ist nicht Horror.« Trotzdem muss man es immer wieder ansprechen, weil es leider ein viel zu großes Thema ist. Wenn man sich die politische Situation in Europa bzw. auf der ganzen Welt anschaut, kann man nicht sagen: »Jetzt lasst uns das vergessen, wir können ja nichts dafür.« Es darf nie wieder passieren, in keiner Form, und nicht nur die Schriften, sondern auch die Musik Wagners wurde von den Nationalsozialisten ausführlich benutzt.

Hinzu kommt, dass man sich noch immer zu wenig bewusst macht, was die Texte und vor allem die Schriften Wagners mit dem darin enthaltenen »Wahn«, wie Hans Sachs sagen würde, letztlich angerichtet haben. »Ein Glühwurm fand sein Weibchen nicht, der hat den Schaden angericht't«, singt Sachs im *Wahnmonolog*. Wir dürfen nie vergessen, dass ein Schmetterlingsflügelschlag einen Orkan auslösen kann. Wagner war Antisemit. Das war im 19. Jahrhundert nicht nur salonfähig, was man früher gerne als Entschuldigung für Wagner vorgebracht hat, sondern Richard Wagner selbst hat ganz entscheidend dazu beigetragen, dass es dazu wurde, und ihm ist die Mitverantwortung für das, was in der Folge in Deutschland geschah, nicht abzusprechen. Nicht minder erschreckend ist es, zu sehen, was heute in der Welt passiert, dass mancherorts Antisemitismus wieder offen gelebt wird, und was sich vor allem in den sozialen Medien abspielt. Deswegen muss die Thematisierung dieser Problematik bleiben und darf nie, nie, nie vergessen werden.

In Bayreuth ist das Gesamtkunstwerk, das Wagner vorschwebte, eher zu verwirklichen als überall sonst, denn es bündeln sich an diesem Ort alle Kräfte, es finden Menschen zusammen, die dieses Werk lieben. Man lebt hier in wunderbarer Natur, und in der Umgebung der Stadt finde ich Ruhe, Kontemplation und Entspannung. Auch die Tatsache, dass in Bayreuth die Aufzüge ohne den üblichen Auftrittsapplaus für den Dirigenten beginnen, schafft Momente der Stille, die im Publikum und bei den Mitwirkenden eine besondere Art der Konzentration und Spannung ermöglichen. Aus dieser Stille kann Wunderbares entstehen.

Die Festspiele in Bayreuth schaffen ideale Bedingungen. Schade ist es trotzdem, dass wir an diesem Ort nur reproduzieren. Es sollte ja in Wagners Sinn immer weitergehen. Ursprünglich sollte ein Werk geschaffen, ein Haus gebaut werden, dann wieder abgerissen und die Partitur verbrannt werden. Gut – das muss man nicht so wörtlich nehmen, aber unmittelbar nach seinem Tod wurde dann daraus ein Kult, der vor allem von Cosima Wagner maßgeblich geprägt wurde.

Michael Volle:
»In unserem »flüchtigen« Geschäft tun Konstanten sehr gut.
Und zum Glück treffe ich immer wieder auf Philippe Jordan,
um gemeinsam Schönes zu versuchen.
Unsere Zusammenarbeit dauert schon sehr lange, und was immer wieder aufs Neue mich sehr erfreut, ist die Übereinstimmung im gemeinsamen Musizieren, ohne groß darüber reden zu müssen.
Das ist nicht selbstverständlich, dadurch umso kostbarer.
Sei es bei Bach, Mozart, Strauss oder Wagner.
Musik lebt immer, ist nie starr und betoniert, jeder Abend ist anders, man spürt sich bestenfalls immer aufs Neue, auch wenn ein großes Orchester mit im Spiel ist.
Und das gelingt uns.
Das ist ein großes Geschenk.
Ich hoffe auf noch viele gemeinsame musikalische Glücksstunden!«

Aus dem Graben auf das Podium

Bevor ich in Paris Musikdirektor wurde, spielte das Orchester der Oper nur selten Konzerte. Ich habe das im Laufe der Zeit sehr verstärkt, weil ich es für die Entwicklung und das Selbstbewusstsein eines Opernorchesters für wesentlich erachte. Auf der Bühne im Zentrum zu sein, statt in »dienender Funktion« im Graben, ist auch wichtig, um richtig wahrgenommen zu werden, um dem Publikum die Qualität des Klangkörpers bewusst zu machen. Ab dem zweiten Jahr waren die Konzerte im großen Saal immer ausverkauft. Außerdem ist das symphonische Repertoire für die Qualität jedes Orchesters unentbehrlich. Wie will man denn einen guten *Ring* spielen, wenn man die neun Beethoven-Symphonien nicht gespielt hat? Das ist, wie wenn sich ein Pianist noch nie mit Bachs *Wohltemperiertem Klavier* auseinandergesetzt hat. Bald nachdem wir mit den Symphoniekonzerten begonnen hatten, konnten wir auch die ersten CD-Aufnahmen realisieren, und es ergaben sich im Laufe der Zeit auch einige Tourneen. Die DVD-Produktion der Beethoven-Symphonien war ursprünglich nicht geplant, aber weil wir alle Symphonien als Zyklus in einer Saison aufführten, war das Interesse des Publikums groß, und sie waren sofort ausverkauft. ARTE wollte daher alle Konzerte streamen und zwei davon im Fernsehen übertragen. Letztlich war es ein solcher Erfolg, dass wir zunächst nur die *Neunte*, aber dann alle Symphonien auf DVD herausbringen wollten.

Live-Mitschnitte sind lebendiger als Studioproduktionen, aber auch schwieriger zu realisieren. Das hat mit den Gegebenheiten des Saales und mit den Geräuschen des Publikums zu tun. Die Korrektursitzungen finden dann im leeren Saal mit einer anderen Akustik statt; das alles zusammen ist eine große Herausforderung. Andererseits hat man viel musikantisches Material, weil es aus dem Augenblick heraus musiziert ist. Bei einer Studioproduktion hat man bessere akustische Bedingungen, konzentrierte Sitzungen und sehr viel Schnittmaterial, aber es besteht auch die Gefahr, dass manchmal die spontane Inspiration ausbleibt. Dafür gibt es durch die vielen Aufnahmespuren großartige Korrekturmöglichkeiten. Wenn ich beim Abhören feststelle, dass ich die Klarinetten zu wenig höre, ist das kein Problem, trotz der relativ kurzen Studiozeiten kann man ziemlich viel nachbessern, um seinem Ideal näher zu kommen, was man live wahrscheinlich so nicht schaffen würde. Tonträger haben unser Gehör stark manipuliert. Im guten Sinne anspruchsvoller, im negativen Sinne auch geistig faul gemacht, weil man immer alles mit einer bestimmten Aufnahme, die man gehört hat, vergleicht. Ich denke, die meisten Menschen, die ins Konzert gehen, haben eine Vorstellung, wie ein Stück klingen soll, und wenn es ihnen nicht gefällt, liegt es wahrscheinlich zu achtzig Prozent daran, dass die Aufführung nicht der Aufnahme entspricht, die sie kennen. Der Anspruch einer Studioaufnahme ist es immer, etwas für die Ewigkeit herzustellen, eine Liveaufnahme gilt mehr als eine Momentaufnahme mit ihren Stärken und Schwächen. Gerne würde ich zunächst mehrere Konzerte spielen und dann erst ins Studio gehen, denn in einer Aufführungsserie findet immer eine Entwicklung statt. Das Musizieren bekommt eine Eigendynamik, da spielen sich plötzlich die Geigen und der Flötist die Bälle zu, da passiert vieles, was ein Stück erst lebendig macht. Aber trotz allem bleibt *jede* Aufnahme immer nur ein Dokument des Augenblicks, auch eine Studioaufnahme. Selbst, wenn unser Musizieren in diesem Moment nicht besser hätte sein können, war es eben nur in diesem Augenblick richtig. Die Aufnahmen der Beethoven-Symphonien in Paris waren mein erster vollständiger Zyklus und nur entstanden, weil ARTE diese Übertragung machen wollte. Als ich mir die Aufnahmen später anhörte, bevor ich in Wien mit den Symphonikern ebenfalls den Beethoven-Zyklus programmierte und auf CD aufnahm, fielen mir natürlich hundert Sachen auf, die ich nun besser machen wollte. Eine Aufnahme ist immer ein qualitätssteigernder Faktor, denn das Orchester spielt mit höherer Konzentration, wenn Mikrophone dabei sind. Der damalige Intendant der Symphoniker, Johannes Neubert, sagte zu mir: »Eine CD machen wir heute in erster Linie für uns selber, nicht für den Verkauf, sondern für unsere Qualität, weil wir uns mit den kleinsten Ungenauigkeiten auseinandersetzen müssen.« Als Dirigent weiß man nie, ob man seine Aufnahme in einigen Jahren noch mögen wird. Bei manchen werde ich sagen: »Um Gottes Willen, was habe ich da gemacht«, aber vielleicht wäre mein dritter Beethoven-Zyklus dann auch wieder zu abgeklärt. Karajan ist das beste Beispiel dafür: Von seinen drei Beethoven-Zyklen ist die erste Aufnahme von 1951–55 mit dem Philharmonia Orchestra meiner Meinung nach die beste. Die zweite mit den Berliner Philharmonikern war immer noch grandios, aber die dritte war dann »Cinemascope-Sound«, noch mehr abgerundet, noch mehr perfektioniert, aber auch irgendwie leer. Trotzdem pflichte ich heute Lorin Maazel mehr und mehr bei, der sagte, im Alter käme die Dimension der Reife, der Großzügigkeit und der Vertiefung dazu. Je älter ich werde, desto wichtiger werden diese Qualitäten, und das ist eine schöne Erfahrung. Das Kennen und »Drüberstehen« über den Werken, nicht mehr »hinter den Noten her zu sein«, geht Hand in Hand mit der persönlichen Entwicklung. Karajan sagte nicht umsonst, man könne eine Symphonie erst wirklich gut dirigieren, wenn man sie 30 bis 50 Mal aufgeführt habe. Mein Vater meinte einmal, dass er die *Vierte* Brahms nicht anrühre, weil man dazu eine große Reife brauche. Dann dirigierte er sie mit 58 Jahren erstmals und es war nicht gut, weil er sie eben nie in seinem Leben vorher gemacht hatte. Seine Erkenntnis war: »Wenn man 40 Mal die *Vierte* Brahms gemacht hat und dann 60 ist, dann hat man die Reife.« Darum ist es auch richtig, seine erste *Eroica* möglichst schon mit 25 zu versuchen.

Das Pariser Orchester und die Wiener Symphoniker sind sich trotz aller Verschiedenheit auch in vielen Punkten sehr ähnlich. Beide sind sehr musizierfreudig, sehr menschlich, nicht schwierig oder arrogant, arbeitswillig, offen und voller Neugier. Beide Orchester haben einen Hang zu einem transparenten Klang, lassen nicht ständig die Muskeln spielen, wie viele andere Orchester, sondern haben eine Liebe zu einem lichten, hellen, obertonreichen Klang mit einer kammermusikalischen Tendenz. Beide Orchester brauchen technische Arbeit, aber hier wiederum sehr unterschiedlicher Natur. Die Pariser benötigen mehr Vertiefung im musikalischen Bereich, bei Charakter, Artikulation und Phrasierungen, die Symphoniker in puncto Präzision und Intonation, was wiederum eine große Stärke der französischen Orchester ist. Gemeinsam ist beiden Orchestern wiederum, dass sie gerne Bilder zur Erklärung haben. Sie brauchen Inspiration und nicht bloß langweilige technische Anweisungen.

Ein gutes Beispiel dafür ist die *Pastorale* von Beethoven: Wenn man als Dirigent nicht gestaltet, sondern nur laufen lässt, plätschert der zweite Satz fast zwölf Minuten vor sich hin und in der Durchführung wird dann das erste Thema dreimal durchexerziert. Da sind vor allem verschiedenste Farben in der Interpretation notwendig. Bei der ersten Variation in G-Dur, der hellsten Tonart, mit Flöte und Oboe, sage ich dem Orchester, wir befinden uns über dem Bach, hören die Vögel zwitschern, alles ist wach, lebendig. Bei der nächsten Replik in Es-Dur, viel dunkler mit Klarinetten, Hörnern und Fagott, sind wir im Bach bei den Fischen, es ist ruhig und still. In der dritten Variation in Ges-Dur, der fernsten Tonart, sind wir am weitesten weg, nur noch in der Spiegelung, im Licht. Die Klarinette spielt das Echo, da spiegeln sich fast impressionistisch die Klangflächen. Bei der Erarbeitung von Klangfarben helfen solche Bilder und man kann gleichzeitig ein paar technische Dinge, die im Zusammenspiel nicht funktioniert haben, regeln.

Mit dem Pariser Orchester spielte ich natürlich viel französisches Repertoire. Diese Musik habe ich immer geliebt, aber bis zum Tod meines Vaters als Dirigent möglichst vermieden, weil ich mich nicht dem Vergleich aussetzen wollte. Das war seine Domäne, er machte das großartig, und ich hatte noch keine Basis und keine Erfahrung mit diesem Repertoire. Als mein Vater nicht mehr lebte, machte ich in Berlin einmal *La Mer* von Debussy, später dann auch in Paris, wo ich zu meiner Überraschung bemerkte, dass das Orchester außer bei *Pelléas* gar nicht so sehr auf Debussy spezialisiert war, weil es ja kein Symphonieorchester war. Die Musiker trugen zwar den Klang in sich, hatten ein Gefühl für diese Musik, aber wir konnten auf Augenhöhe gemeinsam viel entwickeln, weil sie mir damals nicht so viel, wie ich geglaubt hatte, voraushatten. Durch meinen Vater hatte ich natürlich eine Affinität für diese Musik. Er hatte mich bei Schallplattenaufnahmen oder wenn ich Klavier spielte, immer wieder auf spezielle Dinge hingewiesen, wie auf die Transparenz, das Leuchten im Klang, das Farbige und Feine in dieser Musik.

Für das Pariser Opernorchester war es natürlich zunächst eine große und wichtige Umstellung, Konzerte zu spielen. Aber ich konnte das gut mitvollziehen, denn auch ich war in meinen früheren Jahren eher im Orchestergraben zu Hause als auf dem Konzertpodium. Das hat sich nun allerdings in den Jahren mit den Wiener Symphonikern grundlegend geändert.

Neben dem französischen Repertoire hatten wir viel russisches Repertoire im Programm. Ich plante einen Tschaikowsky-Schwerpunkt und auch im Opernbereich wurde jedes Jahr ein russisches Werk angesetzt. Russische Musik liegt diesem Orchester: Mussorgski, Schostakowitsch, Prokofjew. Zwischen Frankreich und Russland gab es seit jeher nicht nur eine musikalische, sondern auch eine grundlegende kulturelle Verbindung. Tschaikowsky war sehr französisch orientiert, von Strawinsky ganz zu schweigen. Das heißt, neben dem typisch russischen Orchesterklang gibt es für russische Musik auch einen etablierten französischen Orchesterklang. Das Opernorchester spielt auch laufend die großen russischen Ballette wie *Schwanensee*, *Nussknacker*, *Dornröschen*, *Sacre du printemps* oder *Petruschka* und hat daher über die Zeit ein natürliches Gefühl für diese Musik entwickelt.

Bis auf zwei Ausnahmen verweigere ich mich allerdings der russischen Oper, weil ich die Sprache nicht kann. *Eugen Onegin* ist eine davon. Dieses Werk habe ich in Ulm auf Deutsch korrepetiert und kenne es so in- und auswendig, dass ich, wenn ich es auch nicht aussprechen kann, zu jedem Zeitpunkt weiß, was gerade inhaltlich gesungen wird. Da schwingt der deutsche Text immer noch mit.

Die zweite Ausnahme war die nicht so bekannte Oper *Fürst Igor* von Borodin, ein wunderschönes Werk, nicht nur wegen der Ouvertüre und der berühmten *Polowetzer Tänze*. Ich bin schon früh dieser Musik verfallen, nicht zuletzt, seit der junge Valery Gergiev mit dem damaligen Kirow-Theater mit *Fürst Igor* auf Gastspiel bei den Juni-Festwochen in Zürich war.

Gerne würde ich auch *Boris Godunow* dirigieren, bekam auch von der Wiener Staatsoper eine Wiederaufnahme angeboten, aber dafür ist mir die Arbeit an der Sprache in der Oper und an der Essenz des Textes zu wichtig. Ich befürchte, ich könnte nicht die Qualität anbieten, die ich selbst von mir erwarte.

Tschaikowsky, dessen Symphonien wir in Paris zyklisch in drei Konzerten aufführten, wurde von seinen Zeitgenossen vorgeworfen, seine Musik sei zu westlich, zu französisch, aber ich empfinde ihn urrussisch. Er orientierte sich zwar nach dem Westen, arbeitete sich in seinen Symphonien an Mendelssohn, Beethoven und vor allem an Schumann ab, weil er in formaler Hinsicht ebenbürtig sein wollte, aber trotzdem ist er für mich der Inbegriff russischen Empfindens in der Musik. Er verwendet auch viele russische Themen – auch aus »Kleinrussland«, der heutigen Ukraine. Die zweite Symphonie enthält viele Volkslieder aus dieser Region und heißt auch Kleinrussische. In den frühen Symphonien bewegte sich Tschaikowsky noch sehr in den traditionellen Bahnen, aber schon mit sehr viel Fantasie und Poesie. Mit der melancholischen Horneinleitung im ersten Satz, dem zweiten Satz, der ein Miniaturmarsch ist, und mit dem russischen Volkstanzfinale ist die zweite Symphonie schon ein bemerkenswertes Werk. Aber ab der vierten Symphonie versuchte er nicht mehr, ein anderer zu sein; seine Biografie wurde wichtig, sein eigenes Schicksal. Er schrieb seiner Freundin Nadeshda von Meck: »Es ist darin kein Strich, der nicht meinen aufrichtigsten Gefühlen entstammt.« Es ist – wie auch die beiden darauffolgenden Symphonien – ein autobiografisches Werk, das seine Melancholie und seine Schwermut beschreibt. Tschaikowsky komponierte die *Vierte* in der Zeit, als er sehr kurz verheiratet war, und schildert die Unausweichlichkeiten in seinem Leben. Ab der Romantik wird Musik persönlich, subjektiv, in den Zeiten davor muss man mit der Vermischung von Biografie und Komposition sehr vorsichtig sein. Bei Tschaikowsky sollte man die Zusammenhänge kennen, um als Dirigent den Musikern Bilder oder Ideen weitergeben zu können, damit eine gewisse musikalische Energie umgesetzt werden kann, aber am Ende muss man diese Gedanken auch alle wieder weglassen können.

Die Konzerttätigkeit mit zwei Orchestern brachte auch Synergieeffekte. Bruckner und Mahler brachte ich nach Paris und Berlioz nach Wien. In den letzten Jahren lernte ich sehr viel neues Repertoire, aber dieses muss auch gepflegt und weiterentwickelt werden. Es ist nicht sinnvoll, ein neu einstudiertes Werk nur ein- oder zweimal zu dirigieren, denn inzwischen weiß ich, was es bedeutet, ein Stück wirklich gut zu kennen, sich frei bewegen zu können, ohne nachzudenken, ohne Stress, und vor allem vor sich selbst zu bestehen.

Gleichzeitig künstlerischer Leiter der Oper in Paris und eines Konzertorchesters in Wien zu sein, war eine Lebensentscheidung. Ein Dirigentenleben besteht nicht nur aus Oper und als Gastdirigent kommt man im Konzertbereich künstlerisch immer nur bis zu einem gewissen Punkt. Man braucht viel Zeit, um herauszufinden, wie ein fremdes Orchester funktioniert, was man zeigen muss, um verstanden zu werden. Mit einem eigenen Orchester ist es wie in einer Ehe: Beide Seiten kennen und vertrauen einander, können voneinander profitieren und sich gemeinsam weiterentwickeln. Oft spürt man schon vorher, ob etwas gelingen wird oder ob etwas schiefgehen könnte. Ich kann auch meine Vision besser realisieren, weil wir bereits eine gemeinsame Klangsprache und einen gemeinsamen Musizierstil gefunden haben und beim Musizieren auch Freude miteinander haben.

Die Wiener Symphoniker – Gemeinsames Erleben

Ich glaube, dass viele Dirigenten ihren Beruf in den ersten Jahren vorrangig für sich selbst ausüben, weil man mit Musik einen Teil von sich ausleben kann – ich gehörte jedenfalls dazu. Im Laufe der Zeit ändern sich die Motive – ich gehe schon lange nicht mehr für mich ans Pult, sondern mit dem Gefühl, eine Aufgabe zu haben und anderen etwas zu geben. Das ist eine neue Qualität in meinem Leben und auch die Musiker in Paris spürten aufgrund der langjährigen Beziehung diese Entwicklung. Die Wiener Symphoniker sind ebenfalls maßgeblich an diesem Prozess beteiligt. Als ich nach Wien kam, hatte ich schon fünf Jahre Cheferfahrung in Paris hinter mir und wollte einen weiteren Weg mit einem neuen Orchester gemeinsam gehen, was für mich auch eine Herausforderung bedeutete, denn es war meine erste Chefposition bei einem Konzertorchester. Es galt auch, viel neues Repertoire zu erarbeiten. Von Anfang an gab es zwischen dem Orchester und mir großes Vertrauen, eine Grundsympathie, die dann die entscheidende Basis für das gemeinsame Musizieren wurde.

Bei den Wiener Symphonikern war ich der erste Chefdirigent, der vom Orchester gewählt wurde. Unsere erste Begegnung in der Saison 2004/05 verlief sehr angenehm und in den Jahren danach zeichnete sich ab, dass ich in der näheren Auswahl für die Position des Chefdirigenten stand. Mein Vorgänger Fabio Luisi verlängerte aber immer wieder seinen Vertrag, daher war der Chefposten kein wirkliches Thema mehr, und ich war sehr zufrieden, fallweise zu gastieren, denn ich war ja in Paris ohnehin voll ausgelastet. Eines Tages bekam ich aber vom Konzertmeister der Symphoniker eine SMS mit der Nachricht: »Gratuliere, Sie wurden soeben mit großer Mehrheit gewählt.« Damit hatte ich nun gar nicht gerechnet, zumal ich mit unserer letzten Begegnung sehr unglücklich war. Die *Metamorphosen* von Richard Strauss, die dieses Konzert eröffneten, gingen zwar ganz gut, aber die *Eroica*, die ich anders machen wollte als vom Orchester gewohnt, stimmte mich nicht froh. Anscheinend war es trotzdem das ausschlaggebende Konzert, denn das Orchester wollte jemanden, der intensiv arbeitet, und nicht jemanden, der nur versucht, gute Stimmung zu machen.

Die Wiener Symphoniker werden vom Wiener Konzerthaus und von der Gesellschaft der Musikfreunde engagiert und bilden alleine von der Menge der Konzerte her das Rückgrat des Wiener Konzertlebens. Da gibt es natürlich von Seiten der Häuser Programmwünsche und -vorgaben. Ich wollte von Anfang an mehr Linie in die Programmierung bringen, die Aufbauarbeit für das Orchester strukturieren und mehr Wiener Klassik und klassische Moderne erarbeiten. Bisher waren auch immer wieder Gastdirigenten eingeladen worden, mit denen das Orchester nicht gerne zusammenarbeitete, das gab es ab nun nicht mehr. Die Symphoniker sind das Orchester der Stadt Wien, deren musikalische Grundversorger, die nicht nur die meisten Konzerte in den beiden großen Konzerthäusern spielen, sondern auch zwei Opernproduktionen pro Saison im Theater an der Wien. Daher hat das Publikum eine starke Beziehung zu diesem Klangkörper. Dieser ist darüber hinaus seit Jahrzehnten das Residenzorchester der Bregenzer Festspiele. Die Wiener Symphoniker sind ein sehr großes Orchester von 128 Personen, und natürlich gab und gibt es immer wieder Diskussionen um die Finanzierung, was aber in erster Linie Themen wie Pensionsrückstellungen und dergleichen betrifft und Gott sei Dank sehr wenig die Konzertprogrammierung beeinträchtigt. Wie in Paris wollte ich die Aufbauarbeit mit Komponistenschwerpunkten gestalten. Die Erkenntnis, dass die gezielte, längerfristige Beschäftigung mit einem Komponisten eine wesentliche Grundlage der Orchestererziehung ist, gehört zu den vielen Dingen, die ich meiner Zeit bei Daniel Barenboim verdanke. Er hat diese Methode seit seinem Einstand in Berlin Anfang der Neunzigerjahre angewendet und die Staatskapelle so zu einem der führenden Orchester gemacht.

Schubert – Der Romantiker

Das zentrale Projekt innerhalb der dann sechsjährigen Zusammenarbeit mit den Symphonikern sollte für mich Beethoven werden, aber um dahin zu kommen, musste das Orchester zunächst mehr Wiener Klassik spielen, deshalb planten wir für meine erste Saison einen Schubert-Schwerpunkt, nicht zuletzt auch, weil er in Konzertprogrammen sehr gut mit anderen Komponisten kombinierbar ist: Webern, Dvořák, Bruckner oder Mahler, mit allen gibt es Beziehungen. Ich war von Schubert immer fasziniert, aber er ist für alle Beteiligten eine heikle Angelegenheit. Schubert muss liebevoll musiziert, liebevoll gearbeitet werden, braucht große Qualität im Zusammenspiel der Streicher, in der Homogenität des Klanges, in der Intonation der Holzbläser und in der Phrasierung.

Schuberts große C-Dur-Symphonie ist die einzige, die in ihrer Dimension an Beethoven heranreicht. Nur die sogenannte *Unvollendete* hätte wahrscheinlich diese Ausdehnung ebenso erreicht, wäre sie fertiggestellt worden. Auch die thematisch-motivische Arbeit, die Tonarten, das Tänzerische und vieles mehr hat Schubert in dieser Symphonie von Beethoven übernommen, vor allem aber die Orchestration. Gäbe es das Lyrische, Liedhafte und Weichere in den Seitenthemen nicht, könnte man vieles in dieser Musik für Beethoven halten. Zudem wird bei Schubert oft eine Melodie, ein Thema, in verschiedenen Tonarten wiederholt, wie ein Kristall, der, von jeder Seite betrachtet, eine andere Farbe hat, wenn er im Licht schimmert. Damit hat er nachfolgende Komponisten wie Schumann sehr beeinflusst.

Schubert ist die intimere und vielleicht menschlichere Seite von Beethoven. Beethoven ist Deutscher, ein Virtuose, ein Genie, der in eine fremde Stadt kommt und Monumente baut. Schubert ist jemand aus der Vorstadt, der mit den normalen Menschen zu tun hat, Tanzmusik, Gebrauchsmusik und das Liedhafte in seiner Musik verarbeitet. Beethoven möchte für die ganze Menschheit sprechen: »Alle Menschen werden Brüder« hat politische Botschaften und Utopien. Schubert interessiert das nicht; ihn interessiert das persönliche Schicksal, das Einzelschicksal, zunehmend auch sein eigenes. Dadurch wird er zum ersten wirklichen Romantiker. Zunächst empfand ich seine wunderschöne erste Symphonie wie einen weiterentwickelten Mozart. Als ich später dann die *Unvollendete* dirigierte, erschrak ich bei dem Gedanken, dass diese Musik vom selben Komponisten stammt. Was muss mit diesem armen Menschen in zehn Jahren geschehen sein, dass er in solche Abgründe schaut? Seine Musik ist absolut erhaben, und doch überschreitet sie Grenzen, erzählt Unerhörtes, alles Heitere hat eine weinende Seite, so wie das Traurige auch eine Lächeln hat. Am Deutlichsten kommt dies natürlich in seinen Liedern zum Ausdruck. Nirgends, außer vielleicht noch in der Kammermusik, ist er mehr bei sich selbst.

Schubert hat die Wehmut in der Heiterkeit nicht erfunden, er war Wiener durch und durch. Auch Heurigenmusik und die Wiener Volksmusik haben diese Todessehnsucht, soweit ich das als »Ausländer« beurteilen kann. Ich denke, dass er sein Schicksal, seine mangelnde Anerkennung und seine Krankheit in seiner Musik sublimiert und damit in Gefilde vordringt, in denen er ins Paradies schaut. In den späten Klaviersonaten oder in der *Unvollendeten* scheint er den Tod schon überwunden zu haben. Diese Symphonie ist sein schwärzestes Werk, aber der Sterbende hat im Todeskampf noch eine Vision. Von dem wunderbaren Seitenthema des ersten Satzes spiele ich immer alle Wiederholungen, denn man kann dieses Tanzthema jedes Mal anders beleuchten. Beim ersten Mal scheint ihn das Thema zu trösten, er beginnt wieder, Freude zu empfinden, bei der Wiederholung kann er es selbst real empfinden, es annehmen und leben, und bei der Reprise ist es nur noch ein Traum, eine wehmütige Erinnerung im äußersten *Pianissimo*. Wie bei seinen Strophenliedern kann man die Wiederholungen nicht immer gleich spielen, muss bei jeder Wiederholung immer einen neuen Subtext für sich finden, und wenn dieses Seitenthema beim letzten Mal schon schwebt und ganz *pianissimo* gespielt wird, dann ist man emotional eigentlich schon im zweiten Satz. Dann wird mit einem »Schrei« der erste Satz abgebrochen und es öffnet sich plötzlich die Pforte zum Paradies mit Hörnern und Fagotten – Schubert stößt in eine andere Dimension vor.

Früher glaubte ich an diese andere Dimension nach dem Tod, im Augenblick jedoch eher nicht. Ich glaube nur an eine Sehnsucht danach. Menschen sind unglaublich komplexe, hochentwickelte Wesen, auch wenn wir manchmal Schreckliches anrichten und es unter uns auch sehr einfältige Exemplare gibt, trotzdem ist es erstaunlich, dass die Natur so etwas hervorgebracht hat, mit Geist, mit Emotionen, Gefühlen und Gedanken. Es fällt einem schwer zu glauben, dass der Tod eines Menschen so ist wie bei einem Baum, der abgehackt wird und bei dem damit alles zu Ende zu sein scheint. Je länger ich lebe, desto weniger Grund sehe ich jedoch, daran zu glauben, dass es nach dem Tod noch etwas anderes gibt. Wir können fast bis ans Ende des Universums schauen, betreiben Quantenphysik, Astronomie und Medizin, aber wir wissen immer noch nicht, was nach dem Tod passiert. Ich bin von meinem Elternhaus her katholisch und aus kulturellen Gründen auch dankbar dafür. Ich glaube, dass es mehr gibt als das, was wir sehen und hören, Spektren, die weit größer als die wahrgenommenen sind. Ich denke, dass es eine Intelligenz gibt, die über das Erfassbare hinausgeht, würde es aber nicht Gott nennen. Der Gedanke, dass mit dem Tod alles zu Ende ist, wäre für viele Menschen auch zu schmerzhaft. Man muss sich mit etwas trösten, meint dann plötzlich, einen Verstorbenen neben sich zu spüren. Aber was ist das, sind das Energien, die man zusammenruft, sind das Gedanken? Meinen Vater habe ich nach seinem Tod sehr oft neben mir gespürt, aber war er das wirklich? Oder ist es einfach das, was mir mein Vater mitgegeben hat, was er mir erzählt und woran er geglaubt hat und was in mir weiterlebt? Man fällt einen Baum, er wird morsch, das Laub fällt ab und wird zu Erde, und daraus entsteht neues Leben, denn das Leben selber geht nicht verloren. Das, was durch uns fließt, ist ewig. Wenn der Körper nicht mehr kann, geht dieses Leben in anderen Dingen auf, aber ich glaube immer weniger an eine Seele, die dann aus dem Körper fliegen soll. Mir scheint das vergleichbar mit dem Wasser des Ozeans. Etwas von diesem Wasser ist für jede Person in einem Glas. Das Glas ist die Persönlichkeit. Wenn das Glas zerbricht, kehrt das Wasser in den Ozean zurück, löst sich in diesem Sein wieder auf. Aber wir Menschen haben diese große Sehnsucht nach etwas Höherem und danach, von den »Mühen des Lebens« irgendwie erlöst zu werden.

Bach – Alles wird gut

Der zweite Komponistenschwerpunkt mit den Wiener Symphonikern, Johann Sebastian Bach, entwickelte sich aus dem Wunsch von Roland Geyer, dem Intendanten des Theaters an der Wien, das Orchester bei seinem damaligen Festival »Osterklang« für Oratorien und Passionen zu engagieren. Nun ist Bach ein besonderer Fall, weil er heute großteils von Barock-Ensembles gespielt wird, aber ich bin überzeugt, dass auch ein Symphonieorchester Bach schlanker und entschlackter spielen kann, als es früher üblich war. Dabei geht es um Stricharten, um Phrasierung, um Artikulation. Es muss nicht klingen wie mit barocken Instrumenten, aber mit dosiertem *Vibrato*, einer anderen Bogentechnik und vor allem einer Artikulation, die den Erkenntnissen der Originalklangbewegung entspricht, entsteht ein unterschiedlicher Charakter gegenüber früheren, eher romantischen Interpretationen. Wichtiger als alle diese Fragen jedoch ist bei Bach der Inhalt. Worum geht es in der *Matthäuspassion* und wie vermitteln wir das? Das Bereichernde an dieser Arbeit an Bach ist es, den Geist der Werke zu erfassen, nicht die Frage, wie es klingt. Ich bekenne mich aber dazu, dass ich ein großer Bewunderer von Karl Richter bin. Natürlich würde ich Bach heute nicht mehr so spielen und so will man es wahrscheinlich heute nicht mehr hören, aber alles war bei ihm immer höchst musikantisch und theatralisch interpretiert. Ebenso wie bei der Regie ist nicht die Frage wichtig, ob modern oder traditionell, wie das Bühnenbild oder das Kostüm aussieht – wesentlich ist, welchen Inhalt man erzählt oder spielt. In der Barockmusik geht es, unabhängig von den verwendeten Instrumenten, um Artikulation, Deutlichkeit, aber auch um Dramatik und den Sinn des Textes. Das hat Karl Richter zu seiner Zeit richtig gemacht, mit dem Bach-Verständnis von damals. Wenn wir heute Mozart in der Oper aufführen, wirken »normale« Opernsänger mit, die von Barock bis Wagner alles singen – sie sind dankbar, wenn sie Bach und Mozart noch schlank singen können und daneben auch Wagner oder Verdi.

Bei der Interpretation der Musik von Bach ist für mich das theatralische Moment wichtig, denn ich halte die Passionen von Bach für mindestens ebenso dramatisch wie jede Oper von Händel! Dramatik in Verbindung mit Emotion und einer kompositionstechnischen Logik machen Bachs Werke für mich aus, aber an erster Stelle steht immer die spirituelle Ebene. Eine Freundin sagte mir: »Wenn man Bach hört, hat man das Gefühl, in dieser verrückten Welt wird doch wieder alles gut.« Diesen Satz trage ich in meinem Herzen. Die Corona-Krise hat die ganze Welt im Griff und vernichtet in wenigen Wochen die Weltwirtschaft, Präsident Trump kündigt das Iranabkommen und das Pariser Klimaschutzabkommen, es passiert fast täglich viel Schreckliches, aber wenn man Bach hört, bekommt man wieder Zuversicht, dass die Welt das alles überlebt, dass etwas Höheres alles zusammenhält.

Im Zusammenhang mit Bach war für mich auch die Begegnung mit William Christie sehr wichtig. Als ich 2006 wegen des Mozart-Jahres in Wien war, dirigierte Christie *Dido und Aeneas* von Purcell, was mir sehr gut gefiel. Dabei lernte ich einen interessanten

Menschen kennen, keinen Dogmatiker der Barockmusik, sondern einen Musiker, mit dem man sich großartig austauschen kann. Als ich dann meine erste *Matthäuspassion* vorbereitete, besuchte ich ihn in seiner Pariser Wohnung und sprach mit ihm über viele Aspekte, unter anderem über Dynamik, *Fermaten* in den Chorälen, über Bühnenaufstellungen und über alle anderen Fragen, mit denen ich mich auseinandersetzte. Er war der Meinung, dass alle *Fermaten* in den Chorälen gemacht werden sollten, aber ich mache einen Kompromiss, halte die *Fermate* nur, wenn im Text ein Beistrich oder Punkt ist, sonst ignoriere ich sie – gehe also auch bei Bach vor allem vom Inhalt aus.

Bei der *Matthäuspassion* machte ich zuerst noch den Fehler einer zu großen Orchesterbesetzung, inzwischen nehme ich nur noch maximal acht erste Geigen – man lernt dazu. Es ist wichtig, sich von seinem romantischen Klangbild zu verabschieden, aber das trifft ja nicht nur auf Bach zu.

Im Zuge der Beschäftigung mit Bach haben wir dann im Laufe der Saisonen auch die *Johannespassion*, die *h-moll-Messe* und – auf zwei Jahre verteilt – das *Weihnachtsoratorium* programmiert, sodass in fast jeder Saison ein Hauptwerk auf dem Programm stand. Die *Johannespassion* ist in ihrer Anlage schlichter, deutlich kürzer, aber trotzdem dramatischer angelegt. Das Werk existiert in mehreren Fassungen; der Text wirkt im Ganzen bissiger und konkreter als in der *Matthäuspassion*, leider muss man auch offen sagen: deutlich antisemitischer. In der Umsetzung benötigt man zwar weniger Mittel, es gibt auch kein Doppelorchester, aber gerade durch die Schlichtheit und die trockenere Umsetzung der Passionsgeschichte ist das Werk sehr heikel zu realisieren.

Die *h-moll-Messe* ist wahrscheinlich für jeden Musiker Bachs bedeutendstes Werk, das *Kyrie* daraus vielleicht das Schönste und Tiefste, was je ein Mensch in Musik umgesetzt hat. Bachs große Messe mit dem Chor als Hauptprotagonisten kann man wahrscheinlich als die Synthese seines gesamten Schaffens sehen. Die Entstehungsgeschichte ist nicht wirklich gesichert, nicht einmal, ob die einzelnen Messteile für ein gesamtes Werk gedacht waren, denn mit großer Wahrscheinlichkeit wurden sie zu unterschiedlichen Zeiten komponiert, und das merkt man den einzelnen Teilen auch deutlich an. Sind *Kyrie* und *Gloria* von geradezu beängstigender Inspiration, nehmen spätere Teile ab dem *Credo* auf andere Werke Bezug und die Musik wird sperriger und handwerklicher, nähert sich der *Kunst der Fuge* deutlich an. *Sanctus* und *Agnus Dei* kommen dann wieder der Eingebungstiefe des *Kyrie* nahe. In den Soloarien hört man übrigens auch, wie gut Bach mit dem Stil der italienischen Opern eines Scarlatti oder Pergolesi vertraut war, während die Messe als Ganzes in ihrer Ausführung mehr im Geiste von großen Orchesterwerken umzusetzen ist – ganz im Gegensatz zu den Oratorien, die durchaus einen stark opernhaften Zug aufweisen.

Das *Weihnachtsoratorium* kann man, muss man aber nicht im Zusammenhang aufführen. Jede einzelne Kantate spricht für sich, hat ihre ganz eigene Atmosphäre und Farbe und benötigt den Zusammenhang mit den anderen Teilen im Grunde nicht. Wir haben uns, sowohl aus proben- als aus verkaufstechnischen Gründen zu einem Kompromiss entschlossen und haben, über zwei Jahre verteilt, jeweils drei Kantaten in der Weihnachtszeit aufgeführt.

Nicht nur beim *Weihnachtsoratorium*, sondern grundsätzlich stellt sich bei Bach natürlich besonders die Frage, wie man mit dem *Continuo* umgeht, insbesondere wie man es besetzt. Ich trete grundsätzlich dafür ein, möglichst viele Instrumente je nach Inhalt und Bedarf zu verwenden, um eine möglichst farbige Gestaltung zu erzielen, also neben Orgel und Cello auch Cembalo, wenn passend Kontrabass, und ich könnte mir auch die Laute gut vorstellen. Ich denke, man sollte hier der Fantasie keine Grenzen setzen. Für mich wird die Beschäftigung mit dem Werk von Bach auch für die Zukunft ein zentrales Projekt bleiben. Ich werde, wo immer es geht, versuchen, die großen Chorwerke wieder aufs Programm zu setzen, last not least würde da auch eine Aufführung des grandiosen *Magnificats* dazugehören müssen. Auch die großen Orchesterwerke, die ich seit Langem schon in mein Repertoire aufnehmen wollte, sind in nächster Zukunft auf dem Programm.

Bach ist und bleibt für uns Musiker unser tägliches Brot.

Beethoven – Das Alpha und das Omega der Symphonik

Das zentrale Projekt mit den Wiener Symphonikern war für mich von vornherein die Gesamtaufführung aller neun Beethoven-Symphonien inklusive einer CD-Produktion. Beethoven ist für mich das A und O der Symphonik. Er hat die Symphonie endgültig vom Adelspalais für ein breiteres Publikum in den Konzertsaal gebracht. Dort diente sie nicht mehr nur der Unterhaltung, denn jede Symphonie enthält eine Botschaft, ist wie ein Religionsersatz. Beethoven ist jedoch für mich kein Titan und kein Monument, sondern ein Mensch, und seine Symphonien erzählen davon, worum es beim Menschsein geht. Er hat einen reichhaltigen, unausschöpflichen Kosmos erschaffen. Deshalb ist es für viele Dirigenten und Orchester interessant, immer wieder dieselben Fragen zu stellen, sich gemeinsam mit dem Publikum auf eine Reise zu begeben.

Meine erste wichtige Begegnung mit Beethoven war vor vielen Jahren ein Konzert mit den Wiener Symphonikern. Natürlich hatte ich als Kind *Für Elise* oder die *Mondscheinsonate* gehört, aber mein Vater war kein Beethoven-Dirigent. Er sagte immer, das sei nicht seine Sache; also durch ihn hatte ich keine frühen Erfahrungen mit Beethoven. Als ich ungefähr dreizehn Jahre alt war, fuhr meine Mutter mit meiner Schwester und mir, wie jedes Jahr im Frühling, nach Wien zu einer entfernten Tante. Ich erinnere mich an meinen ersten Besuch in der Staatsoper, es war die Otto Schenk-Inszenierung der *Zauberflöte.* Außerdem war der Nachbar der Tante Feuerwehrmann beim Musikverein und ich durfte ihn begleiten. Sein Platz war links neben der Orgel mit Blick auf den Dirigenten. Georges Prêtre machte damals einen Zyklus mit Beethoven-Symphonien; in diesem Konzert waren die zweite und achte Symphonie programmiert. In die zweite Symphonie verliebte ich mich sofort, obwohl ich damals Konzerte noch nicht so zu schätzen wusste und auch noch keinen wirklichen Bezug zu Musik hatte, die ohne Sänger, Bühnenbild und Text stattfand. Aber diesen Humor, diese Lebensfreude und diese Melodien-Seligkeit in der Atmosphäre des Musikvereinssaales zu erleben, in dem ich zum ersten Mal war, überwältigten mich. Die achte Symphonie verstand ich dann weniger und nahm mir aber vor, mich mehr mit Beethoven zu beschäftigen, jede Woche eine Symphonie zu hören und anhand der Partitur zu analysieren.

In diesem Alter begann ich dann auch ernsthafter Klavier zu spielen, spielte Beethoven-Trios und -Sonaten sowie das dritte Klavierkonzert.

Bei Beethovens symphonischer Musik spürt man immer, dass er selbst Pianist war, wie man bei Bruckner den Organisten heraushört. Alles bei ihm ist pianistisch geschrieben. Die drei großen Gattungen, in denen sich Beethoven perfektionierte, sind die Klaviersonate, die Symphonie und das Streichquartett. Aber alles ist vom Klavier her gedacht und in den Proben sage ich manchmal bei einer Stelle scherzhaft: »Das ist auch auf dem Klavier nicht leicht.« Beethoven bleibt für mich am konsequentesten in seinem Stil, unabhängig davon, ob er Symphonik, Klavier- oder Kammermusik schreibt. Das ist bei Brahms ganz anders, bei dem die Ästhetik meiner Meinung nach in Symphonik und Kammermusik sehr unterschiedlich ist. Man spricht immer von der Radikalität der späten Beethoven-Quartette, aber wenn man sich die achte Symphonie anschaut, die dreizehn Jahre davor entstand, bemerkt man schon eine kompositorische Radikalität, eine Knappheit der Gedanken, einen Verzicht auf Gefälligkeit und ein Experimentieren mit Formen.

Keine Symphonie gleicht bei ihm der anderen. Bei den ungeraden Symphonien erkennt man die Entwicklung der großen Ideen: Die erste ist noch eine klassische, aber gewagte Visitenkarte, die dritte, die *Eroica*, ist die poetische Idee des Helden, dessen Siegen und Scheitern und die Utopie einer besseren Welt, für die bei Beethoven Prometheus stand, der sich den Göttern widersetzte und den Menschen das Feuer brachte. In zwei weiteren Werken verwendet Beethoven das Prometheus-Thema noch, aber die *Eroica* sollte das Tor zur weiteren Entwicklung der Symphonie werden. Die fünfte Symphonie formuliert zum ersten Mal den Weg von der Nacht zum Licht, »per aspera ad astra«, Beethovens Lebensthema, sowie das Thema der Freiheit, die siebente die Lebensfreude und die neunte die allumfassende brüderliche Nächstenliebe. Es ist wie ein Thema, das sich bei den ungeraden Symphonien durchzieht. Die geraden sind dazu komplementär: grundsätzlich etwas lyrischer, melodischer und feiner, verinnerlichter und persönlicher. Die einzige wirklich thematisch große gerade Symphonie ist die *Pastorale*, sie weist den Weg zur *Neunten*, den Weg über die Naturreligion zum großen Menschsein. Bei den ungeraden Symphonien hat man als Dirigent etwas Konkretes und Definiertes in der Hand, weil sie mit den Inhalten spielen, während die geraden kammermusikalischer und lyrischer sind, dafür aber mehr mit der Form spielen. Die Botschaft, die Beethoven in der Zeit der Aufklärung anstrebt, ist die Utopie, denn jedes Finale ist eine Utopie. Prometheus, der Mensch oder der Held, glaubt an etwas Besseres und will eine bessere Welt schaffen. Das ist nicht zu erreichen, aber in diesem Moment will Beethoven es uns glauben machen. Je öfter ich diesen Beethoven-Zyklus mache, desto mehr höre ich diese Utopien und weiß gleichzeitig, dass sie nicht realisierbar sind. Keine Revolution war je erfolgreich und hat zur Freiheit geführt. Die *Neunte* drückt das aus, denn die Stimmen können das Vorgeschriebene gar nicht singen, mit einer Idealbesetzung im Solistenquartett kann man dem bestenfalls nahekommen. Das ist fürs Papier geschrieben, allerhöchstens für das Klavier. Beethoven berief sich immer, wenn die Musiker seine Komposition nicht spielen konnten, auf seine künstlerische Eingebung: Was interessieren mich eure Probleme? Hier geht es um Inspiration und Inhalt! Am Ende der *Neunten* ist die Freude da, aber die Freude will immer noch mehr. Man ist mit dem Erreichten nicht zufrieden, und Beethoven schon gar nicht. Weiter, weiter … das schaukelt sich hoch bis zur Hysterie. Das Finale ist brillant, wenn das

Orchester *prestissimo* und *fortissimo* das Freudenthema schmettert und plötzlich mit einem Quintensprung das Ganze auf dem Höhepunkt beendet. Wie bei Ravels *La Valse* oder beim *Bolero* kann es nicht weitergehen, es muss zusammenbrechen. Denn Hysterie ist irgendwann nicht mehr auszuhalten. Auch die Form bläst Beethoven in der *Neunten* zu etwas Allumfassendem auf. Natürlich ist er damit grandios gescheitert. Dieses Scheitern ist schon in der *Eroica* angelegt, die eigentlich mit der grandiosen *Coda* aufhören müsste. Denn wenn das Thema als Apotheose gespielt wird, kommt letztlich eine Verunsicherung, kommt ein rhythmisches Pochen, bei dem Prometheus oder der Held das Ende seines Lebens sieht, die Uhr ticken und auslaufen hört. Am Ende kommen noch einmal stürmische Figuren, die alles hinwegfegen. Alles ist zu Ende, wir erkennen es an den absteigenden Skalen. Der scheiternde Held kommt nicht nur unserem heutigen Weltbild sehr entgegen, Beethoven hat in einer unglaublich schwierigen und bewegten Zeit gelebt, mit Revolution, den napoleonischen Kriegen, dem Wiener Kongress und vielen weiteren großen Unsicherheiten. Er will mit Musik eine bessere Welt aufbauen und hat die Menschen zwar hellauf begeistert, zugleich aber auch verstört. Die *Eroica* fängt eigentlich schon mit zwei Schlussakkorden an, alles ist in ihnen schon gesagt. Ich sagte dem Orchester, wenn die Akkorde perfekt gespielt sind, könnten wir im Grunde schon gehen. Wenn nicht, müssen wir die Geschichte von vorne erzählen. Auch die Synkopen waren ein völlig neues musikalisches Vokabular, Dissonanzen, verminderte Akkorde, all das hat das Publikum zugleich fasziniert und irritiert. Beethoven meint – mit einer Ausnahme: der achten Symphonie – immer ernst, was er ausdrückt, tut nie »so als ob«. Manchmal ist die Idylle trügerisch, wie im langsamen Satz der *Zweiten*, die er in der Zeit des »Heiligenstädter Testaments« geschrieben hat. Oft kommen auch ernste Töne in der grundsätzlich heiteren *Vierten* auf. Zunächst gibt es nichts Schöneres als das Thema dieser Symphonie, dann führt uns Beethoven in der Durchführung in die Unsicherheit, zu Beklemmung und Herzklopfen. Ein Schatten fällt auf den Sonnentag.

Von der achten Symphonie, die Beethoven für seine größte hielt, hieß es lange Zeit, sie sei in der Haydn-Tradition geschrieben, was allerdings grundfalsch ist. Der erste Satz ist ein *Allegro vivace*, wurde aber früher immer sehr behäbig musiziert. Die vom Komponisten angegebene Metronomzahl lautet aber 69 pro Takt. Das ist sehr schnell und damit bekommt der Tanz eine ganz andere Bedeutung: »Vorwärts, hier bin ich.« Alles stürmt nach vorne und plötzlich verhakt es sich – das ist großartig ausgedacht.

Ich finde interessant, wie sehr das Finale der *Achten* auf Dvořák oder Smetana vorausweist. Zur Zeit ihres Entstehens war Beethoven in Teplitz; er hörte damals wegen seiner stärker werdenden Schwerhörigkeit nicht mehr viel, aber vielleicht eine laute böhmische Musikkapelle doch noch – irgendeine Beziehung muss es geben.

Bei Haydn sind die Überraschungsmomente bewusst gesetzt und kalkuliert wie die Pointen bei einem guten Kabarettisten. Beethoven spielt damit auf seine eigene Weise. Er bringt sich in eine Situation, die kauzig und verschroben ist. Er will eine große Symphonie schreiben, und gleich zu Beginn passiert etwas, er manövriert sich selbst in diese Situationen, geht in diese Richtung und kann nicht mehr zurück. Generalpause! Das ist nicht mehr der Humor, den er noch zehn Jahre davor hatte, das ist der Humor eines Eigenbrötlers. Ich glaube, Beethoven hatte einen virtuosen Humor in seinen Kompositionen, aber in seinen späteren Werken sehe ich seinen Humor immer zynischer, bitterer, verschrobener werden. Wenn man taub ist und ohne Frau oder Kinder lebt, ist man sicher in seiner ganz eigenen Welt.

Die ersten beiden Symphonien finde ich hingegen sehr humorvoll und geistreich. Das beginnt schon beim ersten Akkord der ersten Symphonie, die nicht wie sonst mit einem Tonikaakkord, sondern mit einem dissonanten Dominantseptakkord beginnt, gespielt von den Bläsern in einem *Fortepiano* und mit *Pizzicato* in den Streichern. Frecher und überraschender geht es nicht. Auch heute erschrickt man kurz, wenn man nicht darauf vorbereitet ist. Die *Prometheus*-Ouvertüre, die in derselben Zeit geschrieben wurde, beginnt mit demselben Akkord, aber das Ganze im *Fortissimo*, die Streicher mit Bogen, das hat natürlich eine noch größere Wucht. In Wien spielten wir diese Ouvertüre als Zugabe. Man spürte förmlich das Zurückschrecken des Publikums.

Das Thema der Metronomzahlen, der Tempoangaben von Beethoven, wird immer wieder diskutiert. Nehmen wir als Beispiel den letzten Satz der vierten Symphonie, ein *Allegro ma non troppo*. Spielt man es nach der Metronomangabe, wird es ein *Prestissimo*, also viel schneller. Aber es gibt kein *Tempo assoluto*, denn Tempo ist immer mit dem Charakter einer Musik verbunden, außerdem ist das Verhältnis von Tempo, Anzahl der Instrumente und Raum letztlich immer auschlaggebend. Je größer die Stimme eines Sängers, je größer die Orchesterbesetzung, je größer der Saal ist, desto langsamer muss das Tempo sein. Wenn man den Originalangaben gerecht werden will, muss man das Instrumentarium verkleinern, namentlich die Streicher, ohne die Balance zu den Bläsern aus dem Auge zu verlieren.

Der Zusammenhang von Tempo und Charakter ist – nicht nur bei Beethoven, aber hier ganz besonders – enorm wichtig. Wenn das nicht übereinstimmt, hat das Publikum oft den Eindruck, dass etwas entweder gehetzt oder schleppend ist. Zum Beispiel der erste Satz der neunten Symphonie mit der Tempobezeichnung »*Allegro ma non troppo, un poco maestoso*« – ungewöhnlich viele Worte, aber zunächst ist es doch ein *Allegro*. Wie oft wird dieser Satz *nur* gewichtig gespielt, aber die Metronomzahl ist relativ schnell und er ist im Zweivierteltakt geschrieben. Spielt man ihn zu langsam, fällt er schnell in seiner Form auseinander. Der Satz muss ein gewisses Tempo haben, aber er braucht auch das geforderte »*Maestoso*«, um das Erhabene zu erfassen, aber das »*Poco*« soll ein übertriebenes Pathos verhindern. Dieses Gefühl muss man gleichsam herauskitzeln, und dabei halte ich mich an die angegebenen Metronomzahlen, weil die Musik dann tatsächlich funktioniert. Natürlich muss man sich nicht sklavisch daran halten, je nach Besetzung, Saalgröße oder Stimmung darf man auch ein paar Striche darunter sein, aber mehr als zehn Striche würden dann eindeutig den Charakter der Musik verändern. Die *Scherzi* sind bei Beethoven zum Beispiel sehr unterschiedlich: Wenn man das in der siebenten Symphonie (132) nicht rasch genug nimmt, tritt die Musik auf der Stelle, wenn man das in der sechsten Symphonie zu rasch macht (108!), ist alles aus, denn das lustige Zusammensein der Landleute muss etwas Gemütliches haben, und außerdem kommt die Oboe mit ihren synkopierten Einsätzen dann gar nicht mehr mit. Man muss sich dieses Oboensolo vorstellen, um das richtige Tempo für den Satz zu wählen. Es war sehr mutig von René Leibowitz, dem polnisch-französischen Dirigenten, Komponisten und Schriftsteller, in den Sechzigerjahren eine Beethoven-Interpretation einzuspielen, die sich erstmals an die Metronomzahlen hielt, aber die Rechnung ging meiner Meinung nach damals nicht auf, weil er ein großes Orchester mit traditionellem romantischen Klang dirigierte. Erst mit der historischen Musizierpraxis haben sich kleinere Besetzungen mit schlankerem Spiel durchgesetzt. Plötzlich machten dann auch die rascheren Tempi Sinn und man verstand, dass Beethovens Tempoangaben ernst gemeint und richtig waren. Gerne hätte ich die Uraufführung der *Eroica* zur Zeit Beethovens im Palais Lobkowitz in Wien mit drei ersten Geigen gehört. Heute spielen wir diese Symphonien in einem großen Saal manchmal mit sechzehn ersten Geigen und müssen auch mit modernen Instrumenten die Balance zwischen Bläsern und Streichern schaffen. Ich finde, man kann Beethoven nicht mehr wie Brahms, Schumann oder Bruckner spielen, wie es früher üblich war. Wenn man, wie zum Beispiel Wilhelm Furtwängler oder auch heute noch Daniel Barenboim oder Christian Thielemann, mit großer Streicherbesetzung spielt, muss man auch die Bläser verdoppeln, damit man alle Stimmen hört. Mich interessiert allerdings mehr ein anderer Weg: von Beethoven aus mit dem heutigen Instrumentarium in die Zukunft der Musikgeschichte zu schauen, nicht aus der Zukunft zurückzublicken und mit heutigen Klangvorstellungen zu spielen. Man muss sehr oft die Streicher reduzieren oder etwas leiser spielen lassen, damit die Bläser gehört werden, ohne dass sie forcieren müssen. Ich halte mittlerweile eine Streicherbesetzung von vierzehn ersten Geigen für einen großen Konzertsaal für richtig – sogar bei Schumann. Bei den ersten beiden Beethoven-Symphonien sollte man auf zwölf reduzieren. Bei der neunten Symphonie ist es anders, da halte ich sechzehn erste Violinen nach wie vor für richtig und notwendig. Als ich die *Neunte* im Rahmen einer Chinatournee erstmals nur mit vierzehn ersten Geigen spielte, weil es sich nicht auszahlte, nur für eine Symphonie eine größere Streicherbesetzung mitzunehmen, fühlte es sich so an, wie wenn man von einem großen Pferd auf ein Pony umsteigt. Die raschen Tempi wurden plötzlich leichter und logischer, nur die Tiefe, das Fundament fehlte! Es ist unglaublich, was ein Pult mehr oder weniger in jeder Streichergruppe ausmacht. Die *Neunte* bleibt in jeder Hinsicht eine grenzüberschreitende Symphonie, was Länge, Orchesterbesetzung, den Einsatz von Sängern und vor allem den Inhalt betrifft. Das Wissen um die historische Musizierpraxis kann uns helfen, ein schlankeres, klassischeres, ja menschlicheres Klangbild zu entwickeln. Davon profitiere ich für meine Arbeit, fühle mich jedoch mit traditionellen Opern- und Konzertorchestern mit modernen Instrumenten zu Hause. Trotzdem will ich wissen, wie manches funktioniert, um eine Synthese aus beiden Welten zu schaffen. Ich bin froh, dass die Symphoniker Wiener Pauken, Wiener Oboen und Wiener Hörner spielen, denn diese Instrumente haben den Bezug zum Klangbild der Wiener Klassik nie verloren. Mit welcher Besetzung auch immer – das Wichtigste ist die Mischung, die Feinabstimmung in den Proben und dass alle aufeinander hören, sonst wird der Klang nie durchsichtig.

Gerade bei Beethoven finde ich es sinnvoll, den Musikern in den Proben Bilder zu geben, damit ein Charakter, ein Tempo oder Klang Sinn macht. Das einfachste Beispiel ist die fünfte Symphonie: Der Charakter ist nicht der einer Schicksalssymphonie, wie man sie aus alter Tradition allgemein wahrnimmt, sondern der einer Revolutionssymphonie, eines Kampfes. So ein Inhalt kann nicht zu langsam und gewichtig gespielt werden, man muss vorwärtsdrängen. Der erste Satz ist ein »*Allegro con brio*«. Generationen von Dirigenten hatten diese romantische Vorstellung der Schicksalssymphonie; das festigte sich, wurde zur Spieltradition und man liebt, was man kennt. Man hatte das so im Gefühl, hinterfragte es auch nicht, glaubte daran, dass es so gehöre. Außerdem ist es auch sicherer, etwas langsamer zu spielen. Wir bewegen uns mit dem rascheren Tempo auf dünnem Eis, das fordert viel mehr Risiko. Einfach nur schneller zu spielen, macht allein jedoch keinen Sinn, wenn dadurch nicht der Charakter der Musik zur Geltung gebracht wird. Ich glaube, es war Nikolaus Harnoncourt, der die *Fünfte* als Revolutionssymphonie und als die politischste Symphonie Beethovens bezeichnete. Er zog die Parallele zu *Fidelio*, beschrieb die Entsprechung der beiden C-Dur-Finali, nur »Welch ein Augenblick« fehlt in der Symphonie. Auch der Übergang zum vierten Satz ist wie der Übergang vom Kerker zum Finale in *Fidelio*. Die Rebellion in c-moll und die Befreiung in C-Dur, das erzählt die Geschichte einer Vision, eines Strebens nach der Utopie.

So wie die Musik Wagners für die Qualität und Spielweise eines Opernorchesters existenziell ist, bedeutet die Musik Beethovens sowohl für Symphonieorchester als auch für Dirigenten die beste Schulung, denn sie beinhaltet alle Herausforderungen unserer Arbeit und gleichzeitig macht es Freude, diese Musik zu spielen. Sie motiviert! Wenn man als Dirigent oder als Orchester nicht regelmäßig oder genug Beethoven spielt, ist man für den Rest des Repertoires nicht gerüstet. Er zwingt einen, sich immer wieder mit den wesentlichen Fragen zu konfrontieren, und so sind und bleiben seine Symphonien das A und O der Gattung.

Deshalb machte ich auch mit dem Pariser Orchester den Beethoven-Zyklus, was eine enorme Herausforderung war, weil sie als Opernorchester die Symphonien nie gespielt hatten. Zu Beginn der Proben gab es zwangsläufig auch die etwas vereinfachende und polemische Grundsatzdiskussion der Musiker über den Stil: »Wie sollen wir das jetzt spielen, wie bei Karajan oder wie bei Harnoncourt?«, bis ich ihnen sagte: »Zunächst einmal versuchen wir, Beethoven zu spielen.«

Das Pariser Orchester spielte die Konzerte auf einem technisch hervorragenden Niveau, obwohl es nicht ihr »tägliches Brot« ist, aber eine kollektive Phrasierung von sich aus gab es nicht, sie spürten nicht zwangsläufig, wo eine Phrase hingeht, zumindest nicht auf Anhieb. Bei meinem ersten Beethoven-Zyklus mit den Wiener Symphonikern konnte ich dem Orchester sicher einiges vermitteln, aber ich spürte, dass dieses Orchester weiß, worum es in dieser Musik geht, kollektiv mit den Phrasen mitgeht, Erfahrung mit Beethoven hat und dazu noch einen speziellen Wienerischen Phrasierungssinn einbringt, lebendiger, erlebter und gespürter als anderswo. Das gilt ebenso für Bruckner, mit dem sich auch brillante ausländische Orchester öfters schwertun. Österreichische Orchester kennen die Art der Volks- und Kirchenmusik, von der Bruckner kommt, »singen« innerlich mehr mit. Bei Johann Strauß muss man österreichischen Orchestern schon gar nicht vermitteln, wie man einen Walzer spielt. Sie haben dieses Gefühl, es funktioniert fast von selbst! Dafür spielen Franzosen Debussy und Ravel ganz selbstverständlich – Musik hat einfach in erster Linie mit Sprache zu tun.

Ein wesentliches Element, nicht nur bei Beethoven, ist die Dynamik. Um ein extremes *Pianissimo* zu erreichen, muss man die Musiker, die meinen, dass es nicht mehr leiser ginge, weil sie es noch nie so leise gespielt haben, immer weiter an die Grenzen führen. Ich sage ihnen, dass ich dazu da bin, diese Grenzen auszutesten, sie ans absolute Limit zu bringen, denn Proben sind dazu da, dass man Risiken eingeht. Da macht es nichts, wenn Töne abbrechen oder die Intonation falsch ist. Wenn man das erst im Konzert riskiert, ist es zu spät. Auch gehe ich oft in Proben selbst in den Saal, um die Balance zu hören, und stelle oft fest, dass die Bläser viel zu laut sind, überzeuge sie davon, weniger Ton zu geben, und plötzlich klingt es gut, weil dann auch die Streicher automatisch leiser spielen. Jeder will sich selbst hören und klagt, dass er die anderen Instrumente nicht hört. Das ist der Klassiker bei jedem Orchester, davon darf man sich nicht beirren lassen.

Das verstörendste Werk Beethovens ist sicher die *Missa solemnis*, ein absolutes Spätwerk, um das Beethoven lange gerungen hat und das er für sein größtes Werk hielt. Zum Zeitpunkt der Komposition lebte er fast nur mehr in seiner Welt, und man merkt deutlich die Probleme, die er mit seiner fast vollständigen Ertaubung hatte. Dasselbe Phänomen findet sich auch in seinen späten Klaviersonaten, wo er – wie später Schostakowitsch – die rechte Hand ganz oben an der Klaviatur und die linke Hand ganz unten spielen lässt, wahrscheinlich weil er im Mittelfeld nichts mehr hörte. Aber wesentlicher ist, dass die *Missa* Beethoven ein tiefes inneres Anliegen war. »Von Herzen – möge es wieder zu Herzen gehen«, schrieb er eingangs. Er wollte eines der größten Sakralwerke schaffen und beschäftigte sich intensiv mit Kirchenmusik und Gregorianik. Für mich ist dieses Werk weniger religiös als zutiefst menschlich. Religion und Kirchenmusik sind meiner Meinung nach für den Komponisten nur die Basis, der Ausgangspunkt. Beethoven fand seinen eigenen Glauben: den Glauben an die Natur, an das

Schicksal, an den Menschen. Er fängt relativ klar und in der klassischen Kirchentradition mit dem *Kyrie* an, in dem die Demut sehr betont wird, und wird dann sehr schnell theatralisch, fast wie in einer Oper. Speziell im *Credo* komponiert er den Text, die Menschwerdung, die Kreuzigung sehr dramatisch aus und fragt sich vor allem, was dieser Text ihm selbst erzählt. Eine der größten Stellen ist »et homo factus est«, genau in der Mitte der ganzen Messe. Bei Beethoven heißt das nicht »Christus wurde zum Menschen«, sondern: der Mensch wurde geschaffen, der Mensch steht im Zentrum. Am Ende des *Credo* wiederum finden wir dann eine Fuge, wie sie Palestrina nicht besser hätte schreiben können, die aber in ihrer Schwierigkeit eigentlich nahezu unsingbar ist. Das Ende des *Gloria* hat dieselbe Intensität bis hin zur Hysterie wie der Schlusschor der *Neunten*. Beethoven ging es immer um den Inhalt. Er war einer der belesensten Komponisten seiner Zeit, wie wir angesichts seiner Bibliothek wissen, und wollte mit der Musik immer eine Botschaft vermitteln. Die *Missa Solemnis* ist gleichzeitig mit der neunten Symphonie entstanden, und man kann nicht sagen, das eine ist ein sakrales und das andere ein weltliches Werk. Diese Begriffe sind zu diesem Zeitpunkt für Beethoven nicht mehr zu trennen. Für ihn ist das kosmische Erleben, das Geistliche auch das Menschliche. Das Verstörendste in der *Missa solemnis* ist das *Agnus Dei* bzw. das *Dona nobis pacem*. Das ist nicht mehr nur das übliche »Gib uns Frieden«, sondern geht weit darüber hinaus, denn Beethoven hat die Napoleonischen Kriege erlebt, es sind unsichere Zeiten, es geht ihm um »inneren und äußeren« Frieden. Im Mittelteil erklingen Kriegsmusik, Militärkapellen, Trompeten und Pauken. Und am Ende ein wiegender Sechsachteltakt, fast wie in der *Pastorale*, wie eine Frage: Bekommen wir den Frieden? Was ist Friede? So affirmativ die Messe beginnt, so offen und fragend endet sie. Das ist verstörend, deswegen gibt es nach einer *Missa* keinen großen Jubel vom Publikum, was auch richtig ist. Ich erlebe Beethoven so, dass bei ihm Aufklärung und Religiosität kein Widerspruch sind, allerdings im Sinne eines panreligiösen Glaubens an Natur und Menschheit. Immer will er die Utopie, aber diese schließt zwangsläufig Realität aus. Das Finale der *Fünften* ist eindeutig: Wie lange wird die erlangte Freiheit halten? Wie oft er diese

Schlussakkorde wiederholt und sie bestätigt! Wieder und wieder; er will daran festhalten und wiederholt sie noch einmal und noch einmal, als ob er Angst hätte, dass die Freiheit nicht halten würde. Er spürte schon: Es geht nicht, es wird alles zusammenbrechen, diesem Frieden ist nicht zu trauen, wie uns auch die Geschichte immer wieder lehrt.

Das Romantische an Beethoven ist seine Subjektivität. Es geht ihm nicht um das objektive Zeigen und Beobachten, wie den Komponisten vor ihm, er will nicht nur eine Geschichte gut erzählen, sondern seine persönlichen Gefühle ausdrücken. Er will sich etwas von der Seele reden, etwas mitteilen, das in ihm ist und ihn nicht ruhen lässt. Das ist mit das Wesen der Romantik. Auch die Schilderung der Natur in seiner Musik ist nach seinen Worten »mehr Ausdruck der Empfindung als Mahlerey«, ein Zurück zum Eigentlichen, zu unserem Wesen. Ich sehe die *Pastorale* als Schwesternstück und Antithese zur fünften Symphonie, gleichzeitig entstanden, ebenso eng verbunden wie zum Beispiel *Heldenleben* und *Don Quixote* von Richard Strauss. Gegensätzlicher geht es nicht, und doch sind das für mich zwei Seiten derselben Medaille. Beide haben das Finale als inhaltlichen Zielpunkt. In der einen Symphonie ist es die politische Freiheit, in der anderen die Naturreligion, das Finden von sich selbst und eines Lebenssinns. Bei beiden geht der dritte Satz ohne Pause *attacca* in den letzten über, was es bis dahin nicht gab, beide erzählen eine Geschichte, beide sind in den ersten Sätzen sehr monothematisch gebaut, beide sind ganz unüblich in den ersten Sätzen im Zweivierteltakt geschrieben. Sie sind sich unglaublich ähnlich, und trotzdem im Gehalt so unterschiedlich: Eine ist in Moll, sehr männlich, dramatisch und bestimmt, und die andere ist in Dur, eher weiblich, fein und schwebend. Beide sind sehr repetitiv, es gibt immer nur dieselben Melodien, und auch die Orchestration ist in beiden Symphonien außergewöhnlich. In der *Fünften* kommen zum ersten Mal Piccoloflöte, Kontrafagott und Posaunen dazu, und die *Sechste* ist noch raffinierter: Pauke und Piccoloflöte spielen da zum Beispiel nur im Gewitter. Das alles verbindet diese beiden Stücke, sie weisen nur in verschiedene Richtungen.

In der *Sechsten* arbeitet Beethoven, wie später Schubert, mit immer wiederkehrenden Themen, die bei jeder Wiederholung in einer anderen Tonart, mit anderer Instrumentation und mit anderen Farben erklingen. In der *Pastorale* kreuzen sich Schubert und Beethoven am meisten, als Dirigent muss man versuchen, diese Farben deutlich herauszuholen.

Das »Erwachen heiterer Empfindungen bei der Ankunft auf dem Lande«, das über dem ersten Satz steht, kann ich sehr gut nachempfinden, denn ich habe einen starken Bezug zur Natur, bin fast auf dem Land, an der Stadtgrenze von Zürich, umgeben von Feldern und Wäldern, groß geworden. Die Natur ist ein sehr wichtiges Element in meinem Leben, das mir jetzt in den Großstädten sehr fehlt: die Ruhe, die Farben des Lichts, die wetterbedingten Himmelsstimmungen, die Gerüche und die frische Luft.

Vor allem die Stille, die ich immer wieder suche, finde ich in der Natur. Sie hilft mir auch, die innere Stille und Ruhe wiederzufinden, die im lauten Getriebe manchmal verloren zu gehen scheint. Schon Beethoven schrieb von der »süßen Stille des Waldes«. In meinem Urlaub verbringe ich so viel Zeit wie möglich in der kalifornischen Wüste; hier finde ich am besten zu mir selbst, wandere viel in den Nationalparks und in den Bergen. Das Licht, die Wärme und die ganz besondere Energie dieser Gegend tun mir gut. Das alles ist in jeder Beziehung weit weg von meinem Alltag.

Bruckner – Das innere Singen

Nach dem Beethoven-Schwerpunkt schien es mir wichtig, mit den Wiener Symphonikern zumindest einen Teil der Symphonien Anton Bruckners neu zu erarbeiten, einem der österreichischsten Komponisten überhaupt.

Meine eigene Annäherung an diesen Komponisten war ein steiniger Weg. Lange Zeit hatte ich zu seiner Musik, wenn ich sie im Konzert hörte, keinen Zugang. Ähnlich wie die Kritiker zu seinen

Lebzeiten fand ich die Musik zu massiv, zu undifferenziert, zu gewaltig. Ich habe zunächst die Architektur nicht verstanden, fand die Musik etwas frömmelnd und nicht besonders geschickt instrumentiert. Trotzdem haben mich natürlich gewisse Momente, wie der langsame Satz der *Siebenten* oder der letzte Satz der *Neunten,* schon immer beeindruckt. Als ich in Paris viel Wagner erarbeitete, schien es mir sinnvoll, auch mehr über Bruckner zu wissen, und so beschäftigte ich mich einen Urlaub lang mit seiner Musik, hörte mir viel an, ohne konkrete Absicht, die Werke auch zu dirigieren. Dann kam 2014 das Angebot von Alexander Pereira, mit den Wiener Philharmonikern bei den Salzburger Festspielen im Rahmen eines geplanten Bruckner-Zyklus die zweite Symphonie zu leiten. Er gab mir etwas Zeit für die Entscheidung, weil ich sehr unsicher war, obwohl mir diese Symphonie eigentlich spontan gut gefallen hatte. Dann saß ich lange über den Noten und willigte schließlich ein. In Paris änderte ich sogar ein Konzertprogramm, weil ich vor Salzburg die Symphonie einmal dirigiert haben wollte. Während der Pariser Proben überkamen mich dann aber immer wieder Zweifel, ob ich nicht einen großen Fehler mit meiner Zusage gemacht hätte. Auch spürte ich beim Orchester keine besonders große Liebe zu Bruckner. Doch am Tag des Konzertes spielte das Orchester wunderbar – und plötzlich war Bruckner da! Schon im ersten Satz schien alles klar und logisch, dann kam der langsame Satz, den ich immer geliebt hatte, und es fing an zu fließen. Ich hatte dabei bisher ungeahnte Empfindungen und plötzlich taten sich neue Räume und Dimensionen auf. Auch das Finale, das ich lange nicht verstanden hatte, spielten wir mit allen Ecken und Kanten. Es wurde ein Riesenerfolg. Dann kam Salzburg mit den Wiener Philharmonikern, die dieses Werk auch nicht sehr oft spielen, und es war ein ähnlich schönes Erlebnis, nicht zuletzt deshalb, weil dieses Orchester den Sinn für den Bruckner-Klang in sich trägt.

Um nun nach dieser Erfahrung mein Repertoire in Richtung Bruckner zu erweitern, spielte ich zwei Jahre später mit dem Gustav Mahler Jugendorchester neben der *Neunten* Mahler auch die *Neunte* Bruckner. Es war interessant, dieses Werk, das der Komponist in der letzten Phase seines Lebens geschrieben hatte, mit jungen Menschen zu erarbeiten. Detailarbeit bis ins Kleinste war notwendig. Eine der großen Bruckner-Symphonien zu erarbeiten, ist wie der Bau einer Kathedrale. Ein Stein muss auf dem anderen stehen, denn wenn einer wackelt, hat das ganze Gebäude keinen Halt. Wenn ein Takt immer wiederholt wird, ist das wie ein Stein, der neben den anderen gesetzt wird. Wir arbeiteten viel und konzentriert, dann kam das erste Konzert – und es ging irgendwie schief. Mit Mahler hatten wir einen großen Erfolg, aber Bruckner war, obwohl sehr gut gespielt, schwer, laut und kam nicht in Fluss. Das nächste Konzert war drei Wochen später bei den »Proms« in London. Bei der Anspielprobe sagte mir ein Freund: »Vergiss bitte nie das innere Singen bei dieser Musik«, und ich merkte: Man darf diese Musik nicht zu vertikal denken, sie braucht Linien. Dann probierte ich einiges aus und irgendwann ging mir ein Licht auf: Man darf Bruckner nicht wie Mahler dirigieren, denn Mahler will, ähnlich wie Beethoven, eine Welt darstellen. Das funktioniert bei Bruckner nicht, da wird die Musik stumpf und fällt in sich zusammen wie ein schlechtes Soufflé. Man muss führen, gestalten und dann aber auch zuhören, spielen lassen und wahrnehmen, vor allem nicht kontrollieren wollen – das macht Bruckner kaputt und banal. Man muss ihn entstehen lassen, versuchen, die Taktstriche aufzuheben, darf seine Zählmanie nicht ernst nehmen. Für ihn waren Taktzahlen wichtig, aber beim Dirigieren muss man das komplett vergessen, die Phrasen bis zum Ende denken, durchatmen und es geschehen lassen. Die Aufführung war dann auch ein viel befriedigenderes Ergebnis als beim ersten Mal.

Die nächste Etappe war ein Bruckner-Schwerpunkt mit den Wiener Symphonikern im Musikverein, im Rahmen dessen ich mich seinen späten Symphonien annähern wollte. Ich habe grundsätzlich einen guten Sinn für die Architektur eines Werkes, was bei Bruckner wichtig ist, denn man darf sich nicht im Detail verlieren. Seine Themen stehen nicht wie bei Beethoven im Dialog, sondern bei ihm geht es um Architektur, um Räume. Man geht von einem Raum in den nächsten, jeder Raum hat eine eigene Dimension. Das Motivische, das Melodische, das Rhythmische hat nicht die erste Priorität. Alles ist Mittel zum Zweck, um Räume zu schaffen. Auf die »Kittstellen« zwischen den Räumen, auf die Übergänge muss man sehr viel Sorgfalt und Aufmerksamkeit legen, dann landet man folgerichtig im nächsten Raum. Die unterschiedlichen Klangfarben bei seinen Themen ergeben sich nicht nur aus seinen Erfahrungen mit Orgelregistern, sondern sind Ausdruck seiner Architektur: Die Formblöcke sind deutlich voneinander abgehoben, unterschiedliche Räume haben eine unterschiedliche Atmosphäre, die durch Harmonie und Instrumentation erzeugt wird.

Die Zeitgenossen von Bruckner, inklusive des Musikkritikers Eduard Hanslick, verstanden seinen Formwillen, seine Architektur nicht und fanden ihn daher maßlos. Dieses auf den ersten Blick Überbordende irritierte auch mich zu Beginn. Der Anfang jeder Symphonie ist auch für jemanden ohne musikalische Vorbildung verständlich: meist Tremolo als Hintergrund für das erstes Thema, gefolgt vom lyrischen zweiten Thema, und meistens kommt dann noch ein einstimmiges drittes Thema. Doch dann beginnt man sich zu verlieren und erkennt erst wieder in der Reprise ein Thema wieder. Bei den Finali spielt Bruckner dann mit der Form, bricht sie, ist sogar radikal, wenngleich nicht so offensiv wie Beethoven oder später Bartók oder Janáček. (Ich finde übrigens sehr viel von Bruckner in den Opern von Janáček, der ohne Modulation von einer Stufe auf die nächste kommt und so mit Farben spielt.) Bruckner war nicht der Traditionalist, der er sich bemühte zu sein. Der berühmte Akkord mit sieben Tönen in der neunten Symphonie ist beispielsweise ein Dissonanzklang, wie er erst wieder beim späten Mahler auftaucht. Mit Brahms und Wagner hat das nichts mehr zu tun. Wenn man die Symphonie von diesem Akkord aus betrachtet, entdeckt man, wie viel Ungewohntes und wie viel Dissonantes bei Bruckner vorkommt, und zwar in so radikaler Form, dass Verleger und Dirigenten zu Bruckners Zeit das alles abänderten und glätteten.

Als Interpret muss man im Grunde die ganze Symphonie von Anfang an auf diesen Akkord vorbereiten und anlegen. In ihm kulminiert alles. Dieser Akkord sollte auch lange gehalten werden und die Stille danach möglichst noch länger. Gerade bei Bruckner sind die Pausen, die Stille zwischen den Klängen, ein wesentlicher Teil der Musik. Bei den Bruckner-Konzerten mit den Wiener Symphonikern war es mir wichtig, seine späten Symphonien mit zeitgenössischen Werken zu kombinieren, weil ich überzeugt bin, dass man Bruckner viel mehr aus späterer Perspektive und im Zusammenhang mit der musikalischen Zukunft sehen muss. Bruckner wird in den Konzertprogrammen zu oft mit Mozart, Haydn oder Schubert kombiniert, also mit der Vergangenheit. Ich kombinierte die siebente Symphonie mit *Stele* von György Kurtág, denn die *Siebente* ist die Trauersymphonie zum Tod von Wagner, der zweite Satz ist die Totenklage, die Bruckner in Vorahnung schrieb, und in dem er dann auch erstmals in einem Symphonieorchester vier Wagnertuben an der Stelle einsetzt, als ihn die tatsächliche Todesnachricht des über alles verehrten Komponisten erreichte. *Stele* bedeutet Grabsäule. Kurtág schrieb also ebenfalls eine Trauermusik, in der er gleich im ersten Satz – mit den vier Tuben – eine Hommage an Bruckner einfügte. Das war sozusagen eine »Grabkombination«. Die achte Symphonie von Bruckner kombinierte ich mit *Lontano* von György Ligeti, denn dieses Stück lebt von einer Mikropolyphonie, bei der jede Stimme einen anderen Ton spielt, sodass ein Klanggewebe entsteht, das sich nach oben und unten verschiebt, laut und leise wird, wobei sich jedes Mal wie ein Fächer ein neuer Klang aufbaut. Vieles davon ist bei Bruckner schon vorgezeichnet. Die ideale Kombination mit der neunten Symphonie war wegen der metaphysisch-religiösen Dimension das Stück *Konx-Om-Pax* von Giacinto Scelsi für Chor, Orchester und Orgel, das im Untertitel »Drei Erscheinungswesen des Klanges« heißt. Alle drei Wörter bedeuten in unterschiedlichen Religionen »Friede«. Ich würde die neunte Symphonie nicht gemeinsam mit dem *Te Deum* spielen, auch wenn Bruckner das auf seinem Sterbebett vorgeschlagen haben soll, weil ich der Meinung bin, dass diese Werke nichts miteinander zu tun haben. Auf der einen Seite das freudige und diesseitige Gotteslob, auf der anderen Seite ein Aufbruch in neue Gefilde. Auch die Tonarten der beiden Werke haben nichts miteinander zu tun.

Interessant und auch irritierend bei Bruckner ist seine Vermischung verschiedener Klangsprachen: Instrumentation und Harmonik sind hochmodellierte Spätwagnermusik, die Form ist klassisch und barock, viele Themen sind mittelalterliche Gregorianik, die Choräle sind nicht barock, sondern in Kirchentonarten geschrieben. Es hilft beim Verständnis, Bruckner mehr aus der mittelalterlichen Formensprache zu sehen und weniger in der spätromantischen zu wühlen, die nur ein Ausdrucksmittel ist, um die klare, archaische Tonsprache, die mittelalterlichen Formen sprechen zu lassen. Man tappt bei Bruckner sehr schnell in die »Wagner-Falle«, weil seine Klangwelt und Harmonik eben sehr von seinem Bayreuther Idol inspiriert sind. Wenn man ihn jedoch zu sehr wie Wagner dirigiert, gelingen zwar die »Wagner-Stellen« ganz gut, aber alles andere fällt irgendwie ab und man schafft es nicht, das Werk zu einer Einheit zu formen.

Eigentlich ist Bruckners Musik, mit Ausnahme der Messen, eher spirituell als religiös. Bernard Haitink sagte so schön, man solle den Beginn der siebenten Symphonie nicht so »heilig« dirigieren, oder: »Manchmal staune ich, wie viel Teufel in Bruckner steckt!« Die Brüche und *Fortissimo*-Wiederholungen in der *Achten* haben mit Religiosität nichts zu tun – das ist Weltuntergang. In seinen langsamen Sätzen kann man, wenn man will, in die Ewigkeit oder in das Licht Gottes schauen, da blickt Bruckner in eine andere Dimension, sieht eine andere Wahrheit, aber in den letzten Symphonien, vor allem in der *Achten,* steigert es sich so, dass man es fast nicht mehr aushält. Man kann die Ewigkeit nicht ansehen, das blendet und brennt, wie wenn man zu lange in die Sonne schaut. Ich habe großen Bezug zu Musik mit spirituellem Hintergrund, aber man darf Bruckner nicht frömmelnd dirigieren. Ich denke, der religiöse Hintergrund ist in den Symphonien nicht so wichtig, wie manche das gerne hätten.

Bruckner hat eine starke Verbindung zu Mozart, Beethoven, Schubert und zur österreichischen Kirchenmusik. In der siebenten Symphonie gibt es viele Anspielungen auf das *Mozart-Requiem*. Schon das erste Thema nimmt Bezug auf das »Tuba mirum« daraus. Seine neunte Symphonie hat eine direkte Verbindung zur *Neunten* von Beethoven: Beide sind in d-moll, der Aufbau ist der gleiche, am

Ende des ersten Satzes, kurz vor der Reprise, zitiert er eine Stelle aus der *Eroica*, manchmal folgt er buchstäblich und bis zum Rhythmus genau Beethoven. Allerdings nimmt er nur die äußere Schale von Beethoven, innerlich hat er nicht viel mit ihm zu tun. Er macht auch keine motivthematische Arbeit, bei der ein Thema mit einem anderen verknüpft und weiterentwickelt wird. Viele Phrasen kommen bei Bruckner aus der oberösterreichischen Volksmusik, so wie sie bei Janáček aus der mährischen stammen. Auch bei Janáček gibt es übrigens, wie bei Bruckner, viele Wiederholungen. Die Tschechen lieben Wiederholungen quasi als Bestätigung dessen, was gesagt wird – das kann man schon in der *Verkauften Braut* von Bedřich Smetana beobachten. Janáček lernte das nicht von Bruckner, sondern beide pflegen das Repetitive, das aus der Volksmusik und natürlich aus der Sprache stammt. Was die beiden Komponisten noch gemeinsam haben: Sie kommen nirgendwoher und führen auch nirgendwohin; sie stehen für sich und haben auf ihre eigene Art die Moderne irgendwie erfunden.

Das Schwierigste bei den Werken Bruckners ist – ebenso wie bei Beethoven – die Dynamik. Sie geht vom dreifachen *Pianissimo* bis zum dreifachen *Fortissimo.* Man muss in der Probenarbeit definieren, dass ein dreifaches *Fortissimo* zwar *so laut wie möglich* bedeutet, aber dennoch müssen noch zwei Zentimeter Luft nach oben sein, damit der Klang schön und rund ist, edel und erhaben. Es darf nicht dröhnen, muss aber wie eine große Orgel klingen. Besonders bei den Blechblasinstrumenten ist das eine große Herausforderung. Bruckner schreibt oft ein dreifaches *Fortissimo* für das ganze Orchester, also auch für das Blech. Bei der Orgel wäre diese Notation logisch, im Orchester müssen wir das allerdings ausbalancieren und dosieren. Wagner und Mahler wiederum, beide auch großartige Dirigenten, dosierten schon beim Komponieren: nur die Streicher im dreifachen *Fortissimo*, die Holzbläser und Hörner nur im zweifachen *Fortissimo*, Blech und Pauke nur *forte*, das reicht! Die intensive Arbeit mit dem Orchester bedeutet, die Abstufungen zu klären, auch im *Piano*-Bereich. Außerdem müssen die Risse und Abgründe zwischen den einzelnen Blöcken deutlich werden. *Legatissimo*-Phrasen über viele

Takte hinweg wechseln mit *Marcato*-Passagen, was man deutlich absetzen muss. Die Rhythmen müssen sehr präzise herausgearbeitet werden und dürfen nicht, wie es so oft geschieht, dem Klang geopfert werden, auch wenn es eine Stelle im *Pianissimo* ist. *Piano espressivo* gehört für jedes Orchester zum Schwersten. Entweder ist es leise, dann wird der Klang oft dünn und flach, oder es ist *Espressivo*, dann spielen plötzlich alle lauter. Die Kunst besteht darin, leise und mit viel Ausdruck und Intensität zu spielen. Das braucht viel Vorstellungskraft, Konzentration, Aufmerksamkeit und Sorgfalt. Sagt man dem Orchester: »Spielt runder, weicher«, geht die Artikulation verloren. Das alles ist wie Schlittschuhlaufen, man muss immer die Balance halten. Es ist schwierig, aber möglich!

Bezüglich der Tempi war Bruckner nicht so ein Pragmatiker oder Praktiker wie Mahler; es gibt bei ihm nur wenige Metronomangaben, die noch dazu nicht sehr zweckdienlich sind. Auch hier merkt man, dass Bruckner kein Dirigent war. Bei diesem Komponisten braucht man Zeit, denn man darf nicht vergessen, dass er immer die Orgel im Kopf hatte, und der Klang der Orgel braucht Raum. Das bedeutet, nicht getragen und heilig, manchmal kann man das Tempo auch anziehen, es ist also keine Frage der Langsamkeit, sondern vielmehr der Ruhe. Im dritten Satz der *Achten* heißt es »langsam, aber nicht schleppend«, wieder aber müssen Tempo und Charakter übereinstimmen. Viele Dirigenten »schleppen« in diesem fast dreißigminütigen Satz dennoch. Ich habe die Tendenz, im Tempo eher anzuziehen als zu schleppen, was manchmal Sinn macht, aber manchmal auch kontraproduktiv sein kann. Man muss damit umgehen lernen, dass die Musik bei Bruckner auch manchmal gleichsam auf der Stelle tritt. Mahler hätte sicher für uns alle »nicht eilend« hineingeschrieben, wohl wissend, dass wir alle eilen würden, weil er ein guter Dirigent war. Man muss das sehr relativiert sehen, aber es gibt ein Tempo, bei dem man sich wohlfühlt: der gute, natürliche Fluss.

Lautstärke hängt natürlich immer auch mit der Akustik und der Größe eines Saales zusammen. Ich empfinde es als großes Privileg, in Wien in zwei wunderbaren Konzertsälen regelmäßig arbeiten zu dürfen. Welche Stadt hat schon zwei so wunderbare und doch sehr unterschiedliche Säle zu bieten? Im Konzerthaus fühlte ich mich sehr schnell wohl, im Musikverein musste ich erst lernen, dass der leere Saal ganz anders klingt als der volle. Bei meinem Debüt dort mit dem Radio-Symphonieorchester Wien (RSO) war die Akustik bei der Generalprobe im leeren »Goldenen Saal« für einen jungen Dirigenten zunächst irritierend, weil alles voluminös und laut klingt und man sich auf der Bühne nicht gut hört. Mit der Erfahrung weiß man dann, dass am Abend alles ideal ist, weil die Akustik für den vollen Saal konzipiert ist. Spätestens seit dem Beethoven-Zyklus ist der Musikvereinssaal wegen der glänzenden Obertöne und Frequenzen einer meiner liebsten Säle überhaupt. Nicht nur der Saal, auch der Klang ist golden. Für große Besetzungen ist das Konzerthaus besser geeignet, weil der Saal größer ist, mehr Volumen hat, und die Bühne breiter ist. Der Musikvereinssaal hat einen größeren Nachhall, was von Mozart bis Brahms wunderbar ist, aber Mahler und Richard Strauss können in diesem Raum kompliziert werden. Dafür gehen vielleicht bei Schubert im Konzerthaus Details verloren, denn kleine Besetzungen sind sehr »basslastig«, die Kontrabässe »fressen« alles auf. Jeder der beiden Säle hat etwas Wunderbares, und die Wiener Symphoniker sind sehr verwöhnt, in solchen Sälen auch proben zu dürfen. In Paris war es umgekehrt, da probten wir immer in einem Probensaal. Als wir im Musikverein gastierten, wussten wir gar nicht, was für ein großartiges Orchester wir sein können!

Berlioz – Das Abenteuer

Die Erfahrungen, die ich in Paris mit Berlioz gemacht hatte, bewogen mich, auch mit den Wiener Symphonikern einen Programmschwerpunkt mit diesem Komponisten zu gestalten.

Berlioz schrieb seine inspiriertesten Werke in der Jugend: Die *Symphonie fantastique*, *La damnation de Faust*, *Les nuits d'été* –

allesamt große Würfe. *Les nuits d'été* ist der erste mir bekannte Liederzyklus für Gesang und Orchester, ursprünglich für Klavier und Singstimme geplant, später jedoch von Berlioz selbst instrumentiert. Diese Lieder sind vor allem durch ihre Intimität und die Reduktion auf das Wesentliche bemerkenswert.

Am Beginn steht eine fröhliche Villanelle, ein ländliches Lied an die Geliebte; der Frühling kommt, die Vögel singen, durch die ganz feine Begleitung entsteht der Eindruck, die Welt sei schön. Dann kommen Nächte der Trauer und die Klage um die verstorbene Geliebte. Berlioz fasst die Endgültigkeit des Abschieds in eine schön gesungene, schlichte Sprache, die er dann zwanzig Jahre später mit einer fein abschattierten, sehr ökonomischen Orchestration verstärkte. Am Ende des Zyklus stehen tiefe Trauer, aber auch Hoffnung und Akzeptanz. Hector Berlioz hat als erster Komponist die Instrumentation fast als das Wichtigste empfunden. Auch Mozart oder Beethoven instrumentierten großartig, aber Berlioz ging es in erster Linie um die Farben der Orchestration. Seine Musik hätte nicht diesen Stellenwert, wäre sie nicht so fantasievoll und behutsam orchestriert. Das war für mich auch der Weg, Berlioz zu verstehen. Berlioz war kein Meister der Melodie wie Mendelssohn, der zur selben Zeit lebte und komponierte. Bei diesem ist alles viel vollendeter, bei ihm sind Melodie, Orchestration, Harmonie und Kontrapunkt verflochten, aber Berlioz suchte nach neuen Instrumenten, schrieb seine berühmte Instrumentationslehre, die Richard Strauss später vervollständigte, und war ein Visionär wie Beethoven, Liszt, Wagner oder Schönberg. Wie diese suchte er nach neuen Formen, schuf eine »fantastische« Symphonie, szenische Oratorien (*La damnation de Faust*, *Romeo et Juliette*), ein lyrisches Monodrama mit einem Sprecher (*Lélio*) und den erwähnten Liederzyklus mit Orchester (*Les nuits d'été*). Diese Lieder sind sehr schwer zu singen, die Melodien reichen über alle Stimmregister hinweg. Man kann sich dabei nicht in den Ausdruck retten, sondern muss eine saubere Technik haben, eine ausgeglichene Stimme, damit Schlichtheit, Schönheit und Vollkommenheit zum Ausdruck kommen. Bei Verdi oder vor allem Wagner kann man technische Schwierigkeiten manchmal durch starken

Ausdruck kaschieren, bei Berlioz geht das nicht; da wird die Musik sofort billig. Selbst dramatische Theatralik muss gut geführt gesungen werden. Berlioz darf man nie im Klang aufblasen, dann missversteht man ihn. Es gibt Dirigenten, die seine Musik zu voluminös gestalten, die Instrumente waren aber zu seiner Zeit noch ganz anders, vor allem spielte man ein schlanker mensuriertes Blech, verwendete Darmsaiten bei den Streichinstrumenten und es war eine ganz andere Art zu spielen. Berlioz verwendet ein großes Instrumentarium, lässt es auch manchmal richtig krachen, wie auch Wagner oder Verdi, aber er ist ebenso ein Meister des Intimen.

Bei der Aufführung von *Les nuits d'été* im Wiener Konzerthaus hatten wir ein Problem. Thomas Hampson war schon während der Probe stimmlich angeschlagen, sagte aber, er wäre nur müde, weil er gerade aus Toronto gekommen sei. Bei der Generalprobe am nächsten Tag markierte er nur, meinte aber, am nächsten Tag für die Matinee gesund zu sein. Nach 25 Jahren Berufserfahrung war mir jedoch klar, dass es klüger sei, sicherheitshalber einen Ersatz zu suchen. Adrian Eröd, Ensemblemitglied der Wiener Staatsoper, hatte *Les nuits d'été* schon gesungen und war frei, was ein Glücksfall war. In der Früh stellte ich fest, dass keine Absage von Thomas Hampson gekommen war. Adrian erhielt Entwarnung. Eineinhalb Stunden vor dem Konzert kam aber schließlich Hampsons Absage und ich traf mich für eine halbe Stunde mit Adrian Eröd, um mit ihm alles durchzugehen. Ich bin in solchen Situationen erstaunlich ruhig; nervös bin ich eher, wenn alles zu glatt läuft, alles scheinbar gut geprobt ist, weil ich dann trotzdem immer doch noch hundert Details sehe, die noch nicht perfekt sind. Ich war froh, dass Adrian Eröd so kurzfristig übernehmen konnte. Das ist einer der Vorteile des Systems des Repertoiretheaters in Wien, dass die Ensemblemitglieder daran gewöhnt sind, unvorhergesehen auf die Bühne zu müssen. Auch ich kenne dieses System aus dem Stadttheaterbetrieb, weiß, dass man da vielleicht nicht immer große Kunst machen kann, aber intensiv und konzentriert interagieren wird. Wenn etwas passiert, wird es jeder im Publikum verzeihen, und das Orchester ist besonders achtsam – alle Augen und Ohren sind geöffnet. Adrian Eröd hatte gar keine Zeit, nervös zu sein, wollte mir aber erst nach dem Konzert sagen, wann er dieses Stück zum letzten Mal gesungen hatte – es waren sieben Jahre! Das Schöne war dann, dass wir wirklich Musik machten, zumal man in einer solchen Situation Dinge erlebt, die man so gar nicht proben kann, und das Orchester in höchster Konzentration darauf reagiert. Im dritten Lied, wenn der Mann, der seine Geliebte verloren hat, in der Lagune wegrudert, eine Stelle, die manchmal wegen der intensiven und schleppenden Trauer anstrengend sein kann, stimmte plötzlich alles, die Fragilität dieser Lieder, die Poesie und Lyrik von Berlioz übermittelten sich wunderbar. Viele überraschende Nuancen gelangen spontan, die wir möglicherweise so nie wieder erreichen werden. Die Wiederholung des Konzertes am nächsten Tag war dann auch nicht mehr von dieser einmaligen Spannung getragen.

Mit diesem Stück habe ich prinzipiell irgendwie kein Glück, denn als ich es zum ersten Mal in Paris machte, sang die wunderbare Waltraud Meier, war aber stimmlich so angeschlagen, dass ich die tiefen Stellen schneller dirigieren musste, weil keine Stimme mehr kam. Es hat mir für sie sehr leidgetan; in einer solchen Situation kann man einfach nur mehr helfen und retten, was zu retten ist. Konzentration hilft da über die Nervosität hinweg.

Wenn tatsächlich einmal ein Kapitalschmiss stattfindet, alle auseinander sind, was Gott sei Dank fast nur in Proben passiert, bin ich jemand, der sich selten aus der Ruhe bringen lässt, bleibe klar, und irgendwie finden alle wieder zusammen. Bei einer *Neunten* Beethoven zu Silvester passierte es, dass gleich die ersten Stellen der ersten Geigen nicht zusammen waren. Am liebsten hätte ich in diesem Moment aufgehört und nochmals begonnen. Ich dachte zunächst: »Kommt, Kinder, am Silvesterabend ist das eigentlich nicht so lustig. Jetzt schlage ich dieses Stück irgendwie durch, ich habe keine Lust mehr.« Etwas anderes sagte mir: »Nein, nein, vergiss es einfach. Es ist geschehen, mach jetzt weiter.« Und so wurde es mir dann auch gesagt: »Es war weiß Gott kein guter Beginn, aber danach wurde es doch noch ein stimmiges Konzert.«

In einer solchen Situation sollte man nicht versuchen, zu retten, sondern man muss Ruhe bewahren, alle sich wieder sammeln lassen und dann konzentriert weiter gestalten und hoffen, dass doch noch etwas Schönes daraus wird.

Im Rahmen des Berlioz-Schwerpunktes programmierten wir die *Symphonie fantastique* gemeinsam mit der Fortsetzung *Lélio*. Wie für viele Komponisten seiner Zeit war im Bereich der Symphonie Beethoven das große Vorbild für Berlioz, der vor allem – ebenso wie Beethoven – eine Botschaft vermitteln wollte. Der dritte Satz der *Symphonie fantastique*, mit dem Titel *Auf dem Lande*, ist in derselben Tonart wie der zweite Satz von Beethovens *Pastorale*, in F-Dur, der Bauerntonart. Wie in der *Pastorale* ist diese Naturschilderung der längste Satz, ein Kreisen und Wiegen in der Natur mit zwei Schalmeien, gespielt vom Englischhorn und dem Echo der Oboe, mit den Pauken beim Gewittergrollen und ein bisschen Vogelgesang der Flöte. Bei Beethoven werden Empfindungen evoziert, bei Berlioz jedoch wird zum ersten Mal etwas Konkretes erzählt. Es war Berlioz wichtig, die klassische Form zu sprengen und neue Formen zu erfinden. In dieser Hinsicht ist er absolut revolutionär. Die Einleitung zum letzten Satz, dem *Hexensabbat*, ist, was die Harmonik betrifft, ihrer Zeit weit voraus.

Berlioz ist in seinen Inhalten viel konkreter als Richard Strauss, der die literarische Vorlage nur als Sujet benützt und der Musik durch die Geschichte eine eigene Form gibt. Daher muss man als Dirigent bei Strauss den Inhalt nicht unbedingt wissen, denn die Musik spricht auch für sich selbst, bei Berlioz jedoch ist dieses Wissen essentiell. Deshalb kommt bei *Lélio* sogar ein Sprecher dazu, und man versteht plötzlich, dass sich alles, was im ersten Teil der *Symphonie fantastique* erzählt wird, sich nur im Inneren des Künstlers abspielt: Leidenschaften, Opiumrausch, Fantasie und Wahn. Dieser zweite Teil, *Lélio*, ist eine theatralische Komposition, die in den musikalischen Formen sehr heterogen ist und vom Klavierlied über Chorfantasien bis zum Melodram reicht. Daraus als Dirigent ein musikalisches Ganzes zu machen, bedeutet, dass man dem Werk zunächst vertrauen muss. Bei einer szenischen Aufführung sind, gemäß den Anweisungen des Komponisten, Chor und Orchester hinter einem Vorhang auf der Bühne, schon deshalb braucht man nicht nur besonders gute Sänger, sondern auch einen hervorragenden Sprecher, der diese Geschichte trägt. Der Musikverein war auch gut für die Lichtregie ausgerüstet, die ich mir ausgedacht hatte, mit totaler Dunkelheit im Saal, Spots auf Solisten und Ähnlichem, um theatralische Wirkungen auf dem Konzertpodium zu erzielen.

Klangrhetorik und Sprachklang waren Berlioz sehr wichtig; wenn ständig alles *forte* gebrüllt wird und das Orchester immer alles schön *legato* spielt, dann nivelliert man ihn. Berlioz muss eher transparent, irgendwo zwischen Gluck, Beethoven und Rossini, gespielt werden. Es ist wichtig, sich daran zu erinnern, woher seine Musik kommt. Wenn man Berlioz mit heutigen Instrumenten spielt, ohne sein Klangbild im Ohr zu haben, verrät man ihn im Grunde.

Die Botschaft von *Lélio* ist, wie in *Hoffmanns Erzählungen,* die Sublimierung in der Kunst. Der Künstler kommt aus dem Leiden zu neuer Kraft und verwandelt dieses Leiden in ein Kunstwerk. Jeder von uns nimmt persönliche Erfahrungen in den Beruf mit, die Lebenserfahrung beeinflusst immer die musikalische Empfindung. Wenn ich jetzt wieder *Tristan* dirigiere oder Brahms oder Bruckner, entdecke ich so viel Neues, kann aber die Gründe dafür nicht immer konkret benennen. Es sind Momente des Staunens – sei es in einer Probe oder in einem Konzert – darüber, dass man plötzlich meint, die gleichen Emotionen wie der Komponist zu empfinden. Beim Tod meines Vaters empfand ich die Endgültigkeit sehr stark. Wenn man von jemandem verlassen wird, dann ist das sehr schmerzhaft, aber man kämpft und hofft. Beim Tod eines Menschen aber weiß man, dass es endgültig zu Ende ist. Früher hätte ich *Lagunen,* das dritte Lied aus den *Nuits d'été,* als schwer, traurig und bedeutend empfunden. Aber im ersten Konzert mit Adrian Eröd hatte ich dieses Gefühl der Endgültigkeit. Die Stelle, als der Dichter immer weiter aufs Meer hinausfährt, war nicht mehr nur schwer und lastend, sondern einfach endgültig. Das sind Dinge, die ich fünf Jahre zuvor so nicht hätte empfinden können.

Noch extremer als die szenische Mischform *Lélio* ist *Damnation de Faust,* ein Werk, das sich eine dramatische Legende nennt, aber für mich eine »szenische Symphonie« in vier Sätzen ist. In diesen erzählt

Berlioz als durchgehende Geschichte Elemente aus dem ersten Teil von Goethes *Faust*. Dazu kommen die wirklich gut geschriebenen Ballettmusiken, die bei einer konzertanten Aufführung zu Tableaus werden, die erzählenden Charakter haben. Die Uraufführung in konzertanter Form 1846 an der Opéra comique war ein Misserfolg. Heute wird das Werk meist szenisch aufgeführt, aber ich denke, es ist eigentlich nicht inszenierbar. Je öfter ich es dirigiere, desto weniger macht es für mich Sinn, das Werk szenisch aufzuführen. Es ist eher eine »szenische Symphonie«, die sich vor allem vor dem inneren Auge des Zuhörers abspielen sollte.

Spannend beim Wiener Berlioz-Schwerpunkt war für mich das Requiem, die *Grande Messe des Morts*. Berlioz wollte das größte je komponierte Werk schaffen und schrieb einen riesigen Orchesterapparat mit allein 108 Streichern, vier Fernorchestern und einem Chor mit 210 Mitwirkenden vor. Aber genauso wie Mahlers achte Symphonie nicht unbedingt 1000 Mitwirkende braucht, kann man auch bei Berlioz, je nach Saalgröße, entsprechend reduzieren. Es geht vor allem darum, die Botschaft – im Sinne Beethovens – mit vielen Menschen zu teilen und erlebbar zu machen. Geschrieben wurde das Requiem für den Invalidendom, die Fernorchester wurden in den Emporen platziert, so kam der Klang, wie im Barock, von mehreren Seiten, aus einer anderen Raumakustik. Man muss sich bei jeder Besetzung immer an den räumlichen Gegebenheiten des Aufführungsortes orientieren. Im Wiener Musikvereinssaal geht es nicht um Masse, für zwei notierte Flötenstimmen braucht man hier nicht acht Flöten, vier sind ausreichend! Wobei die große Besetzung bei Berlioz nicht allein ausschlaggebend für die Lautstärke ist, vielmehr für spannende Klangmischungen. Es gibt in diesem Stück nur drei wirklich laute Stellen, das *Tuba mirum*, das *Rex tremendae* und das *Lacrimosa*. Der Rest ist eher still und intim. Auch die Akkorde der Pauken, von denen es acht Paare gibt, werden oft nur *piano* oder *pianissimo* gespielt. Meine Lieblingsstellen sind das *Hostias* und das *Agnus Dei*. Berlioz kombiniert einen Akkord von drei hohen Flöten mit einer tiefen Bassnote der Posaunen des Fernorchesters. Unser Soloposaunist sagte: »Das klingt ja wie in Tibet.« *La Grande Messe des*

Morts ist das erste wirklich große Requiem. Viele danach entstandenen sind davon geprägt. Beim *Verdi-Requiem* sind die Ähnlichkeiten geradezu erschreckend: die Tonarten, der Einsatz von Ferntrompeten an derselben Stelle und vieles mehr.

Bei einem so heterogenen Werk wie dem von Berlioz war es durchaus möglich und sogar wünschenswert, dass ich nicht den ganzen Zyklus selbst dirigierte. Ich achtete bei der Wahl der Gastdirigenten wie Francois-Xavier Roth und Bertrand de Billy darauf, dass sie ein ähnliches Klangverständnis wie ich haben, und es war gut für das Orchester, Berlioz von verschiedenen Ansätzen her kennenzulernen.

In meiner Generation ist es möglich geworden, sich unter Dirigenten direkt auszutauschen. Sogar Schwierigkeiten oder Probleme mit einem Stück, mit Orchestern oder Sängern kann man untereinander besprechen. Das wäre früher nicht so einfach möglich gewesen, aber heute ist das ganz natürlich und selbstverständlich, was ich sehr erfrischend und bereichernd finde.

Brahms – Es gibt kein Zurück mehr

Irgendwie klingt Brahms immer gut, aber darum geht es nicht, sondern um die Frage, was er uns zu sagen hat. Dieser Frage stellten wir uns mit den Symphonikern, die viel Erfahrung mit diesem Komponisten haben, in meiner letzten Saison 2019/20. Wir spielten die vier Symphonien als Zyklus in Wien, Bregenz, auf Tournee und für CD-Aufnahmen.

Als Jugendlicher konnte ich trotz einigen Bemühens mit der symphonischen Musik von Johannes Brahms nicht viel anfangen. Meine Liebe gehörte eher Schumann, seinem Sturm und Drang, seinem Überschwang und seiner Sensibilität. Mein Zugang zu Brahms erfolgte dann über seine kammermusikalischen Werke. Als ich zufällig auf eine Gesamtaufnahme seiner Kammermusik stieß und auch während des Studiums erstmals seine Klavierquartette hörte, verliebte ich mich zunächst in den intimen Brahms. Selten höre ich heute zu Hause Musik, aber wenn, ist es – außer Bach – Kammermusik von Brahms. Zu seinen Symphonien hatte ich damals aber immer noch keinen Zugang.

Als eines Tages der Generalmusikdirektor von Halle an der Saale anrief und mir ein Programm mit Mozart, Berg und der dritten Symphonie von Brahms anbot, dachte ich, das sei vielleicht eine gute Möglichkeit, diesen Komponisten einmal symphonisch »auszuprobieren«. Als ich Barenboim davon erzählte, lachte er: »Ach, du fängst mit der Schwersten an!« Das Konzert war dann vielleicht auch ganz nett, aber sicher nicht mehr. Doch dann stieß ich auf die Aufnahmen der vier Brahms-Symphonien, die Nikolaus Harnoncourt mit den Berliner Philharmonikern gemacht hatte, und dachte: Genau so wollte ich das immer hören, ohne Wagner-Klang, eher von Beethoven her kommend, klassisch, klar und empfindsam.

Ich entwickelte in der Folge mein Klangbild für seine Symphonien aus Beethovens, Schumanns und Mendelssohns Klangverständnis, das Brahms fortgeführt und erweitert hat.

Bei aller Dramatik und Intensität in den Symphonien ging es mir darum, mit den Wiener Symphonikern ein schlankeres, sensibles und intimes Klangbild zu finden. Das gelingt, wenn man Brahms' Symphonien aus seiner Kammermusik ableitet. Wenn man beobachtet, wie er in seinen Klavierquartetten und im Klavierquintett mit dem Streichersatz umgeht und dies in den Symphonien beinahe 1:1 auf das Orchester überträgt, versteht man diesen Komponisten ganz anders. Brahms war ein Meister der feinen und sensiblen Töne. Bei aller Größe, die er in den Symphonien in einem allgemein gültigen Anspruch für die Menschheit im Sinne von Beethoven transzendiert, komponiert er aber doch immer aus der Stille heraus. Er ist in sich gegangen, hat in sich hineingehorcht. Es ist wichtig, diese Intimität zu erfassen, bevor man die Musik nach außen trägt. Brahms bringt etwas sehr Persönliches in die Symphonik ein. Er spricht zwar auch wie Beethoven an die Menschheit, aber er will nicht die Welt und »alle Brüder« umarmen, bei ihm geht es eher um eine Innenschau. Seine Aussage scheint mir die Aufforderung zu sein: Besinnt euch auf euer Innerstes.

Weil sich die Brahms-Symphonien, die zum Kernrepertoire jedes Orchesters gehören, auf den ersten Blick wie von alleine spielen, entstanden viele Klischees und Traditionen, die nicht mehr hinterfragt werden. Zum Beispiel gewisse Tempi oder der oberflächliche Umgang mit den dynamischen Angaben.

Brahms schreibt selten *fortissimo* und ich weiß nicht, warum trotzdem alle immer *fortissimo* spielen. Auch der Beginn der ersten Symphonie ist nur *forte*, wodurch eine ganz andere Intensität und Intimität entstehen, als wenn alle gleich »loslegen«. Ich begann mir vorzustellen, wie die Symphonien als Klavierquintett klingen würden – natürlich vervielfacht im Instrumentarium –, und plötzlich machte alles Sinn. In Graz dirigierte ich dann erstmals die erste Symphonie und später auch bei meinem Debüt mit den Wiener Symphonikern. Da verstand ich, wie Brahms klingen kann, wenn er von einem Wiener Orchester gespielt wird, denn ich kannte ihn nur mit dem dunklen, schweren und breiten Spiel der meisten deutschen Orchester. Das obertonreiche, zarte und süßliche Spiel der Streicher und die Feinheit der Bläser bei den Symphonikern waren maßgeblich daran beteiligt, dass wir uns sofort fanden. Die Kombination der angestrebten Transparenz mit der Klangqualität eines Wiener Orchesters, dessen Klang Brahms im Ohr hatte, als er seine Symphonien schrieb, war ideal. Seitdem gibt es kein Zurück mehr.

In der Aufführungspraxis gibt es allerdings Traditionen, die man in Frage stellen muss: Ich denke da zum Beispiel in der ersten Symphonie an einen Bläser-Choral, in dem zum ersten Mal die Posaunen dazukommen, der am Ende noch einmal kommt, diesmal allerdings vom ganzen Orchester gespielt. Die meisten spielen ihn dann doppelt so langsam, ich spiele ihn aber im selben Tempo, denn Brahms hat nichts von halbem Tempo vorgeschrieben. In der ersten Probe entstand natürlich Chaos, aber dann war alles klar und einzelne Musiker bedankten sich sogar, weil sie es immer schon einmal so spielen wollten. Manche Dinge bürgern sich irgendwann ein, und keiner hinterfragt sie mehr. Auch am Ende der *Rheinischen Symphonie* von

Schumann gibt es eine Stelle, die alle doppelt so langsam nehmen, weil Mahler sie in seiner ersten Symphonie zitierte und dazuschrieb: »Deutlich breiter.« Alle finden das großartig, ich ebenfalls, aber es ist nicht der Geist Schumanns. Lasst uns einfach probieren, das zu spielen, was in den Noten steht, auch wenn es etwas anderes erzählt als das, was wir gewohnt sind!

Das Wort *poco* kommt in den Noten von Brahms' Symphonien sehr oft vor, ebenso *dolce* und die Bezeichnung *mezza voce*, mit »halber Stimme«. All diese Angaben spiegeln die Zwischentöne in Brahms' Musik wider. Doch kaum jemand beachtet sie. Es gibt meist nur die Unterscheidung in laute und leise Töne. Aber auch berühmte Themen wie die walzerhafte Kantilene im dritten Satz der dritten Symphonie sind im Bereich der Zwischentöne angesiedelt, die Violoncelli haben ein *mezza voce* vorgeschrieben. Aber ich habe das fast immer nur im *Forte* gehört. Dieser Tanz in der dritten Symphonie ist einer jener in Wehmut schwingenden Sätze bei Brahms, die nur in der musikalischen Atmosphäre von Wien entstehen konnten. Diese Walzerseligkeit des Komponisten der *Liebesliederwalzer* und Verehrers von Johann Strauß' Musik klingt auch in den Symphonien heraus, so etwa neben dem moll-Notturno in der dritten, wie auch im Seitenthema des Kopfsatzes der zweiten Symphonie.

Die Zwischentöne machen die Ambivalenz von Brahms' Symphonien aus. Ihre Stimmungen sind nur selten eindeutig. Die zweite Symphonie wurde nach der Uraufführung als heitere Natursymphonie charakterisiert, und man bezeichnete sie als Brahms' *»Pastorale«*. Doch Brahms selbst meinte seinem Verleger gegenüber etwas provokativ, die Symphonie sei so melancholisch, dass man es nicht aushalte. Sicher war das eine krasse Übertreibung, aber die Symphonie enthält durchaus auch weniger beschauliche Passagen. Gleich im ersten Satz, wenn der Choral ertönt, ist das wie eine Wolke, die über die Sonne zieht. Das kennen wir doch alle: Selbst in glücklichsten Momenten hat man melancholische Anwandlungen – oder man ist nicht gut gestimmt und plötzlich lacht man doch. So ist das Leben. Brahms hat die menschliche Seele sehr gut verstanden. Das Finale wiederum ist dann der freudigste, sprühendste und hellste Satz überhaupt, den Brahms komponiert hat. Ein Triumph, aber keine »*Pastorale*«.

Auch die erste Symphonie, mit der Brahms aus dem Schatten Beethovens tritt, endet triumphal, hat aber am Ende einen harten Lebenskampf mit allem Auf und Ab hinter sich. Nach dem ersten Satz, in dem sich Brahms an der ebenfalls in der Grundtonart c-moll komponierten fünften Symphonie Beethovens »abarbeitet«, wechselt er dann im zweiten Satz in leuchtendes E-Dur. In der Musik selbst ist der langsame Satz aber schon ureigener, romantisch-verklärter Brahms, bis hin zu einem Violinsolo, das es in keiner Beethoven-Symphonie gibt. Mit der neuen Form eines Intermezzos, anstelle des Scherzos, verlässt Brahms die Beethoven-Sphäre, ehe dann der Alphornruf zum Durchbruch im groß angelegten letzten Satz führt, der das Werk zu einer »Finalsymphonie« in der Nachfolge von Beethovens fünfter oder neunter Symphonie macht.

Die Einschätzung von Hans Richter, dem Uraufführungsdirigenten, dass die dritte Symphonie Brahms' »*Eroica*« sei, kann ich überhaupt nicht teilen. Ich sehe da viel mehr eine Ähnlichkeit mit einer anderen Es-Dur-Symphonie, nämlich der dritten, *Rheinischen* Symphonie von Schumann: Der Rhythmus der beiden Hauptthemen in den ersten Sätzen ist ganz ähnlich. Besonders spannend an der dritten Symphonie sind die motivischen und harmonischen Verflechtungen. Im eröffnenden Motiv mit den Tönen f – as – f drückt nach dem ersten strahlenden F-Dur schon der zweite Akkord, ein verminderter Septakkord, einen Schmerz aus. Das F-Dur wird sofort eingetrübt und man spürt auch f-moll darin.

Das Finale ist dann überhaupt eine Abhandlung in f-moll, der finsterste Symphoniesatz, den Brahms geschrieben hat, allerdings mit offenem Ausgang im *Piano*, der in die Transzendenz weist. Die dritte Symphonie zeigt am deutlichsten den persönlichen Zwiespalt von Brahms; seinen Lebenskampf nach dem Motto: frei, aber einsam. Das Ende der Symphonie hat aber auch etwas Optimistisches, ganz nach ihrem eigenen Motto f – as – f: frei, aber froh!

Die vierte Symphonie ist trotz aller Lyrik die dramatischste. Sie hat unglaublich viel Passion. Es kommen hier so viele Elemente zusammen: eine romantische Symphonie nach klassischem Vorbild mit barocken Formen und progressiven Faktoren. Der barocke Umgang mit der Form und der Einsatz der Register des Orchesters klingen für mich, als ob Brahms die Symphonie auf einer Orgel spielen würde. Doch schon das Eingangsthema führt auch in die Zukunft, in die »Zweite Wiener Schule«. Die in Terzen abwärts führenden Töne h – g – e – c – a – fis – dis – h ergeben eigentlich eine erste Reihe, wenn man so will. Wie Brahms dann mit diesem Material umgeht, hat später bekanntlich einen enormen Einfluss auf Schönberg gehabt.

Es ist für mich ganz offensichtlich, dass der dritte Satz der vierten Symphonie, das *Allegro giocoso* in C-Dur, eine Antwort auf das Vorspiel zu *den Meistersingern von Nürnberg* ist. Diese freudige, sprechende und kontrapunktische Musik verwendet auch Wagner in den *Meistersingern*, wo er vom Musikdrama weggeht und einen deutschen Klang im besten Sinn der »Leipziger Schule« schafft. Ich bin überzeugt, dass sich Brahms und Wagner, so unterschiedlich sie waren und so sehr sich ihre Schulen auch bekämpft haben, gegenseitig doch irgendwie auch geschätzt haben. Brahms besaß bekanntlich die Erstausgabe der *Meistersinger*-Partitur, die er zum großen Ärger von Eduard Hanslick sehr gemocht hat, und Wagner ist zumindest einmal, in Bezug auf die formale Bewältigung der Haydn-Variationen, über Brahms ein Lob entglitten.

Nach dem Ausbruch der Lebensfreude im dritten Satz der *Vierten* stellt die *Passacaglia* im Finalsatz, die auf dem *Ostinato*-Thema aus der Bach-Kantate »Nach Dir, Herr, verlanget mich« aufbaut, mit ihrem Charakter des unentwegt Fortschreitenden, offenbar die Unendlichkeit des Todes gegenüber der Vergänglichkeit des Lebens dar. Blechblasinstrumente, die in den vorangehenden Sätzen der Symphonie nicht zum Einsatz kamen, exponieren das sakralmusikalische Thema: die Posaunen, die schon seit dem 17. Jahrhundert und später etwa auch in der Salzburger Kirchenmusikpraxis der Mozart-Zeit ein besonderes Klangsymbol religiöser Musik waren. Das *Passacaglia*-Thema erlebt 30 Variationen, Brahms gelangt darin zu einer Fülle von Metamorphosen der Thematik und der Stimmung.

Das auch an Kompositionsweisen Bachs orientierte Flötensolo im ruhigen, von zwei heftigen und orchestral dichten Eckteilen umschlossenen Mittelteil zählt für mich zum Bewegendsten, was es gibt. Die Einsamkeit dieser Flöte ist eine persönliche Offenbarung, wie einsam der Mensch Brahms war, ähnlich wie das Hornsolo im dritten Satz der dritten Symphonie. Das ist pure Einsamkeit, aber auch eine unglaubliche Schönheit. Einsamkeit ist ja nicht nur etwas Schreckliches, sondern es ist auch Rückzug und Besinnung auf das Wesentliche. Zu sich kommen. Das sollten wir in unseren Tagen wieder mehr tun, die wir immer nur »im Außen« sind. Die *Passacaglia* (von spanisch *passa calle*, »über die Straße gehen«) als Gang zu sich selbst.

Der Bregenzer Brahms-Zyklus wurde auf einer Online-Plattform übertragen, aber ich bin bezüglich der dauernden Verfügbarkeit von Musik sehr zwiegespalten. Die Berliner Philharmoniker haben mit ihrer »Digital Concert Hall« begonnen, wobei es zunächst einmal wunderbar ist, dass man als Konsument an Veranstaltungen teilhaben kann, auch wenn man selbst nicht das Konzert besuchen kann. Für die Symphoniker ist es gut, mehr internationale Aufmerksamkeit zu bekommen, und alle spielen mit größerer Konzentration, wenn Mikrophone dabei sind. Andererseits erhöht es den Stressfaktor und man kann nichts Neues ausprobieren. Dabei geht es nicht um Risiko, sondern um Flexibilität, Offenheit und Entspanntheit beim Musizieren. Diese angestrebte Flexibilität erreicht man oft am besten auf einer Tournee. Man kennt sich gut und kann Vieles ausprobieren, deshalb liebe ich Tourneen und lange Serien von Opernaufführungen. Wenn man allerdings täglich dieselbe Symphonie spielt, schleicht sich irgendwann auch ungute Routine ein. Wenn nicht bei mir, dann beim Orchester, und man steckt sich gegenseitig an. Bei einer Tournee hatten wir eine große Diskussion, weil alle Veranstalter nur die erste Symphonie von Brahms haben wollten. Ich sagte, dass ich nicht jeden Abend dieselbe Symphonie abliefern wolle, zumal ich dabei nicht immer die gleiche Qualität bieten könne. Der positive Teil von Routine ist, dass man sich auf vieles verlassen kann, viel Wissen sammelt, um ein gutes Konzert zu gestalten und effektiv zu proben. Der negative oder gefährliche Aspekt der Routine ist, dass man sich zu sehr auf die Erfahrung verlässt. Man muss jeden Abend fähig sein, das Stück neu zu erschaffen, während man es spielt und dirigiert, und es so zu erfahren, als ob man es noch nie gehört hätte. Man muss antizipieren und aufbauen, man muss ein Wissen haben, aber trotzdem frisch sein und neugierig bleiben. Wenn man keine Lust hat, aber konzentriert ist und sich bemüht, kann der Abend immer noch gut sein, aber je öfter man das macht, desto schneller wird es leere Routine. Irgendwann kann der gefährliche Moment in einer Karriere kommen, an dem dann nichts mehr kommt. Zuerst lässt die Kraft nach, dann rettet man sich in die geistlose Routine, bis schließlich die Kreativität endet. Ich habe das bei Kollegen beobachten müssen und kenne die Gefahr sehr gut – dagegen helfen nur Lust, Neugier und immer neue Offenheit. Der Ausspruch »Kennen wir ohnehin, brauchen wir nicht proben« ist das Ende jeder Kunst!

Übertragungen im Internet oder eine CD-Produktion – das alles war wichtig im Zusammenhang mit unserem Brahms-Zyklus, aber das Live-Erlebnis ist trotzdem durch nichts zu ersetzen. Nicht nur wegen des Klanges, auch wegen der Stille, der gesammelten Aufmerksamkeit eines Publikums. Für mich beginnt die Musik schon mit der Stille davor und endet erst mit der Stille vor dem Applaus. Diese konzentrierten Augenblicke sind ein wesentlicher Teil der Musik. Ein Erlebnis in einem Konzertsaal ist mit dem Kino vergleichbar. Ein Film ist im Kino einfach ein unvergleichlich anderes Erlebnis, als wenn man ihn zu Hause im Fernsehen anschaut. Ich denke, die Menschen kommen nicht nur wegen des Kunstwerks, sondern – bewusst oder unbewusst – auch wegen dieses Gemeinschaftserlebnisses, dieser anderen Dimension. Musik mit vielen zu teilen, das gemeinsame Erleben, ist der Sinn von Musik. Deshalb bin ich, anders als viele meiner Kollegen, auch nicht gegen Freiluftkonzerte, denn hier geht es für das Publikum nicht nur um die Qualität auf der Bühne, sondern besonders auch um das kollektive Erlebnis. Sapporo-Festival, die *Neunte* Beethoven auf dem Heldenplatz in

Wien, »Oper für alle« in München – bei all diesen Veranstaltungen war immer eine besondere Atmosphäre, da mache ich auch gerne einmal akustische Abstriche.

Schumann – Zwei Seelen in einer Brust

In der Saison 2017/18 war die wunderbare deutsche Geigerin Julia Fischer »Artist in Residence« bei den Wiener Symphonikern. Sie spielte mehrere Violinkonzerte und trat im Rahmen eines Kammermusikabends auch als Pianistin in Erscheinung. In besonderer Erinnerung blieb mir das Schumann-Violinkonzert, das manche Interpreten als problematisch bezeichnen. Ich bin sicher, dass Schumann an diesem Werk weitergearbeitet hätte, wenn sein Gesundheitszustand es zugelassen hätte und er nicht ins Sanatorium eingeliefert worden wäre. Die schleichende Geisteskrankheit ist aus dem Werk schon zu lesen: ein sehr komplexer Gehalt, aber nicht klar strukturiert, viele Ideen, jedoch total ungeordnet. Das Unfertige merkt man auch an der Instrumentierung; hier gilt es, ein wenig nachzuhelfen, aber das ist auch bei anderen Komponisten hier und da notwendig. Viele Geiger mögen dieses Konzert nicht, weil es angeblich »ungeigerisch« ist, denn es ist in einer relativ tiefen Tonlage angesiedelt. Eine Geige strahlt eigentlich erst ab der zweiten Oktave aufwärts, auf der A- und E-Saite. Julia Fischer versuchte teilweise einen Celloton zu erzeugen, was absolut Sinn machte, denn Cellisten lieben Schumann, auch in der Kammermusik, wie ich aus eigener Erfahrung weiß. Die große Herausforderung für den Solisten oder die Solistin liegt vor allem darin, sich hörbar zu machen und sich aus dem Orchestersatz abzusetzen. Manche Stellen, die dafür einfach zu tief liegen, spielte Julia Fischer eine Oktave höher. Für das Orchester besteht die Herausforderung darin, die Dynamik fein abzuschattieren, denn das Konzert ist in Teilen »dick« und dumpf instrumentiert, eben noch unfertig, und man muss den Satz »ausdünnen«. Ich sagte bei den Proben, dass man Schumann nicht wie den spätromantischen Brahms, sondern im Geiste Mendelssohns spielen müsse, durchsichtig und schlank, die langen Töne abphrasieren und ausschwingen lassen müsse und die Bläser und Pauken nur *forte* und nicht *fortissimo* spielen dürften. Damit die ersten Geigen hörbarer werden, nahm ich bei den anderen Streichern jeweils ein Pult weg. Ich mag dieses Werk trotz seiner Problematik und lasse auch das Argument nicht gelten, dass Schumann schlecht instrumentiere. Er instrumentiert ungewohnt, aber nicht schlecht. Mein Vater sagte immer, wenn jemand ein Klavierkonzert so toll orchestriert wie Schumann kann er nicht so schlecht instrumentieren. Man darf auch hier wiederum nicht vergessen, dass zu Schumanns Zeiten andere Instrumente verwendet wurden und bei Darmsaiten und Naturtrompeten stimmt das Klangverhältnis viel besser. Das Problem kennen wir auch bei Beethoven, bis später dann die Instrumente weiterentwickelt und den größeren Aufführungsräumen angepasst wurden. Ich bin sicher, dass die Menschen zu Mozarts Zeiten auch ganz anders gesungen haben, zwar mit Virtuosität, aber nicht in dieser Lautstärke und Dimension, wie es heute für große Säle und große Orchester notwendig geworden ist. Eine »geläufige Gurgel«, wie Mozart sagte, musste man allerdings trotzdem haben.

Beim Schumann-Violinkonzert halte ich den zweiten, nicht besonders langen, aber sehr poetischen und atmosphärischen Satz für das Zentrum des Werkes. Der letzte Satz ist kein brillantes, virtuoses Finale, sondern ein Kehraus im Dreivierteltakt und hat etwas von einer Polonaise. Die angegebene Metronomzahl ist 63, aber nur Gidon Kremer spielte es wirklich so langsam; ich bin bei 96, andere spielen es noch schneller, was aber sicher übertrieben ist. Schumann konnte sein Werk ja nicht mehr bearbeiten oder ausprobieren, deshalb ist die Metronomzahl nicht unbedingt sehr aussagekräftig; jedenfalls muss der Satz aber etwas Tänzerisches haben.

Schumann ist für mich einer der größten klassischen Komponisten und es ist mir rätselhaft, warum er nicht von allen gleichermaßen geliebt wird, denn ähnlich wie Mozart versteht man ihn schnell. Seine berühmten *Kinderszenen* sind signifikant für seinen ganzen

Stil: kleine Formen und das Liedhafte, das immer mit einer poetischen Idee verbunden ist. Auch seine großen Werke entstehen aus dieser kleinen Form. Vielleicht ist er ja wirklich, ähnlich wie Mozart, in der Interpretation »zu leicht für Kinder und zu schwer für Erwachsene«, wie alle Musiker wissen. Als Kind konnte ich mich sehr schnell mit seiner Klaviermusik identifizieren, mit seinen singbaren Melodien, seinem volksliedhaften Ton und seiner Poesie.

Es gibt Ähnlichkeiten mit Schubert, nicht nur beim Klavier- und Liedschaffen. Vor allem die Große C-Dur-Symphonie Schuberts, der Schumann bekanntlich die »himmlischen Längen« attestierte, war für ihn sehr wichtig. Die »poetische Idee« bei Schumann mochte ich von Anfang an, dass jedes Stück seinen eigenen Ton hat und die Klavierstücke Titel, die Auswirkungen auf die Musik und die Form haben: *Carnaval*, *Träumerei*, *Der Dichter spricht* etc. Auch später, bei den großen Formen, sind die Titel nicht nur Inspiration, sondern stil- und formbildend. Nach der Klaviermusik entdeckte ich sehr bald Schumanns Kammermusik für mich. Im berühmten Quintett schafft er eine große Form aus Motiven, die den *Kinderszenen* hätten entnommen sein können. Als Jugendlicher, in der Zeit, in der man für Sturm und Drang sehr empfänglich ist, hörte ich zu Hause die vierte Symphonie und empfand sofort die zwei Seiten, die bei Schumann in allen Werken zu finden sind: Florestan und Eusebius, die beiden Kunstfiguren Schumanns, die er für seine Musikkritiken erfand und die Abbilder von ihm selbst sind: der Stürmende, Feurige einerseits und der Poetische, Zurückgenommene andererseits – zwei Seelen in einer Brust.

So wie Berlioz seine »Idée fixe« hat, führt uns Schumann mit einem Thema durch die ganze Symphonie. Im langsamen Satz, der eigentlich viel zu kurz geraten ist, gibt es mit einem Cellosolo, einer Oboe und einem Geigensolo plötzlich eine unglaubliche Nähe zur Kammermusik, was damals formal revolutionär war.

Orchester tun sich oft schwer damit, Schumann in dem Maß zu mögen, das er verdient. Sie finden, dass er nicht klingt und eben angeblich schlecht instrumentiert ist. Sie vergleichen ihn unzulässigerweise mit Brahms, der den Vorteil hat, dass seine Musik relativ schnell »gut klingt«, bei Schumann muss man aber immer nachhelfen. Trotzdem soll man meiner Ansicht nach nicht in die Orchestration der Symphonien eingreifen, wie das Gustav Mahler, Bruno Walter, Wilhelm Furtwängler und viele andere taten. Sie nahmen damit zum Teil das weg, was Schumanns Stil ausmacht. Schumann sollte klassisch wie Beethoven gespielt werden und weniger romantisch im Klang. Als ich die Schumann-Symphonien mit den Symphonikern einstudierte, versuchte ich, das Orchester nicht mit zu vielen dynamischen Anweisungen zu quälen, denn auf Schumann soll man Lust haben – er muss direkt sein, einen sofort ansprechen. Zunächst wollte ich die Spielfreude entwickeln, dann konnte man an dynamischen Schattierungen arbeiten, die Hauptstimmen herausholen, Phrasierungen durch teilweise veränderte Bogenstriche verdeutlichen. So entstand ein kollektives Atmen und Denken wie in der Kammermusik. Man darf als Dirigent Schumann nicht zu viel stören; man muss zwar führen, aber den Musikern die Verantwortung geben und vor allem auf leichtes Spiel achten. Ich weiß nicht, wie Leonard Bernstein es geschafft hat, dass Schumann bei ihm funktionierte, obwohl manches sehr langsam war, manches doch etwas übertrieben und eher üppig im Klang gespielt wurde. Trotzdem ist der Geist Schumanns da. Ich liebe seine Aufnahmen.

Die dritte Symphonie, die *Rheinische*, die ja in Wahrheit seine letzte ist, halte ich für seine bedeutendste. Das Intermezzo ist wieder reine Kammermusik, könnte ein zweiter Satz von Schubert sein; ich würde ihn die »Loreley« nennen. Danach folgt in dieser Symphonie, die Lebensfreude atmet, ein strenger Satz als Darstellung des Kölner Domes; mitten in der Heiterkeit also ein gewisser Ernst, ein Suchen nach dem Lebenssinn. Formal ist dieser Satz sehr an Bach orientiert, die gleiche Form wie das *Gratias agimus tibi* aus der *h-moll-Messe*. Schumann war Leipziger und kannte wie Wagner seinen Bach. Nicht nur die Konstruktion entspricht 1:1 Bach, natürlich steht es auch in es-moll – bedeutender und schwerer geht es nicht –, dann das Bekreuzigungsthema, wieder reiner Bach, alles grandios gebaut, aber nie mit erhobenem Zeigefinger, immer nur en passant, direkt aus der Inspiration kommend.

Die Erarbeitung der Klangwelt von Schumann mit den Wiener Symphonikern war eine ebenso interessante wie beglückende Erfahrung und ich bedauere in diesem Zusammenhang einmal mehr die Tatsache, dass die Zeit für uns zu kurz war, auch die Schumann-Symphonien auf CD zu erarbeiten. Ich denke, ebenso wie bei Schubert, Beethoven und Brahms hätten wir auch hier noch ein weiteres schönes Dokument unserer Zusammenarbeit vorlegen können.

Strauss – Immer klingt es

Es war mir wichtig, im Rahmen eines Konzertes mit den Wiener Symphonikern die zwei Tondichtungen *Don Quixote* und *Heldenleben* von Richard Strauss einmal gemeinsam anzusetzen, weil die Stücke zusammengehören, zwei Seiten ein und derselben Medaille sind. Sie wurden in unmittelbarer zeitlicher Nähe komponiert, eines ist kammermusikalisch, das andere große Oper, und trotzdem – oder gerade deshalb – bilden sie letztlich eine Einheit. Das ist wie bei *Tristan* und *Meistersinger*, zwei Werke, die ebenfalls in zeitlicher Nähe entstanden sind. Auch hier sind die Stücke auf den ersten Blick sehr unterschiedlich: *Tristan* Tragödie, *Meistersinger* Komödie, Chromatik gegen Diatonik, Harmonik gegen Kontrapunkt, mythische Gestalten gegen »normale« Menschen. Trotz alledem sind auch sie in ihrer Gegensätzlichkeit eng miteinander verknüpft. Richard Strauss hat *Don Quixote* und *Heldenleben* zusammen konzipiert, *Don Quixote* später begonnen, aber früher fertiggestellt. Er wollte ein Werk über den großen Helden schaffen und gleichzeitig ein Satyrspiel über den Antihelden Don Quixote. *Heldenleben* kannte ich viel länger und besser. Als ich mir dann *Don Quixote* zum ersten Mal ansah, waren mir viele Motive vertraut, nicht nur, weil im *Heldenleben* vieles zitiert wird – sondern auch die Dramaturgie, der Aufbau ist der gleiche, die Exposition, in der Mitte die Liebesszene sowie am Ende, kurz vor dem Tod beider Protagonisten, deren innerer Kampf, bei dem das Englischhorn dieselbe Hirtenweise spielt. Die Behandlung des thematischen Materials ist gleich, bei *Don Quixote* nur etwas kammermusikalischer, ironischer und raffinierter, *Heldenleben* ist ein bisschen pathetischer und pastoser.

Wie Brahms spielen österreichische und süddeutsche Orchester Strauss von sich aus authentischer als andere Orchester, nur die Staatskapelle Dresden ist hier eine Ausnahme. Das liegt vor allem wohl an der Tradition in Dresden, Wien und München, die direkt auf Richard Strauss zurückgeht und in der Folge von Persönlichkeiten wie Krauss, Reiner, Böhm, Kempe, Keilberth und anderen bruchlos fortgeführt wurde. Der Klang hat mehr Sinnlichkeit und Schmelz, ist heller, obertonreicher. Typisch deutsche Orchester haben mehr Tiefe und viel mehr Dunkelheit im Klang. Einen warmen, intensiven, dunklen und tiefen Klang kennt man in der Musikwelt als »deutschen« Orchesterklang. Der Wiener Klang ist heller, sinnlicher, süßlicher, geschmeidiger und beweglicher. Das hat auch mit dem *Rubato*-Spiel zu tun, das nicht so rhythmisch geprägt ist wie bei einem deutschen oder amerikanischen Klangkörper.

Meine Annäherung an die Opern von Strauss erfolgte sicher rascher als an seine Tondichtungen, weil diese vor *Salome* und *Elektra* geschrieben wurden und für mich die richtige Sprache von Strauss erst mit diesen Opern beginnt. Mittlerweile kann ich das differenzieren: Ich halte *Zarathustra* für ein geniales Stück, *Tod und Verklärung* zwar für sensationell geschrieben, aber ich meine aus diesem Stück herauszuhören, dass er sich stilistisch noch nicht entscheiden konnte, wo er hingehören möchte. Wahrscheinlich wollte er nur Cosima Wagner einen Gefallen tun, die ihn in Bayreuth aufgefordert hatte, sich nach den ironisch-satirischen Stücken wie *Till Eulenspiegel* und *Don Juan* einem »echten« Thema zu widmen. Die Verklärung ist noch sehr an Wagner orientiert. Wie berührend ist es aber, dass er in seinen *Vier letzten Liedern* kurz vor seinem Tod noch einmal *Tod und Verklärung* zitiert! Da ist Strauss ganz groß!

Bei der Gestaltung der symphonischen Dichtungen ist es zwar wichtig zu wissen, was die inhaltlichen Grundlagen dafür sind, aber die Geschichten sind nur für den formalen Rahmen des Stückes von

Bedeutung. Die Erzählung ist der Auslöser, die Inspiration für die Komposition. Es ist schön zu wissen, wann Don Quixote vom Windrad herunterfällt, aber für die Musik hat das keine Bedeutung. Für mich ist die Introduktion von *Don Quixote* das Beste dieses Werkes. Zu Beginn hat das Motiv noch keinen Namen, erst beim Thema steht dann »Don Quixote«. Das Stück fängt klassisch wie eine Ouvertüre an, witzig, ritterlich galant, dann folgt ein anderes Thema, dann ein Liebesthema von der Oboe, das könnte eine Frau sein, irgendetwas Liebliches, dann folgt etwas Kriegerisches in den Trompeten, und plötzlich wird das Anfangsmotiv mit diesen Themen verwoben. Die ersten fünf Töne des Stückes werden in allen möglichen Kombinationen, Rhythmen, Instrumentationen und Tempi gespielt, dann vermengt sich alles wie in einem Quodlibet. Die Geschichten, die Don Quixote liest, nehmen in seiner Fantasie überhand, das Motiv kristallisiert sich immer deutlicher heraus, bis das Solocello den Ritter in Moll vorstellt: einen alternden Mann, der Bücher liest und zum Weltenretter werden will. Eine wunderbare Geschichte, aber gleichzeitig eine unglaubliche Introduktion, um zu einem Thema des Solocellos zu führen, das eine Folge von Variationen auslöst, von denen jede einzelne ein Abenteuer erzählt. Absolute Musik und Programmmusik sind perfekt zusammengefügt, sind nicht mehr voneinander zu trennen – das ist wahrhaft genial!

Viele Menschen kämpfen jeden Tag gegen Windmühlen. Meine Windmühlen sind der Opernbetrieb. Das ist ein täglicher Kampf, bei dem man manchmal Sternstunden erlebt, manchmal aber auch für seine Visionen und Ideale kämpfen und oft auch Kompromisse eingehen muss. Jeder hat seine Windmühlen, vielleicht ist mir deswegen *Don Quixote* näher als das *Heldenleben*. Don Quixote ist ein Antiheld, der sich mit viel Fantasie, Leidenschaft und Idealismus durch die Welt kämpft. Ich glaube, der junge Richard Strauss wusste das nur zu gut.

Es ist immer wieder interessant zu beobachten, welchen Einfluss einzelne Werke Wagners auf andere Komponisten hatten. So ist der Einfluss der *Meistersinger* auf Richard Strauss stets unübersehbar und unüberhörbar. In *Till Eulenspiegel* findet sich die ganze Beckmesser-Charakteristik, der Sarkasmus und die Ironisierung. Zum Beispiel hat Strauss die brillante Pantomime von Beckmesser, der nach der Prügelszene verletzt und mit Rückenschmerzen in die Stube von Sachs kommt und stolpert, unverkennbar in *Till Eulenspiegel* übernommen, zum Teil aber auch in *Don Quixote*: Instrumentation, Harmonik, Motivik, Bissigkeit und den Mut zur Hässlichkeit. Die Musik von Strauss lebt von Kommentaren, von einer zweiten Ebene, und die Musik der *Meistersinger* kommentiert den Text ebenfalls, noch viel mehr als in früheren Werken Wagners. In den späteren Opern von Strauss bleibt zwar seine Lust am Kommentieren erhalten, aber es ist doch eine eher heitere, gelassenere Welt. Selbst *Elektra* ist eine Mordmaschinerie, an der Strauss einfach Freude hat.

Ähnlich wie der junge Prokofjew schaut sich Strauss mit seiner enormen Begabung mit großer Leichtigkeit alles von außen an, steht über den Dingen. Man hat ihm das auch vorgeworfen, ebenso wie Mendelssohn oder Saint-Saëns. Manchmal denkt man, dass diese Leichtigkeit gar nicht existieren kann, mit der ihm die Töne aus der Hand fallen. Strauss braucht immer etwas Außermusikalisches, um schöpferisch tätig zu werden – eine Geschichte, ein Libretto, einen Text. Bei jedem seiner Motive stehen Worte oder eine Person im Hintergrund, die er musikalisch beschreibt. In *Elektra*, wenn alle auf der Treppe im Blut glitschen, beschreibt er das bildhaft in den Bratschen mit sprudelnder Fantasie, mit Sarkasmus und mit Lust an lautmalerischen Elementen. Ein anderer würde dazu ein Requiem schreiben. Auch bei *Don Quixote* weiß man, dass es ironisch gemeint ist, und es gibt auch keine weinende Bratsche, wenn Till Eulenspiegel am Galgen hängt, sondern die Es-Klarinette quiekt wie ein Schwein. Strauss bleibt immer objektiv, distanziert, manchmal fast plakativ, aber vor allem hat er Humor.

Im *Heldenleben* ist wahrscheinlich der Künstler der Held, Strauss lässt offen, ob die Geschichte autobiografisch ist, er spielt damit, aber es ist nicht wichtig. Er schildert eine Mann-Frau-Beziehung, egal, ob damit er und seine Pauline gemeint sind oder ein x-beliebiges Paar. Wenn ich das gestalte, denke ich nicht an das Leben von Strauss, sondern an den Werdegang eines Menschen, der mit widrigen Umständen zu tun hat, seine Liebe findet, sich von der Liebe gestärkt den Schwierigkeiten des Lebens stellt und dadurch größer wird. Am berührendsten ist für mich, wie er nach dem Sieg, vielleicht mit Mitte fünfzig, eine große Leere erlebt. Was nun? Und dann findet er noch einmal etwas Neues, die sogenannten *Friedenswerke*. Ob dabei das Werk von Strauss gemeint ist, spielt keine Rolle. Er findet noch einmal zu einer höheren Ebene, die wichtiger ist als die Schlachten des Lebens oder die Liebe. In diesem Moment erklingt, ähnlich wie in der sechsten Symphonie von Gustav Mahler, ein Tamtam-Schlag. Alles bricht zusammen mit leeren Tubenquinten, fast schon beängstigend. Die Pauke schlägt – Herzschlag oder Todesuhr –, die Hälfte des Lebens ist vorbei, die Uhr tickt weiter. Es ist schon erstaunlich, was Strauss im Alter von vierunddreißig Jahren, als er dieses Werk schrieb, bereits wusste.

Die Widersacher im *Heldenleben* beschreibt er für sich als die Kritikerzunft, dazu verwendet er – wie erwähnt – das Vokabular der Beckmesser-Motive aus Wagners *Meistersinger*. Quäkende Klarinetten, Flöten, Oboen und Englischhörner charakterisieren die Disharmonien, mit denen man im Leben zu kämpfen hat. Für mich ist *Heldenleben* kein Porträt von Strauss, denn ich sehe ihn nicht als einen Kämpfer und leidenden Künstler wie Mahler, der ein Zweifler und Prophet war, obwohl natürlich auch Strauss hart arbeitete und Widerstände erlebte. Mahler ärgerte sich angeblich, wie leicht Strauss das Komponieren und Instrumentieren fiel. Wie Klaus Pringsheim, Korrepetitor an der Wiener Hofoper, später der *Neuen Zürcher Zeitung* erzählte, fand Mahler es merkwürdig, dass Strauss für seine Werke mit ein paar Proben auskam und »immer klingt es«, während er selbst sich bei seinen Werken in zahllosen Proben mit dem Orchester abmühen musste, um alles herauszubekommen, und dennoch fehlte am Ende immer etwas.

Ein Heldenleben muss süffig klingen, ist für ein riesiges Orchester geschrieben und sehr »dick« instrumentiert, trotzdem muss man unbedingt danach trachten, es so transparent und durchhörbar wie möglich zu schaffen, denn die Musik kann trotz ihrer Komplexität sehr leicht plakativ und lärmend wirken. Es tut dem Orchester gut, gleichzeitig den kammermusikalischen *Don Quixote* zu proben, denn das *Heldenleben* klingt schnell gut, geht leicht von der Hand, aber darin liegt auch die Gefahr. Am Anfang steht *forte,* aber meist wird gleich *fortissimo* losgelegt; von vielen wird dieser Anfang auch fürchterlich zelebriert, obwohl ein lebhaftes Tempo vorgeschrieben ist. Es geht darum, den richtigen Ton zu treffen – um das zu erreichen, ist es zielführend, bei den Proben zuerst Hauptstimmen von Nebenstimmen zu trennen, Instrumentengruppen alleine spielen zu lassen, laute und schnelle Stellen *piano* und im halben Tempo zu proben. Man wundert sich, wie viele Noten plötzlich hörbar werden, die sonst immer vom Blech und Schlagzeug zugedeckt sind. So werden die Sinne der Musiker geschärft. Der Held ist stark genug gezeichnet, das muss in der Interpretation nicht noch extra betont werden. Ein Problem in der Umsetzung ist die *Schlachtenmusik*, die zwar beim Dirigieren Spaß macht, denn es passiert eine Menge, aber sie hat nicht viel musikalischen Gehalt. Sie ist brillant geschrieben, kontrapunktisch extrem gut geführt, gut orchestriert, aber inhaltlich sind es zehn Minuten Lärm, dessen Aufbau man klug organisieren muss, damit er Sinn macht. Ich finde, man muss diese *Schlachtenmusik* unbedingt auch mit ein wenig Humor und mit Ironie nehmen – das gilt im Übrigen für das gesamte Werk, wenn nicht gar für den gesamten Strauss.

Britten – Krieg und Frieden

Mit Kriegsmusiken tat ich mich immer schwer, egal ob im *Lohengrin* oder im *Zigeunerbaron.* Immer wenn Rührtrommeln und Trompeten erklingen, wird Musik für mich sehr eindimensional, sehr martialisch. Auch mit *Mazeppa* von Tschaikowsky, wo ganze Finali in diese Richtung komponiert sind, was mir widerstrebt, oder mit gewissen

Momenten in *Macht des Schicksals* habe ich meine Probleme. Der Triumphmarsch in *Aida* ist ebenfalls so ein Beispiel. In den letzten Jahren fand ich für mich zusehends einen Weg, damit umzugehen, indem ich das Verherrlichende als Energie betrachte, die für die armen Leute, die nicht wissen, was sie tun, einen Sog, eine Verführung erzeugt. Ähnlich wie in Stefan Zweigs *Die Welt von gestern* die Mobilmachung zum Ersten Weltkrieg beschrieben wird, wie sich die jungen Männer mit nationaler Begeisterung unwissend in ihr Verderben stürzen. Im *Reitermarsch* in *Lohengrin,* der Überleitungsmusik zur letzten Szene im dritten Akt, sehe ich das Beben der Streicher, die durchgehämmerten Triolen auch als Gefährlichkeit, die Beckenschläge in *Aida* als politischen und religiösen Fanatismus. Ich glaube nicht, dass Verdi und Wagner kriegsverherrlichend gedacht haben und dass Britten der erste Pazifist in der Musikgeschichte war. Sie haben nationalistisch gedacht, an einen Kampf für eine Sache geglaubt, aber sie haben auch die Idee des Wahns verstanden und die Verführbarkeit von Menschen. Solche Kriegsmusik ist sehr oft plakativ, klingt leer, vielleicht ist es das, was mich so stört. Bei Britten und Schostakowitsch stellt man sich diese Frage nicht, denn die Kriegsmusik wird ganz bewusst gegen den Krieg eingesetzt, wie zum Beispiel im *War Requiem* von Benjamin Britten.

Im Herbst des Gedenkjahres 2018 veranstaltete die Gesellschaft der Musikfreunde in Wien einen Konzertschwerpunkt, der sich mit den Ereignissen 1918 und 1938 auseinandersetzte. Teil dieser Veranstaltung war die Aufführung von Brittens Bekenntniswerk *War Requiem*, das für die Eröffnungsfeierlichkeiten der neuen Kathedrale von Coventry geschrieben wurde, die neben der Ruine der von deutschen Bombern 1940 zerstörten gotischen Kathedrale errichtet wurde. Der Pazifist Benjamin Britten komponierte dieses Werk als Zeichen gegen die Unmenschlichkeit des Krieges. Da wird der Horror des Krieges und nicht die Lust am Kämpfen dargestellt. Nicht die Helden werden geehrt, sondern die Opfer, deshalb ist dieses Requiem trotz der großen Orchesterbesetzung auch in den lauten Momenten eine stille Musik. Es lebt von Kontrasten, aber vor allem auch von Zwischentönen, die man präzise erarbeiten muss.

Laut / leise reicht ja in der Musik nicht. Laut geht immer, sehr leise ist schon schwieriger, aber um dazwischen ein *Mezzopiano*, *Forte*, *Fortissimo* und dreifaches *Fortissimo* zu unterscheiden – oder ein dreifaches *Pianissimo* von einem *Piano* –, muss man eine klare Klangvorstellung haben. Jeffrey Tate, den ich sehr schätzte, sagte: »Das *War Requiem* war und ist für jeden Musiker eine Herausforderung und ein Risiko; es muss alles haargenau passen.« Tempo und Dynamik ändern sich ununterbrochen, an jeder Stelle gibt es komplizierte Übergänge und Taktwechsel, und es gilt, die verschiedenen Ebenen zusammenzuhalten: den Chor mit dem großen Orchester und dem Sopransolo für das lateinische Requiem, dann das kleine Orchester mit dem Tenor und dem Bariton als Solisten, und natürlich den Kinderchor mit der Orgel als Fernchor der Engel. Als Abraham letztlich doch seinen Sohn schlachtet, obwohl ihm der Engel sagt, »Töte ihn nicht«, hört man im Augenblick des Niedermetzelns im Hintergrund die Knaben »Hostias et preces« singen, die Opferlämmer, die schon im Paradies sind und die toten Kinder empfangen; das ist absolut grandios, aber auch gruselig. Die Requiem-Teile sind qualitativ auf einer Stufe mit dem *Verdi-Requiem*, dazwischen gibt es theatralische Szenen, Gedichte von Wilfred Owen, die Brittens Kammeropern entsprechen, mit derselben kleinen Besetzung von 13 Musikern, in denen man grauenhafte Kriegsszenen erzählen muss.

Im Vorwort zum *War Requiem* heißt es: »Alles, was ein Dichter heute tun kann, ist warnen.« Als ich im März 2003 in Graz im Rahmen eines Britten-Schwerpunktes mein erstes *War Requiem* dirigierte, war das lange im Voraus geplant gewesen. Niemand konnte ahnen, dass genau zu diesem Zeitpunkt die Amerikaner im Irak einmarschieren würden. Ich erinnere mich an den Tag vor meiner ersten Orchesterprobe, es war der Abend vor dem Tag des Einmarsches, und ich lernte gerade die Szene, in der die Hörner von weit klingen, die Kinder noch spielen, die Vögel singen, aber alles mit dem Wissen, dass am nächsten Tag die große Schlacht kommt. Das zu lesen und zu wissen, dass genau heute wieder viele Menschen davon betroffen sind, war sehr erschreckend. Bei den Proben kamen junge Musiker zu mir und fragten, was sie tun könnten. Auch zahlreiche Menschen gingen auf die Straße und wollten den amerikanischen Angriff nicht einfach akzeptieren. Letztlich schlossen wir uns mit der Musikuniversität in Graz zusammen, was mit dem Titel »Auf-hören!« durch alle Medien ging. Vor dem Konzert hielt ich eine kleine Rede, in der ich sagte, dass man sich als Mensch und Künstler natürlich fragt, was man in einer solchen Situation tun kann, und sich zunächst die Antwort gibt: »Nichts, das ist zu groß, das geht über unsere Kräfte.« Aber dass ich der Meinung bin, dass jeder bei sich selbst anfangen kann, Frieden zu schaffen, dass wir uns sammeln und zu uns kommen müssen, denn Frieden fängt bei uns selbst im Kleinen an. Dann führten wir das Werk auf, und am Ende war eine große Stille, ein Schweigen, das bestimmt mehr als drei Minuten dauerte. Dann hielt es einer nicht mehr aus und flüsterte mit heiserer Stimme: »Bravo!«. Diese Stille von damals bewahre ich. Diese Stille ist wichtiger und größer als alle großen Worte, die man versucht, in die Welt hinauszuposaunen. Diese Stille nimmt jeder für sich mit.

Nicht nur Britten war Pazifist, sondern auch der Autor der Gedichte zwischen den Requiem-Teilen, Wilfred Owen, der im Ersten Weltkrieg gefallen war.

Ich persönlich lehne jede Form der Gewalt ab, musste auch nicht zum Militär, weil sich das durch meinen Abgang nach Deutschland erübrigt hatte. Ich kann mir nicht vorstellen, eine Waffe zu benützen, selbst um mich zu verteidigen, hoffe aber, auch nie in diese Situation zu kommen. In Amerika kenne ich Menschen, die mir stolz ihren Waffenschrank zeigen. Darüber kann man nicht diskutieren, das ist eine andere Weltanschauung.

Meine erste Begegnung mit dem *War Requiem* hatte ich als Zürcher Sängerknabe in der Zeit, als ich gerade begann, mich für zeitgenössische Musik zu interessieren. Brittens Dissonanzen machten alle für mich Sinn und waren verständlich. Wir sangen in der Tonhalle und einen Tag später auch auf der Empore der Kirche in der Stadt Zug. Ich verstand die Texte noch nicht, war aber von der Musik so fasziniert, dass ich das Gefühl hatte, aus dem Körper gesogen zu werden.

Die Kontraste zwischen dem groß gehaltenen Requiem-Text und den kammerspielartigen Zwischenszenen, die an David Lynch erinnern, sowie der Umgang mit Klängen erzeugen im Zuhörer die

Erschütterung. Die Glocken zu Beginn, Fanfaren, die vereinzelt im Feld erklingen und Gefahr vermitteln, der Chor, der auch im Gotteslob immer Angst verspürt – Britten schreibt »terrified. With horror« vor –, das alles erzeugt eine theatralische Wirkung, der man sich nicht entziehen kann. Selbst ich habe bei der Generalprobe für das Konzert mit den Wiener Symphonikern im Musikverein mit den Emotionen gekämpft. Brittens Sinn für Text, Wirkung und Stimmung macht aus diesem Requiem fast eine Oper, und Britten ist ja, wahrscheinlich zusammen mit Janáček, der begnadetste Opernkomponist des 20. Jahrhunderts.

Mahler – Nichts ist so gemeint, wie es zunächst klingt

Im Rahmen eines Gustav-Mahler-Schwerpunktes im Wiener Musikverein, an dem mehrere Orchester beteiligt sein sollten, waren mit den Symphonikern in unserer letzten gemeinsamen Saison die beiden großen Chorsymphonien, die zweite und die achte Symphonie, geplant. Ich hatte mich auf diese Vorstellungen besonders gefreut und ausführlich vorbereitet, aber die Corona-Pandemie machte der schönen Idee einen gewaltigen Strich durch die Rechnung. Meine Liebe zu Gustav Mahler entstand relativ früh. Mit den Zürcher Sängerknaben sang ich das »Bim-Bam« in der dritten Symphonie, was mich damals schon sehr beeindruckte, und ein paar Jahre später führten wir mit dem Schulorchester die erste Symphonie auf. Ich war in der ersten Gymnasialklasse, mit der Geige natürlich noch nicht gut genug, aber ich sollte Schlagzeug und Pauken spielen, bekam dafür auch ein wenig Unterricht. Mein Vater hatte eine große Affinität zu Gustav Mahler, besonders zu den ersten vier Symphonien und zum *Lied von der Erde.* Natürlich hatten wir zu Hause auch Werke Mahlers auf Schallplatten, sodass ich sie besser kennenlernen konnte.

In Graz dirigierte ich dann meine ersten Mahler-Symphonien. Für die Zuhörer klingt alles so selbstverständlich, aber gerade die frühen Symphonien sind filigran, kammermusikalisch und doppelbödig und es ist zunächst gar nicht so einfach, das richtige Tempo zu finden. Gerade die vierte Symphonie hatte ich in ihrer Schwierigkeit unterschätzt. Alles ist in seiner vermeintlichen Einfachheit »gemächlich«, »ohne Hast« oder »langsam«. Nur die letzten Takte des ersten Satzes sind *allegro*. Man muss lernen, das zu tragen, ohne dass es schwerfällig wird.

Mahler fand seinen Weg über Schubert und Bruckner, außerdem war er ein großer Wagner-Dirigent und bewunderte dessen Orchestrationskunst. In der vierten Symphonie findet sich viel von den Mime-Stellen aus Wagners *Siegfried*, auch die Tuba-Stellen der *Sechsten* sind *Siegfried* pur. Die *Siebente* mit ihrem C-Dur-Schluss ist die Potenzierung der *Meistersinger-Festwiese*. Die wichtigsten Stücke Wagners für Mahler waren *Siegfried*, *Meistersinger* und *Tristan*, ein wenig auch *Parsifal*. Aber das wirklich Charakteristische bei Gustav Mahler sind der österreichische und böhmische Volkston und der Klang von Militärkapellen, Signalen und Fanfaren, die zum musikalischen Alltag seiner Kinder- und Jugendjahre gehört hatten, weil er nahe einer Kaserne aufgewachsen war. Doch sein Volkston beinhaltet immer auch Abgründe wie in Grimms Märchen: Irgendwo ist die böse Hexe, der böse Wolf, irgendwo ist ein Fluch oder etwas anderes Furchterregendes dabei. Diese beiden Ebenen, das himmlische Leben, das ätherischer nicht sein kann, und das irdische Leben, in dem das Kind stirbt, das Gespenstische und das Sarkastische – das alles macht Mahler für mich aus. Dazu kommt der Ton aus der Klezmer-Musik, die ihn ebenfalls beeinflusst hat. Nichts ist so gemeint, wie es zunächst klingt, und das macht es so schwer, Mahler zu dirigieren. Er versieht seine Partitur mit hunderten Anweisungen, aber jede Anweisung wirft wieder weitere Fragen auf. Die gespielte Naivität hört nach der vierten Symphonie auf. Mit der *Fünften* beginnt ein ganz ernster, neuer symphonischer Ton.

Ich sehe auch eine enge Verbindung zwischen Mahler und Robert Schumann, mit dessen Symphonien er sich bekanntlich eingehend beschäftigt hat und von denen es eine eigene Ausgabe mit Instrumentationsveränderungen Mahlers gibt. Diese Mahler'schen Fassungen werden sogar noch heute dann und wann aufgeführt.

Die Verbindung zwischen Mahler und Schumann liegt zunächst in der poetischen Idee, dem Weg vom Lied in die Symphonie, sodass jedem Werk ein Text oder Gedanke zugrunde liegt. Es ist wichtig zu sehen, welche Lieder Mahler in der Entstehungszeit der einzelnen Symphonien schrieb. Auch für Mahlers Finalsätze leistete Schumann große Vorarbeit. Bei Mahler ist der Abschluss einer Symphonie wie die Kuppel, welche die ganze Symphonie krönt. Wie zum Beispiel in seiner *Fünften*, in der das Thema aus dem berühmten *Adagietto* im Finale wiederkommt. Auch Schumann verwendete bereits in seiner zweiten Symphonie, der großen *C-Dur-Symphonie*, das Thema aus dem *Adagio espressivo* wieder. Ebenso hat Mahlers einziges Klavierquartett für mich fraglos einen »Schumann-Ton«. Beide Komponisten haben sich auch intensiv mit *Faust* auseinandergesetzt – es gäbe noch eine Menge weiterer Zusammenhänge.

Die Bezeichnung »*Symphonie der Tausend*« für seine achte Symphonie lehnte Gustav Mahler immer ab, obwohl bei der Uraufführung über 800 Stimmen und mehr als 170 Musiker auf der Bühne waren. Aber die Besetzung hängt auch vom Aufführungsort ab. Eigentlich ist dieses Werk im Musikverein, wo ich es mit den Symphonikern hätte spielen sollen, unrealisierbar. Es wäre allerdings auch die Chance gewesen, das Werk vom Klischee des Gigantomanischen, das ihm seit der Uraufführung anhaftet, zu befreien. Daher muss man grundsätzlich von Beginn an auf transparentes Spielen und Singen achten. Vor allem die Chormassen können leicht jeden Saal sprengen. Auch die Solisten dürfen nicht immer *forte* singen, wie das oft geschieht, denn auch im Orchester steht bei den Solostellen oft nur *piano*. Man muss für dieses Werk Sänger finden, die nicht hauptsächlich »sängerisch«, sondern instrumental denken, denn Mahler behandelt in dieser Symphonie, ähnlich wie Beethoven in der *Neunten*, die menschlichen Stimmen wie Instrumente. Der erste Satz ist im Aufbau ein traditioneller Sonatensatz mit zwei Themen, einer Durchführung und einer

Reprise. Die Gesangsstimmen sind ein Teil des gesamten Instrumentariums, sodass das Werk eine klassische Symphonie mit Text bleibt.

Das Schwierigste – vor allem im ersten Satz – ist sicher die Klangbalance, denn da gilt es, riesige Massen zu bewegen. Inhaltlich ist diese Symphonie eine große spirituelle Auseinandersetzung mit dem »creator spiritus«, dem Schöpfergeist, und auch mit der Schlussszene aus Goethes *Faust* im zweiten Teil, in dem es ebenfalls um Erlösung geht. Gerade bei Mahler ist es für mich wichtig, den spirituellen Hintergrund eines Werkes zu kennen. Schon in der dritten Symphonie muss man den inhaltlichen Aufbau über die Elemente kennen – von den Steinen, den Bergen über die Pflanzen, die Blumenwelt, über die Tiere, den Menschen, über die Engel zur göttlichen Liebe – wie will man sonst eine Einheit schaffen? Das Publikum muss diese Dinge nicht unbedingt wissen, aber es ist hilfreich, obwohl die Musik für sich selbst sprechen sollte. Im Zusammenhang mit der zweiten und achten Symphonie setzte ich mich natürlich intensiv damit auseinander, was Mahler zu den Themen Schöpfung und Erlösung sagte.

Der Beginn der achten Symphonie bindet mit sehr massivem Es-Dur und auch mit den Orgelklängen an den Schluss der *Zweiten* an. Die *Auferstehungssymphonie* endet, wie der »Schöpfergeist« der *Achten* beginnt. Mahler geht aber einen großen Schritt weiter, von der menschlichen Vorstellung der Auferstehung aus dem Tod ins Jenseits auf eine viel höhere spirituelle Ebene, auf der das Menschsein keine Rolle mehr spielt. Es geht, wie er selbst sagt, um den Kosmos.

Solisten – Ein Geben und Nehmen

Als Chefdirigent ist man in der privilegierten Lage, sich die Solisten aussuchen zu können, mit denen man gerne und gut arbeitet und über Jahre hinweg etwas Gemeinsames entwickelt hat. Bei den Wiener Symphonikern gibt es seit einigen Jahren, wie bei vielen

Orchestern heute üblich, regelmäßig einen »Artist in Residence«, mit dem man mehrere Konzerte im Jahr macht, und der auch mit Musikern des Orchesters ein bis zwei Kammermusik-Konzerte spielt. Auch mit diesen Solistinnen und Solisten entsteht eine engere Beziehung, die über die normale Gastiertätigkeit hinausgeht.

Das *Brahms-Violinkonzert* spielte ich mit den Wiener Symphonikern mit dem großartigen Nikolaj Szeps-Znaider, der eine Saison lang so ein »Artist in Residence« war. Ich kenne ihn seit meinem ersten Abonnementkonzert mit der Staatskapelle Berlin 2001. Barenboim brachte uns zusammen, wir waren beide sehr jung, aber er war schon damals ein grandioser Geiger, der nicht nur ausgezeichnet spielte, sondern auch viel zu sagen hatte. Vor ein paar Jahren begann er auch zu dirigieren und gewann dadurch eine Dimension seines Musizierens dazu. Er war immer schon nicht nur auf seine Geige fokussiert, sondern wusste auch genau, was in den Orchesterstimmen passiert. Es ist eine große Freude, mit ihm als Partner zu arbeiten, vieles läuft nonverbal. Nikolaj weiß, was er will, bietet an, geht aber auch auf alles ein, daraus entsteht ein sehr natürliches Musizieren. Es gibt Solisten, die nicht darauf achten, was um sie herum passiert, bei denen man nur versuchen kann zu folgen. Ein Konzert besteht aber nicht nur darin, jemandem zu folgen, sondern ist ein Dialog zwischen einem Solisten auf der einen, und dem Dirigenten mit den Orchestermusikern auf der anderen Seite. Ich arbeite heute nur noch mit Solisten, die ich als Partner wahrnehmen kann, bei denen ich etwas geben, aber auch etwas nehmen und lernen kann. Bei Nikolaj Szeps-Znaider kommt noch etwas dazu, das ich bisher nur ganz selten erlebt habe: Mit ihm bin ich vom Beginn eines Konzertes an total entspannt. Im Vorfeld des *Brahms-Violinkonzertes* passierte es, dass er den Flieger versäumte und somit nicht zur Probe kommen konnte. Aber bei der Generalprobe spielte er nicht nur fantastisch, sondern kommunizierte ungemein gut mit dem Orchester, und alle fühlten sich von Beginn an entspannt und sicher. Niemand musste irgendjemandem etwas beweisen, alle fühlten sich sofort miteinander wohl. Das ist ein seltenes Gefühl, denn meistens entspannt man sich erst im Laufe eines Stückes oder eines Abends.

Znaider war sich als »Artist in Residence« auch nicht zu schade, mit Musikerinnen und Musikern des Orchesters bei unserer Veranstaltung *Fridays@7* Streichquartett zu spielen. Außerdem dirigierte er ein Konzert des Orchesters, der Grundgedanke des »Artist in Residence« ging bei ihm wunderbar in vollem Umfang auf.

Fridays@7 nennt sich ein Konzertformat der Wiener Symphoniker, im Rahmen dessen Musiker und Publikum nach einer Stunde Konzertprogramm ins Foyer des Konzerthauses übersiedeln, wo die Künstler den Abend dann in kleinen Formationen auf unkonventionelle Weise musikalisch ausklingen lassen. Das Publikum hat so die Möglichkeit, Stars »hautnah« zu erleben, und ich war immer gerührt zu sehen, welche Kapazitäten in den Musikern stecken. Auch ich spielte bei diesen Veranstaltungen mit Julia Fischer vierhändig und mit Khatia Buniatishvili die *Liszt-Rhapsodie* und war dabei mehr gestresst, als wenn ich das *Verdi-Requiem* dirigieren soll. Am Tag der Generalprobe saß ich schon um halb neun im Klavierzimmer und übte. Meine Nerven waren sehr angespannt, aber die *Siebente* Beethoven, die ebenfalls auf dem Programm stand, wurde dann in der Generalprobe plötzlich viel leichter, als ob ich mich nur darauf konzentriert hätte. Am Klavier kommt man wieder auf den Boden der Tatsachen, was sehr gesund ist.

Auch bei der gemeinsamen Kammermusik mit den Orchestermitgliedern war es schön, wieder einmal für seine eigenen Töne verantwortlich zu sein, und dieses Musizieren hat auch viel für das Gemeinschaftsgefühl getan. Ich finde es für Orchestermusiker außerordentlich wichtig, Kammermusik zu machen, und bei vielen Orchestern, mit denen ich zu tun hatte, habe ich immer wieder dieses gemeinsame Spielen praktiziert: mit der Berliner Staatskapelle, den Wiener Philharmonikern und den Wiener Symphonikern. Man lernt sich dabei sehr gut kennen und pflegt einen unmittelbaren musikalischen Austausch. Man muss nicht immer einer Meinung sein, aber das finde ich gut so, weil man dadurch auch mit neuen Ideen konfrontiert wird. Das gilt auch für das gemeinsame Erarbeiten von Liederabenden. Mit Renée Fleming gestaltete ich drei Abende, wobei die Zusammenarbeit mit ihr sehr sympathisch und effizient war: Man geht das ganze Programm einmal durch und dabei findet ohne viel Diskussion ein Geben und Nehmen statt. Wir musizierten Schumann, Strauss, Dutilleux und Rachmaninow, wobei Renée Fleming sehr genau wusste, wie sie es gestalten wollte, aber auch sehr offen für meine Herangehensweise war. Wir traten in Paris, Wien und Palm Springs in Kalifornien auf. Sie ist nicht nur eine großartige Künstlerin, sondern auch in der Lage, mit dem Publikum zu kommunizieren. Das amerikanische Publikum ist kein klassisches Liederabend-Publikum, deshalb moderierte sie den Abend, beschrieb Blöcke, erzählte über sich und mich und erzeugte dadurch eine ganz spezielle Nähe zum Publikum. Das empfand ich als etwas ganz Besonderes, zumal ich sonst ja immer nur mit dem Rücken zum Publikum stehe. Es war nicht nur schön zu sehen, wie die Menschen sie anhimmelten und anstrahlten, es nahm mir auch die Nervosität. Ich spielte in einem Saal für 2000 Leute und fühlte mich wie in ihrem Wohnzimmer.

Bei allen »Artists in Residence« geht es auch sehr um Beziehungen und Begegnungen. In meinem ersten Jahr waren es Renaud und Gautier Capuçon, danach kam Pierre-Laurent Aimard für einen Beethoven-Zyklus, dann Jean-Yves Thibaudet, ein großer Pianist und unglaublicher Mensch, anschließend Julia Fischer, danach Nikolaj Szeps-Znaider und schließlich Yefim Bronfman, für mich einer der besten Pianisten unserer Zeit. Ich lernte ihn 2005 in Minneapolis kennen, wo ich zum ersten Mal das fünfte Beethoven-Klavierkonzert dirigierte. Ich hatte das große Glück, mit Bronfmann nicht nur einen Ausnahme-Pianisten als Partner zu haben, sondern auch einen Künstler, der ein umfassendes Wissen hat. Er ist ein intensiver Musiker mit großem Format und bar jeder Prätention. Heute noch sagt er vor jedem Konzert: »I apologize in advance for the missed notes«, und dann spielt er wie ein Gott.

Meine erste Begegnung mit einem Solisten, bei dem ich das Gefühl echter Partnerschaft hatte, war vor fünfzehn Jahren jene mit François-Frédéric Guy. Er war auch der Solist bei meinen ersten CD-

Aufnahmen, den Beethoven-Klavierkonzerten. Auch mit ihm funktionierte sofort ein Geben und Nehmen. Guy ist ein Musiker, der die *Sechste* Mahler oder die *Achte* Bruckner spontan auf dem Klavier spielen konnte, den *Ring* auswendig kannte und nicht nur ein großes Talent, sondern auch ein Universaldenker war. Das interessiert mich an Solisten, so wird eine Zusammenarbeit zu einer in jeder Hinsicht gewinnbringenden Erfahrung.

Leider ist das nicht immer der Fall. Anders als in der Oper, wo man eine lange Probenzeit mit den Solisten hat, gibt es im Konzertbetrieb nur sehr wenig gemeinsame Zeit mit dem Solisten. Wenn man sich nicht bereits kennt, kann man nur hoffen, auf der gleichen Wellenlänge zu sein, denn man hat kaum Gelegenheit für längere Diskussionen. Gerade bei ganz jungen Solisten kann es manchmal vorkommen, dass sie sich nichts sagen lassen und zum Beispiel auf ihrem Tempo beharren. Als ich eine Pianistin einmal darauf aufmerksam machte, dass in den Noten ein ganz anderes Tempo stehe, meinte sie: »I know. But I feel like that.« Ich bin fest davon überzeugt, dass wir immer zuerst versuchen sollten, zu verstehen, was der Komponist wollte! Umso beglückender ist es, wenn man im Laufe der Zeit verschiedene Partner findet, mit denen ein gemeinsames Gestalten, eine Selbstverständlichkeit des Musizierens und ein gemeinsames Atmen möglich ist.

Resümee

Wenn man nach einigen Jahren ein Orchester verlässt, fragt man sich, was man erreicht hat und was von der gemeinsamen Arbeit bleiben wird. Durch meine neue Aufgabe an der Wiener Staatsoper war die Zeit bei den Wiener Symphonikern mit sechs Jahren leider kürzer bemessen als ursprünglich geplant, daher kann ich nicht wirklich sagen, ob ich langfristig etwas bewirken konnte, aber zumindest hatte ich die Chance, gemeinsam mit den Musikerinnen und Musikern das Profil des Orchesters wieder zu schärfen. Man hatte mich nicht zuletzt auch geholt, um intensive Probenarbeit zu leisten, Qualität und Präzision zu fordern, das Spielen auf den Schlag wieder einzufordern und das gemeinsame Atmen wieder zu lernen, das für echte Präzision unabdingbar ist. Ich hoffe sehr, dass diese Arbeit fortgesetzt wird. Wenn die Präzision stimmt, kommt auch die klangliche Identität eines Orchesters mehr zur Entfaltung, an der wir intensiv weitergearbeitet haben. Beim »Wiener Klang« geht es nicht darum, dem Philharmoniker-Klang hinterherzulaufen. Der Symphoniker-Klang ist etwas schlanker und transparenter, trotzdem entfalten die Wärme der Wiener Streicher und das spezifisch wienerische Spiel der Bläser einen sehr typischen Klang. »Wir sind nicht die zweiten Philharmoniker, sondern die ersten Symphoniker!«, dieses Selbstbewusstsein des Orchesters galt und gilt es zu stärken. Man kann Musiker nicht motivieren, das muss jeder Einzelne selbst machen, aber man kann sie inspirieren, indem man sie möglichst stark mit einbindet. Deshalb versuchte ich, mit allen Musikern während der Proben und Konzerte intensiv zu kommunizieren, und vermittelte ihnen auch immer wieder, dass sie jeden Grund haben, auf ihre Leistung stolz zu sein.

Gerne hätte ich mit den Musikern noch an den Orchesterwerken von Bach, den späten Mozart- und Haydn-Symphonien gearbeitet, aber auch der Wechsel birgt für den Dirigenten, aber besonders auch für einen Klangkörper eine Chance, denn Veränderung fordert und fördert die Kreativität. Für meine Zeit mit den Wiener Symphonikern werde ich immer dankbar sein. Für mich war das keine »Nebenbeschäftigung«, sondern stand im Zentrum meiner Bemühungen, ebenso wie meine Tätigkeit an der Opéra. Sieben Monate im Jahr in Paris, drei Monate bei den Wiener Symphonikern, da blieb nicht viel Zeit für Gastdirigate. Seit ich in Paris war, ging ich nur alle zwei Jahre irgendwo »fremd«: *Die Meistersinger von Nürnberg* in Zürich, *Rosenkavalier* an der Mailänder Scala, *Parsifal* und *Meistersinger* in Bayreuth, *Arabella* in München und der *Ring* an der Met in New York. Dazu kamen jährlich ein bis zwei Konzerte.

Bei der Auswahl solcher Engagements ging es für mich nicht um die Bedeutung der Häuser, sondern um Konstellationen, mit welchen Regisseuren und Besetzungen ich dort arbeiten konnte. Die Mailänder Scala hatte genauso wie die Bayerische Staatsoper in München jahrelang versucht, mich einzuladen. Aus Wien kamen ebenfalls immer wieder Angebote, aber entweder war es nicht das richtige Stück oder ich hatte keine Zeit und so realisierte sich nie ein Projekt. Das bedeutete, dass ich 2008 das letzte Mal an der Wiener Staatsoper dirigierte, und das war in Berlin nicht anders. aber es ist auch gut so. Es kommen andere Aufgaben, die volle Aufmerksamkeit und volles Engagement erfordern.

Wien – Und wieder schließt sich ein Kreis

Im Zusammenhang mit der Wiener Staatsoper fiel in den letzten Jahren immer wieder einmal, in unterschiedlichsten Konstellationen, mein Name. Letztlich ist es aber die alleinige Entscheidung eines Intendanten oder Direktors, wen er als Musikdirektor an seiner Seite haben möchte. Das war bei Karen Stone in Graz und bei Nicolas Joël in Paris nicht anders. An der Wiener Staatsoper ist das natürlich ebenso. Ich hatte mehrere Optionen für meine Zukunft nach der Pariser Zeit und an Wien dachte ich zunächst gar nicht. Aber dann kontaktierte mich der damals neu designierte Direktor der Wiener Staatsoper, Bogdan Roščić, kurz nach seiner Ernennung und wollte mich treffen. Ich lernte einen hochintelligenten Mann mit großer Sachkenntnis über Oper und Sänger kennen, der analytisch scharf denkt, soziale und emotionale Intelligenz besitzt sowie einen klaren Blick und ein aufgeschlossenes Problembewusstsein hat. Als wir uns in der Folge wiederholt trafen, prüften wir, ob wir gemeinsame Visionen hätten und wie wir uns die Arbeit aufteilen würden. Die musikalische Qualität des Hauses stand und steht für ihn an erster Stelle, deshalb war die Wahl eines Musikdirektors für ihn unmittelbar nach seiner Bestellung wesentlich, eine Position, die an der Wiener Staatsoper länger nicht besetzt war. Ein halbes Jahr lang führten wir immer wieder solche Gespräche darüber, was und wie man tatsächlich etwas bewirken könnte, ob und wie man dieses wunderbare Haus reformieren und im Hinblick auf die Qualität für das 21. Jahrhundert noch attraktiver machen könnte. Für mich war klar, dass ich nach zwölf Jahren in Paris und nach zwei Direktionen dort keinesfalls noch einmal verlängern wollte, um vielleicht mit einem dritten Direktor einen vierten *Ring*, einen dritten *Tristan* oder ein viertes Mal *Così fan tutte* zu erarbeiten. Ich denke, Gustav Mahler hatte wohl recht: Der Kreis an einem Haus ist nach etwa zehn Jahren künstlerisch ausgeschritten. Natürlich gibt es Ausnahmen, aber im Grunde ist Wechsel sowohl für die Künstler als auch für die Institutionen ein unabdingbares Mittel für Erneuerung. Von all diesen Überlegungen abgesehen, war das Angebot, an die Wiener Staatsoper zu kommen, nochmals eine große Steigerung und Herausforderung auf meinem beruflichen Weg. Wien hat das weltbeste Opernorchester, die Institution ist – im Gegensatz zur Semi-Stagione von Paris – ein Repertoirehaus mit riesigem Repertoire und hat ein eigenes Ensemble – alles Dinge, die ich in Paris nicht hatte. Es ist eine spannende und großartige Aufgabe, in die Planung und die Direktion eingebunden zu sein. Das Besondere an Wien ist auch das Publikum, das mit seinem Haus mehr verbunden ist, als das irgendwo sonst auf der Welt der Fall ist.

Wesentlich für meine Entscheidung, nach Wien zu gehen, waren natürlich meine frühen Erfahrungen in der Direktion Holender zwischen 1999 und 2008 sowohl bei Neuproduktionen als auch – noch wichtiger – mit den spezifischen Anforderungen eines Repertoirebetriebs, mit denen man sehr geschickt und verantwortungsvoll umgehen muss. Als Dirigent einer Repertoirevorstellung hat man nur bedingt Möglichkeiten, seine Klangvorstellungen zu realisieren. Mit den Händen kann man allerdings relativ viel anzeigen, auch die Physis eines Dirigenten beeinflusst das Ergebnis und überträgt sich interessanterweise doch auch auf den Klang. Ein groß gewachsener Dirigent erzeugt schon durch seine Erscheinung einen anderen Klang, eine andere Färbung als ein kleiner, drahtiger Dirigent. Auch Persönlichkeit, Sympathie oder Antipathie spielen selbstverständlich eine Rolle. In einer nicht geprobten Vorstellung sind Gesten und manuelle Geschicklichkeit besonders wichtig. Wie greift man ein, wenn ein Orchester verlangsamt? Wie stimuliert man, wenn ein Sänger schleppt oder starke *Rubati* macht? Geht man darauf ein oder nicht?

Das alles entscheidet über die Qualität einer Vorstellung, aber die Frage ist, ob man diese Zufälligkeiten in einer nicht geprobten Vorstellung wirklich will. Es kann ein großartiger Abend werden, aber manchmal geht es auch weniger gut.

Man muss sich auch auf ein Haus einlassen. Vor meiner ersten Repertoire-*Tosca* in Berlin sagte mir mein Vater, ich solle Vertrauen zum Orchester haben; es kenne sein Haus gut und könne die Lautstärke beurteilen. Später könne und müsse man dann eingreifen, aber zunächst sollte man sich auf das Orchester verlassen.

Das Positive eines Repertoirebetriebs ist für das Publikum, dass viele verschiedene Stücke auf dem Spielplan stehen, die man immer wieder mit unterschiedlichen Besetzungen sehen kann. Sänger und Sängerinnen lernen, Nerven wie Drahtseile zu haben, um unter diesen Umständen zu funktionieren, und das Orchester hat große Flexibilität. Der Nachteil des Repertoirebetriebs ist natürlich, dass die Vorstellungen manchmal weniger gut geprobt sind. Es gibt in einem Repertoirehaus die gut geprobten Premieren, dann gibt es besser geprobtes, mittelmäßig geprobtes und auch kaum geprobtes Repertoire. Damit umzugehen, ist eine große Herausforderung. Jede Direktion eines so großen Repertoirehauses muss sich mit der Frage befassen, wie man bei einer großen Anzahl unterschiedlicher Vorstellungen und einer beschränkten Zahl von Proben die Qualität möglichst hoch halten kann.

Als Musikdirektor der Wiener Staatsoper werde ich, wie in Paris, 30 bis 40 Vorstellungen und die dazugehörigen Proben selbst dirigieren, und natürlich gehört die Auswahl der Gastdirigenten, in engem Zusammenwirken mit dem Direktor, ebenfalls zu meinem Aufgabenbereich. Im Vordergrund muss in der Oper aber immer stehen, spannendes Theater zu machen. Ich denke, spannend ist Theater nur, wenn eine Inszenierung aus dem Stück heraus entsteht. Die Geschichte muss wahrhaftig und erkennbar sein und so gut wie möglich erzählt werden, mit starker Personenführung und hoher Professionalität. Ich vertraue da Bogdan Roščić sehr. Die wichtigste Aufgabe eines Operndirektors ist das Zusammenführen der richtigen Personen, und dazu zählt auch die Auswahl der Regisseure. Über allem muss die Frage stehen, wie man heute gutes Theater für das Publikum macht, wie man den Stücken gerecht wird, ohne dass sie museal wirken. Ich glaube nicht, dass es leichter ist, ein konventionelles Programm gut zu verkaufen. Natürlich programmieren die meisten Opernhäuser der Welt überwiegend bekannte Werke, aber die Menschen sind auch bereit, sich Unbekanntem zu stellen, wenn es eine spannende Produktion ist und gute Sänger auf der Bühne stehen. Dafür kämpfte ich auch in Paris, als der Verwaltungsdirektor dem künstlerischen Direktor vorschreiben wollte, nur noch Gängiges zu spielen, um ein ausverkauftes Haus zu haben. In Paris will das Publikum aber nicht zum hundertsten Mal dasselbe Stück sehen. Das ist in Wien ein wenig anders; hier kommen die Menschen auch gerne wegen einer neuen Rollenbesetzung in die Vorstellung. Ich denke, die Wiener Staatsoper ist in der Lage, alle diese Möglichkeiten auszuschöpfen. Das Repertoire gehört zu Wien, muss aber ständig erneuert und ergänzt werden – mit Bekanntem, aber auch immer wieder mit Unbekanntem.

Der Altersdurchschnitt des Pariser Publikums ist 42 Jahre. Wir möchten versuchen, auch in Wien mit modernen, aber gleichzeitig publikumswirksamen Inszenierungen und mit digitaler Kommunikation ein jüngeres Publikum anzusprechen.

Die »unvergleichliche Autorität des Genius loci«, von der Adorno sprach, ist in Wien besonders spürbar. Schon die Lage der Staatsoper im Zentrum der Stadt, am Ring, wo früher Kärntnertortheater, Stadtmauer, Gaukler und Schausteller waren, ist historisch gewachsen. Leider wurde der Saal im Krieg zerstört. Es wäre schön, den alten Saal zu sehen und zu spüren, aber der neu gebaute Saal ist gelungen, mit einer guten Akustik – modern und trotzdem festlich.

Es ist vorgesehen, dass ich bis zu drei Premieren in der Saison dirigiere, und ich werde mich zu Beginn mit einigen Mitstreitern, denen ich vertraue, um einen Großteil der Mozart-Vorstellungen kümmern, denn Mozart ist das »Um und Auf« für Sänger, Dirigenten, Regisseure – also für alle! Wer guten Mozart spielt oder singt, kann auch spätere Komponisten gut spielen, bis zur zeitgenössischen Musik. An der Wiener Staatsoper muss Mozart die Basis des

Hauses, des Repertoires, des Orchesters und der Sänger sein. Mir ist wichtig, ein Mozart-Ensemble aufzubauen, mit dem man regelmäßig an einem gemeinsamen Stil arbeitet, an der Sprache, den musikalischen Parametern, an Phrasierungen, Farben und Intonation. Diese Gemeinsamkeit wird sich auch auf das andere Repertoire auswirken. Ich möchte viel am Haus präsent sein, um mit dem Ensemble ganz gezielt in eine bestimmte stilistische Richtung zu arbeiten.

Neben Mozart ist mir aber auch wichtig, ein möglichst vielfältiges Repertoire in Wien zu dirigieren. Gleich für meine erste Saison habe ich ganz bewusst je ein Werk der »Säulenheiligen« des Wiener Opernrepertoires gewählt: Puccini, Strauss, Mozart, Wagner, Verdi. Ich habe an das Spezialistentum noch nie so recht glauben wollen und bin bis heute davon überzeugt, dass eine Beschäftigung mit allen Stilen und Epochen der Musik wesentlich ist, um den Werken letztlich gerecht zu werden. Natürlich liegt jedem das eine oder andere näher und manches gelingt nicht auf Anhieb. Aber wenn ich nun, nach fünfundzwanzig Jahren meiner beruflichen Laufbahn, nach Wien komme, kann ich bereits nicht nur auf ein breites erarbeitetes Repertoire, sondern auch auf vielfältige Erfahrungen mit den Werken zurückgreifen, und diese Basis ist es, die mich schließlich ermutigt hat, das Angebot, nach Wien zu kommen, anzunehmen.

Das Handwerk des Dirigierens

Schon während meines Klavierstudiums sagte mir eine Kollegin auf die Frage, warum sie alles auswendig spiele, dass sie sich dann besser zuhören könne. Diesen Satz habe ich nie vergessen. Es gibt Dirigenten, die das Auswendig-Dirigieren als Show bezeichnen, aber damit hat das für mich nichts zu tun.

Ich ziehe es vor, auswendig zu dirigieren, weil man freier ist, bewusster, und nicht in der Partitur hinterherliest. Ich muss beim Auswendig-Dirigieren weit vorausdenken, kann andere Bögen und Aufbauten antizipieren, einen Musiker schon vor seinem Einsatz anschauen, das Pult ist nicht zwischen mir und dem Orchester und ich kann allen mehr in die Augen schauen. Blickkontakt halte ich für extrem wichtig.

Das Erlernen einer Partitur erfolgt ja schon beim Studium eines Werkes: Erst muss man sich einen Überblick über die große Form verschaffen, bei der Oper den Text studieren, dann die Temporelationen, danach die Phrasen innerhalb der Form lernen und dann immer weiter ins Detail gehen, bis zu einzelnen Einsätzen und dynamischen Anweisungen. Dann sehe ich, dass zum Beispiel bei einer Wiederholung die Klarinette statt der Oboe die Melodie spielt und Ähnliches. Ich kenne natürlich jeden Einsatz und jede Dynamik. Zum Teil verinnerlicht man das durch ständiges Lernen, zum Teil aber auch in Proben, in denen man sich viel mehr merkt als nur anhand der Noten. Sehr wichtig ist auch das Memorieren, wie ein Schauspieler, der ein Gedicht gelernt hat: Wie war das? Die Oboe auf drei, Piccolo danach oder umgekehrt? Außerdem ist es erstaunlich, wie viel das Unterbewusstsein mitlernt, was man einfach im Kopf hat, was man automatisch macht – wie die Finger beim Klavierspielen.

Nicht die Geste des Dirigenten bestimmt den Klang, sondern die Klangvorstellung in seinem Kopf zwingt zu einer bestimmten Geste, die dann physisch den Orchesterklang beeinflusst. Hauptsächlich mit der linken, der Ausdruckshand, kann man Phrasen, aber auch Artikulation wie *Legatobögen*, *Stakkato* oder dergleichen anzeigen, aber natürlich vor allem Dynamik und Intensität. Auch mit dem Taktstock kann man viel erreichen. Die Klangvorstellung bestimmt die Geste. Musiker brauchen die Körpersprache des Dirigenten, um optimal agieren zu können, den Anschein von Theatralik bekommt es nur, wenn diese mit der Musik nichts zu tun hat. Ich denke aber, dass der Dirigent im Konzert auch ein Darsteller der Musik ist, nicht in erster Linie für das Publikum, sondern für das Orchester, und wenn die Körpersprache stimmt, um einen bestimmten Klang zu erzeugen, kann er auch zum Kommunikator für das Publikum werden. Auch Einsätze für einzelne Musiker helfen dem Publikum, weil man dann automatisch genauer hinhört. Als junger Dirigent denkt man bei seinen Auftritten auch an das Publikum. »Wie komme ich an, wie schaue ich aus?«, aber das hemmte mich in meiner Arbeit und hinderte mich letztlich daran, das gewünschte Resultat zu erzielen. Die Scheu, das Gefühl, beobachtet zu werden, kann und muss man verlieren, indem man sich sagt, dass im Konzert ausschließlich die Musik und der Kontakt zu den Musikerinnen und Musikern wichtig sind. Es ist wunderbar, wenn das Publikum merkt, dass Orchester und Dirigent eine Einheit sind, dass im Moment etwas Lebendiges, Authentisches entsteht. Es ist die Klangvorstellung, die über die Bewegung ans Orchester geht und die etwas bewirkt, das sich dann hoffentlich auch aufs Publikum überträgt.

Offensichtlich ist es ein natürlicher Vorgang, dass man bei Beurteilungen auch Optisches miteinbezieht. Wenn sich Musiker und Musikerinnen bei einem Orchester um eine freie Stelle bewerben, werden Probespiele abgehalten, im Rahmen derer die Kandidaten für die ersten beiden Ausscheidungsrunden hinter einem Vorhang spielen, um gegenüber der Jury die Anonymität zu wahren. Dabei kam es des Öfteren schon vor, dass ein Musiker in diesen beiden Durchgängen die Jury begeisterte, aber dann vor dem Vorhang weniger

Stimmen bekam. Ich muss mich selbst manchmal dazu zwingen, nur akustisch zu urteilen. Bei einem Dirigenten, der Charisma hat und etwas erzählen kann, ist das Aussehen letztlich ohne Bedeutung. Die Überlegung, ob das Publikum einem Dirigenten gerne zuschaut, darf für mich keine Rolle spielen. Wenn ich an Äußerlichkeiten denke, bin ich nicht bei mir, was dann auch das Publikum sofort bemerkt.

Da ich kein Dirigierstudium absolvierte, sondern das Fach Orchesterleitung besuchte, wo man nur die Grundlagen lernt, und dann, auch auf Anraten meines Vaters, den Weg über die Praxis ging, leitete ich in meinen ersten Monaten in Ulm oft Proben und verbrachte fast jeden freien Abend in Vorstellungen. Ich saß mit der Partitur vor dem Monitor des Inspizientenpultes und beobachtete, wie die jeweiligen Dirigenten den Abend gestalteten, und ich übte natürlich zu Hause mit Aufnahmen. Auch Dirigieren ist ein Handwerk, das man üben muss, um sich nicht zu verschlagen. Am besten lernt man dieses Handwerk im Orchestergraben der Oper: Orchester, Sänger, Chor, Bühne – da kann immer etwas passieren, ständig gibt es Tempowechsel und Übergänge, die funktionieren müssen. Als Student war ich oft im Opernhaus Zürich, nicht nur als Hospitant, auch einfach bei Proben von Ralf Weikert oder Nikolaus Harnoncourt, um ein Gefühl dafür zu bekommen, wie man mit dem Orchester arbeitet. Als ich meinen Vater kurz vor seinem Tod noch einmal dirigieren sah, merkte ich, welche Geschmeidigkeit er hatte, die ich mir mit der Zeit gerne noch aneignen wollte. Er konnte Übergänge in seinem Atem, in seiner Gestik wirklich erspüren. Seine Bewegungen waren zwar nicht wirklich schön, wie er selbst mit seinem ihm eigenen Humor immer wieder feststellte, aber seine etwas ungelenke Dirigierweise war enorm authentisch.

Ich selbst bin kein begnadeter Taktstock-Dirigent. Freier, besser und mehr bei mir fühle ich mich ohne Taktstock. Es gibt wahre Taktstock-Virtuosen, bei denen der Stab in alle Richtungen schwingt wie ein zusätzliches Gelenk. Carlos Kleiber konnte das und natürlich Lorin Maazel – ich bewundere das sehr. Bei mir ist der Taktstock nur die Verlängerung des Arms und ich versuche, möglichst geschmeidig damit umzugehen. Ich habe Phasen, da dirigiere ich alles ohne Stock wie Pierre Boulez oder Valery Gergiev, aber es gibt Situationen, in denen es ohne Taktstock nicht geht: Vor allem in der Oper ist der weiße Stock sinnvoll als Verlängerung des Arms. Die ersten Geigen sitzen links; drehe ich mich zu den zweiten Geigen auf der anderen Seite, sehen die ersten nicht mehr meinen Arm, dafür aber immer noch die Stockspitze.

Ich erinnere mich an mein Debüt in Salzburg mit *Così fan tutte*, bei dem ich zum ersten Mal mit einem Toporchester wie den Wiener Philharmonikern arbeitete und noch nicht wusste, wie man mit einer solchen Situation umgeht. Mit neunundzwanzig Jahren war ich noch ziemlich jung, konnte die Oper zwar in- und auswendig, aber erreichte das Orchester trotzdem nicht immer. Ich dirigierte ohne Taktstock, aber er lag neben der geschlossenen Partitur auf dem Pult. Aufgrund der Inszenierung kam es bei dieser Produktion immer wieder zu Koordinationsproblemen, was die Musiker natürlich mitbekamen. Als ich in der sechsten von zehn Vorstellungen bemerkte, dass die allgemeine Konzentration sank, ärgerte ich mich ein bisschen und nahm instinktiv den Taktstock in die Hand. Plötzlich »funktionierte« die Vorstellung, die Aufmerksamkeit war da. Der Solocellist sagte mir damals, dass es der richtige Moment gewesen sei, den Stab zu benützen, nicht als Machtinstrument, aber als Zeichen.

Den Taktstock meines Vaters habe ich nicht oft verwendet, denn er hatte ganz eigene, ohne Korkansatz, sehr dünn und fein, wie alles bei meinem Vater. Auch die Länge eines Taktstocks ist unterschiedlich. Da ich ohnehin schon eher groß bin und lange Arme habe, dürfen sie nicht zu lang sein. Christian Thielemann ist allerdings auch groß und verwendet einen extragroßen, macht aber sehr wenig damit und ist im Umgang damit extrem geschickt. Manche Dirigenten haben individuelle Hersteller von Taktstöcken, ich habe vor langer Zeit schon einen Stock gefunden, mit dem ich mich wohlfühle und den ich immer wieder nachbestelle. Er ist aus Holz, nicht aus Glasfiber, denn Holz bricht im Gegensatz zu anderen Materialien leicht, was das Unfallrisiko minimiert.

Je älter ich werde, desto mehr versuche ich, meine Bewegungen zu reduzieren, denn mit großen Bewegungen kann man viel weniger gut kontrollieren und der Schlag wird weniger präzise. Wie will man einen Höhepunkt aufbauen, wenn man immer nur große Gesten macht? Es ist auch eine Frage der Lautstärke, aber selbst lange *Forte*-Stellen kann man nicht immer nur groß dirigieren. Außerdem besteht die Gefahr, dass man nicht nur zu laut, sondern auch langsamer wird. Man braucht mehr Zeit, den Weg zu schlagen, es wird unpräzise und unklar.

Manche Dirigenten schlagen nur vom Handgelenk bis zu den Fingern, aber bei der größeren Bewegung der Arme ist auch der Atem stärker mit dabei, was ich für sehr wichtig halte. Vor allem in der Oper muss man mitatmen, was besser mit etwas größeren Bewegungen geht. Der Atem ist beim Dirigieren fundamental wichtig; wenn man einmal zu diesem Bewusstsein gelangt ist, wird auch die Bewegung organischer und klarer. Auch das gemeinsame Atmen der Orchestermusiker sowie mit den Musikern zu atmen, ist wichtig. Ich bin kein *Legato*-Fetischist beim Streicherklang, denn innerhalb einer Phrase muss auch artikuliert werden. Ich finde es auch grauenhaft, wenn Sänger eine Phrase ohne Punkt und Komma durchsingen, nur um zu zeigen, dass sie einen langen Atem haben. Wenn ich dann auf ein Komma im Satz hinweise, höre ich oft: »Aber es ist doch schön, wenn ich es in einem Atemzug mache.« Ich entgegne dann oft: »In der gesprochenen Sprache redet man ja auch nicht ohne Punkt und Komma.«

Charles Munch wollte, dass auch die Streicher so spielen, als ob sie auf ihrem Instrument singen und dabei gleichzeitig Atem holen würden. Ich möchte das Gleiche durch Artikulation und Trennung der Phrasen erreichen.

Tendenziell sind die Bewegungen des Dirigenten in der Oper größer, es gab und gibt allerdings auch bedeutende Dirigenten, die sich auf dem Konzertpodium austoben. Ich versuche zusehends, mich auch in der Oper zurückzunehmen, damit das Orchester nicht laut wird, denn dann haben es die Sänger leichter. Manchmal ist es vielleicht schon provozierend, wie klein ich schlage, aber dann passen alle auf, ebenso wie wenn man ganz leise spricht und plötzlich alle zuhören. Ganz zu Beginn meiner Laufbahn sagte mir ein Musiker der Staatskapelle Berlin bei einer Konzertprobe: »Lassen Sie die Musiker auf Sie zukommen, gehen Sie nicht dauernd auf die Musiker zu.« Ein sehr guter Ratschlag!

Meiner Erfahrung nach lieben vor allem österreichische und französische Orchester den Bereich der Klangimagination. Man muss sie nur ermutigen oder inspirieren, farbliche Nuancen des Klanges zu suchen, dunkler zu spielen – mit weniger Obertönen, um mehr Intensität und weniger Transparenz im Ton zu haben –, oder hell und transparent. Wenn man als Dirigent ein Streichinstrument beherrscht, kann man konkretere Angaben zu Lagen, Bogenstrichen oder zur *Vibrato*-Dosierung machen oder den Musikern sagen: »Bitte, die Lautstärke mit Bogengeschwindigkeit und nicht mit Bogendruck machen«, weil Bogendruck natürlich automatisch einen forcierteren und härteren Klang erzeugt – man kann technische Hinweise geben. Ein Dirigent, der auch Pianist ist, hat wieder andere Vorteile, wie zum Beispiel ein harmonisches, vertikales Denken; ich habe das Glück, beides gelernt zu haben.

Allerdings: Je besser ein Orchester ist, desto mehr wollen die Musiker selbst kreativ sein, wollen beim Finden einer bestimmten Farbe involviert sein. Das Mischen von Klängen zwischen den Instrumenten gelingt nur, wenn alle aufeinander hören. Oft ist es sinnvoll, statt einer ganzen Phrase nur den Anfangston spielen zu lassen und die Instrumente einzeln dazukommen zu lassen und zu mischen, da wird man plötzlich zu einem Maler mit einer Farbpalette, das hat fast etwas Impressionistisches. Karajan hat diese Technik oft angewendet.

Der Zusammenhang zwischen Klang und Tempo ist wesentlich. Je größer und lauter der Klang, desto mehr Zeit braucht er, vor allem in einem großen Saal oder in einer Kirche, weil er dichter und »dicker« wird. Das gilt auch für die Klangfarbe. Bei einem dunkleren, dichteren Klang sollte man etwas langsamer spielen, wenngleich dabei die Gefahr besteht, dass das Tempo manchmal zu langsam und schwerfällig wirkt; dann animiere ich das Orchester, leichter und transparenter zu spielen. Schwere, dichte Intensität fordert automatisch ein langsameres Tempo – das suche ich mir nicht aus, das ist eine Realität. Wenn man dagegen ankämpfen will, kann man nicht einfach sagen: »Schneller spielen«, sondern man muss am Klang arbeiten und entweder eine kleinere Streicherbesetzung nehmen oder leiser und transparenter spielen lassen.

Egal wie groß die Besetzung ist, Transparenz ist mir immer wichtig. Von manchen Werken gibt es Fassungen für unterschiedliche Orchesterbesetzung. So mag ich zum Beispiel von Schönbergs erster Kammersymphonie jene erst vor ein paar Jahren veröffentlichte Fassung, die zwischen der für kleine Besetzung (1914) und jener für Riesenorchester (1934) entstand, in der Größe also dazwischen liegt und noch ohne das etwas schroffe Blech auskommt. Manchen Orchesterwerken näherte ich mich sogar über die Kammermusikfassung an, wie der vierten Symphonie von Mahler, in der Version für kleines Ensemble, die für Schönbergs »Verein für musikalische Privataufführungen« entstand, oder Mahlers *Lied von der Erde*, zum Teil von Schönberg selbst für diesen Verein bearbeitet, weil sie den chinesischen Miniaturgedichten mitunter näher kommt als die große Originalfassung.

Mit der Zeit wird man Musikern gegenüber großzügiger. Wenn ein Horn kiekst, eine Geige wieder einen falschen Ton spielt, weiß man: Es war Müdigkeit, eine Konzentrationsschwäche, oder es muss eben zu Hause noch einmal geübt werden. Erst wenn dasselbe immer wieder passiert, muss man etwas sagen.

Von Barenboim habe ich gelernt, schnelle, schwierige Stellen zunächst etwas langsamer zu proben. Ich bringe nur schwer die Geduld dafür auf, kenne aber diese Methode vom Klavier her und weiß, dass es richtig ist. Andererseits ist es sinnvoll, manche langsame Stellen zunächst ein wenig fließender zu proben, um einen Überblick über die Phrase zu bekommen.

Gerne gehe ich in Proben nach dem Auftakt in den Saal und höre dem Orchester zu und lasse das Orchester alleine spielen. Aus der Distanz höre ich Dinge, die ich auf dem Podium so nicht wahrgenommen habe, und dem Orchester tut es manchmal gut, für sich zu funktionieren und sich nicht zu sehr auf den Dirigenten zu verlassen.

Wolfgang Rihm sagte: »Die Kunst des Dirigierens ist führen, formen, geschehen lassen.«

Zusammenhalten und führen ist die Basis, beim Formen wird es interessanter und bedeutet Interpretation: Wie gebe ich dem Ganzen eine Form? Wie soll es klingen? Wie baue ich das Stück auf? Welche Tempi wähle ich? Aber das Geheimnis, das wirklich Schwerste, die wirkliche Kunst des Dirigierens ist – und das ist wohl auch vergleichbar mit der großen Kunst des Klavierspiels – dieses »In-dem-Moment-geschehen-Lassen«. Die Richtung vorzugeben, um es dann geschehen zu lassen. Wie in der Kunst des Bogenschießens: ES fliegt, ES schießt – nicht ICH schieße. Ich kenne das Gefühl schon aus meinem Studium, dass ich etwas am Klavier geübt und geübt habe, aber dass dann erst aus der Mischung von Vorbereitung und Adrenalin im Konzert Dinge passieren, dass man den Eindruck hat, ES spielt, die Hände spielen von alleine. Wenn das beim Dirigieren vorkommt, ist das einer der schönsten Momente in diesem Beruf. Mit zunehmendem Alter passieren diese ES-Momente öfter. Meine ständige Selbstkritik darf in einem Konzert keine Rolle spielen. Es ist wichtig, für mich selbst Freiheit zu finden und diese auch den Orchestermusikern zu vermitteln, sie mein Vertrauen spüren zu lassen, ihnen Raum zu geben, sie gewähren zu lassen und nicht ständig zu versuchen, alles zu kontrollieren.

Als Herbert von Karajan für den Flugschein lernte, soll sein Lehrer ihm in der ersten Stunde gesagt haben: »Die erste Regel, Herr Karajan, stören Sie bitte das Flugzeug nicht, wenn es fliegt.« Genauso ist es mit dem Orchester. Man muss leiten, zeigen, was man möchte, aber dann auch das Orchester fliegen lassen. Mit dem Risikofaktor muss man sehr geschickt umgehen. Wenn vor lauter Routine in einer Vorstellung gar nichts Spannendes mehr passiert, muss man auch einmal Vollgas geben und bewusst Risiken eingehen. Dann werden alle wieder aufmerksam und es besteht erneut die Chance, dass sich doch noch große Momente ereignen.

Realisation oder Interpretation?

Wie Daniel Barenboim ziehe ich das Wort Realisation dem Begriff der Interpretation vor, weil es die eigene Person aus dem Kontext mit dem Kunstwerk nimmt. Beim Wort Interpretation geht es immer um die Frage, was jemand mit einem Kunstwerk macht, und das finde ich kontraproduktiv. Es geht doch darum, was dieses Werk mit mir macht und wie ich es so gut wie möglich realisiere, um es in seinem Geist zum Klingen zu bringen. Eine persönliche Färbung gibt es immer, denn jeder, der versucht, ein Werk zu realisieren, wird es durch seinen Hintergrund, durch das, was er gelernt und erfahren hat, auf seine Weise betrachten und deuten. So wird es zur Interpretation, aber die Grenzen der persönlichen Färbung muss sich jeder selber stecken. Um einem Kunstwerk zu dienen, wäre es freilich der falsche Weg, sich ausschließlich auf den geschriebenen Notentext zu verlassen.

Die intensive Auseinandersetzung mit einem Werk und seinem Gehalt sowie mit dem Komponisten, das Wissen um die Instrumente und die Beschäftigung mit der Entstehungs- und Interpretationsgeschichte sind die Grundlagen für eigene Entscheidungen. Beste Kenntnisse sind die Voraussetzung für die Beantwortung der Frage, was möglich und was unmöglich ist. Es gab und gibt unter den Dirigenten zwei Extreme – nennen wir sie Avantgardisten und Traditionalisten. Letztere gehen eher von der Erwartungshaltung des Publikums aus und orientieren sich an Aufführungstraditionen. Ich bewege mich wahrscheinlich zwischen den beiden Extremen. Ich bin von meinem Naturell her sicher kein geborener Revolutionär, und mir ist auch das Gefühl vertraut, dass man liebt, was man kennt.

Jedoch: Routine und unreflektierte Gewohnheiten lehne ich ab und versuche sie unter allen Umständen zu vermeiden. Jeder von uns, der den Beruf lange ausübt und ein Werk gut kennt, läuft Gefahr, in die Routinefalle zu tappen. Aber man darf nie etwas nur deshalb machen, weil es so schon immer funktioniert hat. Gefundene, unreflektierte Antworten töten auf Dauer das lebendige Musizieren und langweilen. Man muss alles immer wieder neu hinterfragen, dann bleibt auch die Leidenschaft erhalten.

Ich finde die Beschäftigung mit dem Original oder einem guten Faksimile einer Komposition essentiell, denn man bekommt einen anderen Eindruck von einem Werk und kann aus der Schrift die mentale Verfassung und Energie des Komponisten »herauslesen«, mit der etwas geschrieben wurde. Die erste Seite der *Meistersinger* ist ein gutes Beispiel: Das Anfangsmotiv wirkt in der gedruckten Partitur blockartig, eher vertikal, feierlich und mit sehr viel Raum. Man denkt, dass bei der handschriftlichen Notation nur drei oder vier Take auf der ersten Seite Platz haben könnten. Aber in Wagners Original sind sehr viele Takte auf der ersten Seite, ganz linear geschrieben und offensichtlich melodisch gedacht. Da bekommt man sofort ein ganz anderes Gefühl für diesen Beginn. Wenn man dann noch aus einer zuverlässigen Quelle weiß, wie schnell Wagner selbst dieses Vorspiel genommen hat, ergibt sich für den Interpreten eine ganz andere Einsicht, als die meist in der Tradition bevorzugte eher gravitätische, altväterliche Version nahelegen würde.

Jede Zeit hat ihre Stars und ihren Interpretationsstil, denn eine absolute Wahrheit gibt es nicht. Ich sehe mich in der Linie der Weitergabe eines Erbes und fühle mich auch privilegiert, dazuzugehören. Für mich kam die Weitergabe dieses Erbes zum ersten Mal durch Daniel Barenboim, der seinerseits geprägt war von Persönlichkeiten wie Furtwängler und Klemperer, die ihrerseits der Linie von Wagner, Strauss und Mahler entstammen. Bei mir fließen verschiedene Traditionen zusammen, weil mein Vater die Linie des Stadttheatersystems weiterführte, das bei Barenboim überhaupt keine Rolle spielte, aber eben in der Interpretationsgeschichte auch eine wichtige Tradition ist. Dazu habe ich auch vieles von Nikolaus Harnoncourt mitgenommen, obwohl ich nie direkt mit ihm gearbeitet habe und auch nicht alle seine Ansichten teile. Auch er war in der Folge eines Erbes, auch wenn er viele der Interpretationsdewohnheiten hinterfragte und das Nachdenken über Interpretation revolutionierte.

In der Interpretationsgeschichte hat vielleicht Arturo Toscanini am meisten verändert, denn er hat die Wiedergabe der Partitur quasi als Fotografie des Komponistenwillens verstanden. Frühere Generationen und auch andere Dirigenten zu seiner Zeit haben die Partitur mehr als Gemälde dargestellt. Nicht zuletzt Herbert von Karajan hat in Interviews immer wieder hervorgehoben, wie revolutionär es zu Toscaninis Zeit war, die Partitur so perfekt wiederzugeben, jede Dynamik und jede Tempoangabe möglichst genau zu beachten und nach Möglichkeit wirklich nur das zu spielen, was in den Noten steht. Wenn das mit dem Genie eines Toscanini umgesetzt wird, ist das Ergebnis auch bestechend. Die »malenden« Dirigenten haben sich weniger genau an alle Angaben gehalten, mehr mit dem Material gespielt und mehr zwischen den Zeilen gelesen. Für meinen Geschmack war das oft zu viel, aber heute gilt es, wieder das Gleichgewicht zwischen diesen Extremen zu finden. Ich denke, die Kunst besteht darin, den Notentext so genau, aber auch so emotional wie möglich zu realisieren und alle Energie aus dem zu holen, was geschrieben steht. Deswegen sage ich absichtlich nicht Interpretation, sondern Realisation. Die Angaben für die Präzision stehen meist genau da, die Emotionalität muss jedoch jeder im Notentext, vor allem auch zwischen den Zeilen, suchen.

Bei der Annäherung an ein neues Stück ist neben der vorher beschriebenen intellektuellen Auseinandersetzung auch die Entdeckung der eigenen Emotionalität für ein Stück wichtig. Es ist also immer eine Mischung aus bewussten und unbewussten Faktoren, also Instinkt und Vertrauen in die eigene Musikalität. Wenn ich während des Studiervorganges an einer bestimmten Stelle eine Emotion verspüre, die ich für wichtig erachte, schreibe ich mir sofort eine Notiz in die Partitur zur Erinnerung, denn ich halte die ersten emotionalen Eindrücke, die aus der Stille, dem Nichts kommen, für wesentlich. Ich weiß aber auch, dass ich sie in einem halben Jahr vergessen haben werde. Der erste Eindruck oder die erste Idee sind sehr oft die besten und stärksten. Je mehr man fächerübergreifend über ein Stück weiß, über den spirituellen Hintergrund, die Tonarten, den Komponisten, die Umstände der Entstehung, die Zusammenhänge, die Voraussetzungen und Quellen, desto mehr Grundlagen hat man für das Verständnis eines Werkes.

Um diesem Werk aber in einer Aufführung wirklich gerecht zu werden, muss man es auch lieben. Lange Zeit habe ich um Anton Bruckner einen Bogen gemacht, bis ich dieses Gefühl in mir entdeckte. Heute gibt es noch immer Komponisten, die ich nicht dirigiere, wie zum Beispiel Respighi und Reger. Auch zu verschiedenen Werken der Barockmusik habe ich – mit Ausnahme von Bach natürlich – noch keinen engen Bezug, aber man muss ja nicht alles und vor allem nicht alles auf einmal machen. Ich denke, manche Komponisten spielen in verschiedenen Lebensabschnitten unterschiedliche Rollen für einen Musiker, aber keinesfalls soll man ein Werk dirigieren, das man nicht liebt. Auch Regisseure sollten ein Stück nicht inszenieren, wenn sie damit nichts anfangen können und es nicht mögen.

Es ist allerdings nicht wirklich zielführend, wenn man meint, das ganze Wissen, das man für das eigene Verständnis in der Vorbereitungszeit angesammelt hat, in den Proben an die Musiker weitergeben zu müssen. Zunächst arbeitet man rein technisch. Die Emotion entsteht über die Gestik, und erst wenn man merkt, dass die Musiker zum näheren Verständnis für die Umsetzung eine Hilfe oder ein Bild brauchen, kommt das Wort dazu. Im ersten Satz von Tschaikowskys *Pathétique,* zum Beispiel, sage ich den Posaunen, dass die Stelle in der Durchführung große Dringlichkeit haben muss, dass sie wie Glocken klingen muss, *piano,* aber akzentuiert. Wenn das nicht verstanden wird, sage ich weiters, dass es Todesglocken sein müssen. Wenn es dann in der Emotionalität noch immer nicht ganz stimmt, ergänze ich, dass es eine Melodie aus der Liturgie ist, aus dem russisch-orthodoxen Stundengebet »Mit den Heiligen lass ruhen, Christus, die Seelen deiner Diener«. (Das ist auch der Grund, weshalb Anton Rubinstein total verstört zu Tschaikowsky sagte, dieses Werk sei seiner Ansicht nach keine Symphonie, sondern ein Requiem.) Ein anderes Beispiel aus dem letzten Satz dieser Symphonie, der oft viel zu langsam gespielt wird: Man muss den Musikern das Unausweichliche deutlich machen, dass diese Töne die letzten Worte des Komponisten sind, dass es die Geschichte mit dem Glas Wasser gibt, das Tschaikowsky wenige Tage nach der Uraufführung wegen seiner persönlichen Situation trank, wobei er sich bewusst und ohne Zögern, mit der Cholera infizierte. Ich erkläre den Musikern aber immer nur dann etwas, wenn es wichtig für den Klang oder die Charakteristik ist.

Wenn man Musik macht, fällt immer wieder das Wort »schön«, ein Begriff, unter dem jeder etwas anderes versteht. Für mich beinhaltet Schönheit immer auch Reinheit und Wahrheit. Wir haben das Bedürfnis nach Schönheit, selbst wenn wir etwas nicht Schönes ausdrücken wollen, bekommt es – besonders in der Kunst – oft eine schöne Verpackung. In der Tongebung hat Schönheit mit Harmonie zu tun, mit einem harmonierenden Obertonspektrum. Wenn ein Ton hässlich gespielt ist, passen die Obertöne nicht mehr zusammen und wir empfinden ihn als unschön. Harmonie ist die Basis der Musik, was nichts mit der Kompositionsweise zu tun hat. Auch Schönberg und Webern wollten ihre Musik schön und sinnlich gespielt wissen.

Musik ist dann nicht schön, wenn sie wie ganz banale Schlagermusik nichts zu sagen hat. Ich höre mir vieles an, auch Popmusik, denn wenn ein toller Interpret wahrhaftig und mit viel Emotion singt, sodass man dabei etwas spürt, ist das grandios. Aber wenn Musik banal ist, wenn sie nichts zu sagen hat, kann sie gar nicht schön sein. Banalität bringt uns nicht weiter, sondern zieht uns nach unten. Mozart hat gesagt: »Die Musik soll auch in der schauervollsten Lage niemals das Ohr beleidigen, sondern doch dabei Vergnügen, folglich allzeit Musik bleiben.« Es geht nur um den Ausdruck des Hässlichen. Verdi wollte zwar, dass Lady Macbeth nicht schön singt, aber er wollte nicht, dass sie schreit. Wenn sich bei Schönberg ein hohes, schrilles Fis mit einem G in der Septime reibt, und das hässlich gespielt wird, ist der Ton stumpf, wenn Schönberg jedoch zu leuchten beginnt in all diesen Dissonanzen, dann hat das trotzdem eine große Schönheit. Nikolaus Harnoncourt sprach davon, dass neben der höchsten erreichbaren Schönheit der Abgrund lauert und dass wir nicht in der Sicherheitszone bleiben dürfen. Auch ich bin absolut dieser Meinung, denn in der Sicherheit lauert die Stumpfheit. Wir brauchen das Bemühen, immer noch einen Schritt weiterzugehen. Wenn ich, nachdem die Bläser sechs Stunden Oper hinter sich haben, den Schlussakkord der *Götterdämmerung* oder von *Tristan*, der so sauber wie möglich gespielt werden muss, was kaum mehr möglich ist, nicht nur sechs Sekunden halte, sondern ihn auf zwölf oder fünfzehn Sekunden ausdehne, bis zu dem Punkt, an dem es fast schon wehtut, sind wir nahe am Abgrund, gehen ein Risiko ein. Wenn das Orchester diesen Punkt überschreitet, noch einmal alle Kraft aufbringt, kann es natürlich auch einmal schiefgehen und dann muss man möglichst schnell abwinken. Aber *wenn* es gelingt, dann kommt man einen Schritt in Richtung Wahrheit weiter. Als Dirigent muss man sehr fein abschätzen, wann man ein Wagnis eingeht und wann nicht. Man kann nicht andauernd alles riskieren, aber es muss das ständige Wollen geben, das ständige Bemühen, das ständige Suchen.

Ein wesentliches Element im Verstehen, wo die Linien der Interpretation zwischen Werk und Interpret verlaufen, erfährt man in der Umsetzung zeitgenössischer Musik, wenn man das Glück hat, dass der Komponist anwesend ist. Darüber habe ich am Beispiel der Uraufführung von Jarrells *Bérénice* in Paris schon gesprochen.

Ein anderes wichtiges Element der Erfahrung für einen Dirigenten ist der Versuch, selbst zu komponieren. Seit jeher hatte ich auch das Bedürfnis zu komponieren, aber es wurde immer geringer, weil ich jeden Tag mit den größten Meisterwerken zu tun habe. Auch bin ich jetzt als Dirigent an einem Punkt angelangt, der eine andere, schöpferische Dimension ermöglicht. Ich muss nicht mehr Werken hinterherlaufen oder ständig neues Repertoire lernen, sondern kann mein kreatives Bedürfnis beim Dirigieren ausleben. Das Schöne am Älterwerden sind die zunehmenden Erfahrungswerte und dass man aus etwas schöpfen kann, das nicht mit Worten erklärbar ist. Meine kompositorischen Ideen bewegen sich hauptsächlich im kammermusikalischen Bereich und in Textvertonungen, ohne großes Orchester. Ich habe eine Idee, einen Text, ein Bild und ein weißes Blatt Papier und keine Ahnung, was darauf geschrieben wird. Ich fange zu komponieren an, habe plötzlich einen Akkord, eine Melodie, eine Tonfolge, einen bestimmten Rhythmus oder Klang. Es ist erstaunlich, was man in sich hört, auch wenn man am Anfang nur das weiße Blatt Papier vor sich hat. Um es klarzustellen: Ich bin kein Komponist, mag aber an diesem Prozess, dass mir etwas sagt: Weiterschreiben. Viele Komponisten betonten auch immer wieder, dass es wichtig sei, weiterzuschreiben, ohne zu bewerten. Für mich als Dirigenten ist Komponieren eher ein Findungsprozess, um zu erfahren, was in mir an die Oberfläche drängt. Es ist sinnlos, sich dem Vergleich mit den großen Meisterwerken auszusetzen, interessanter ist es, am nächsten Tag das Geschriebene mit Distanz zu lesen und zu spielen und manchmal zu staunen. Plötzlich ist eine Seite voll, plötzlich sind es auch mehrere – das ist ein spannender Prozess. Ich komponiere ausschließlich für mich selbst, es tut mir gut, und ich wünschte, ich hätte mehr Zeit dazu. Als mich die Sängerin Ildikó Raimondi einmal bat, für sie *Haikus* zu vertonen, war das eine andere Situation. Ein japanisches Haiku ist wie ein Klang – man sieht eine Farbe, man hört einen Akkord. Unangenehm bei dieser Arbeit war lediglich der Zeitdruck, aber manchmal kommen ja unter Druck die besten Dinge zustande.

Was ist Erfolg?

Ich bin der Überzeugung, dass Erfolg tatsächlich mit Qualität zusammenhängt.

Die siebente Symphonie von Beethoven ist, was man einen programmierten Erfolg nennt, das Finale garantiert, dass das Publikum immer jubelt. Ein Werk mit stillem Schluss dagegen hat zunächst oft viel weniger erkennbaren Erfolg, dennoch ist es interessant zu sehen, wie instinktiv richtig das Publikum trotzdem reagiert. Im Konzert ertönen nach einem lauten Ende einer Symphonie fast immer ein paar Bravos, aber wenn die Symphonie als Ganzes grandios war und wie in einem Sog zu diesem Schlussakkord hingeführt hat, ist der Applaus doch noch um vieles stärker. Man muss genau hinhören, aber ich merke natürlich sofort, wenn es nur ein Höflichkeitsapplaus ist. Bei den leise endenden Stücken ist zunächst meist ein paar Sekunden Stille, dann erst beginnt der Applaus und wächst langsam an, muss sich erst aus einer Besinnung des Publikums hochschaukeln, denn man kann nicht laut applaudieren oder sofort jubeln, wenn man gerührt oder ergriffen ist. In der Oper kann es geschehen, dass ein Star, dessentwegen die Menschen gekommen sind, viel Applaus bekommt, aber dass ein Kollege daneben plötzlich noch größeren Erfolg hat, weil er an diesem Abend besser gesungen hat, echter und intensiver war.

In diesem Zusammenhang eine Begebenheit aus meiner Gymnasialzeit: Wir spielten mit dem Schulorchester eine Uraufführung und meinten gegenüber dem Lehrer bei der Probe, dass das Publikum ja ohnehin nicht höre, wenn wir falsch spielten. Seine – sehr gute – Antwort war: »Aber sie hören, wenn es richtig ist.« Wahrscheinlich hören nur wenige Menschen im Publikum bewusst alle Details, die wir erarbeitet haben, sehr wohl aber unbewusst. Die Menschen können möglicherweise nicht sagen, warum sie ein spezieller Ton so berührt, oder wie sich die Summe der Details zusammensetzt, die etwas Stimmiges erschaffen, aber wenn ich in einem Museum ein Bild sehe, kann es mich auch berühren, ohne dass ich sagen kann, wie die Farben abgemischt sind oder wie die Maltechnik genau war. Ich kann es nicht fachmännisch beurteilen, aber ich spüre trotzdem, dass es ein großes Kunstwerk ist.

Den Maßstab, dem ich gerecht werden will, setze ich mir selbst und trotzdem muss man wissen, wo und für welches Publikum man musiziert. Als junger Musiker musste ich lernen, dass die Arbeit an Details, die mir so wichtig ist, in Amerika in der Regel nicht die allererste Rolle spielt, weder bei den Musikern noch beim Publikum. Selbst große Meister, die detailliert arbeiten, machen das mit dem breiteren Pinsel, denn in großen Sälen für ein großes Publikum geht es oft unter, ob eine Note kürzer gehalten oder ein Ton »anvibriert« wird. Ich sage nicht, dass das besser oder schlechter ist – es ist einfach eine andere Art des Musizierens. Auch die amerikanischen Sänger haben andere Prioritäten. Während europäische Sänger mehr auf Stil und Detailarbeit Wert legen, geht es einem amerikanischen Sänger oft mehr um den perfekten Stimmsitz, den Körpereinsatz, damit auch Menschen auf der vierten Galerie noch Gänsehaut bekommen. In einem kleinen Saal wäre es wahrscheinlich zu viel, aber »produce sound« ist ein wichtiger Begriff in den USA. Selbst in der Kammermusik wird ein möglichst intensiver Klang gelehrt. Das kommt auch in Europa gut an, hat aber bei unserem Spiel nicht die oberste Priorität. Die verschiedenen Erwartungshaltungen des Publikums auf der Welt haben nicht wirklich Einfluss auf meinen Gestaltungswillen, aber man sollte sie kennen.

Wenn ich weiß, dass ein Konzert nicht besonders gut war, und das Publikum trotzdem stark applaudiert, bin ich ein wenig leer. Natürlich ist man froh, dass es trotzdem »angekommen« ist, doch ich weiß, wie es hätte sein können, und wenn ich nicht zufrieden bin, bringt mir letztlich auch der Jubel nichts. Es gibt auch Vorstellungen, die fast makellos waren, und trotzdem fehlte ES, nämlich der Moment, in dem die Musik selber spricht, in dem wir merken, dass etwas Besonderes passiert. Mit zunehmendem Alter und gewonnener Erfahrung kann man das mit Instinkt und vor allem mit großer Konzentration sogar beeinflussen. Jeder Musiker kennt fantastische Konzerte, bei denen zunächst »der Wurm drinnen ist«. Dann konzentriert man sich auf die Musik und vertraut darauf, dass etwas passiert. Man muss manchmal einfach einen Schritt zurücktreten und es laufen lassen, ohne sich zu verkrampfen.

Ähnlich ist es mit einem Orchestermusiker, der unmotiviert spielt und der nie schaut. Das Schlimmste, was man als Dirigent machen kann, ist zu versuchen, auf diesen einen Musiker einzugehen, um ihn mit ins Boot zu nehmen. Das bringt überhaupt nichts, denn vielleicht ist er nicht in der Stimmung, vielleicht hat ihn seine Frau verlassen oder er ist krank oder nur lustlos. Als junger Dirigent habe ich das oft gemacht, aber man muss sich auf die Musik und die Musiker konzentrieren, die Lust haben. Oft habe ich dann erlebt, dass der Lustlose nach zwanzig Minuten plötzlich auch mitmacht, denn positive Energie steckt an.

Der Dirigent ist nichts ohne sein Orchester, ebenso wie ein Kapitän nichts ist ohne sein Schiff. Er kann im entscheidenden Moment dafür sorgen, dass es nicht untergeht, aber ohne Schiff ist er nutzlos. Das Orchester ist auch nicht *mein* Instrument, denn eine Geige, die man in der Hand hat, beherrscht man, ein Orchester kann man nicht beherrschen. In der Pariser Oper gab es einmal einen Streit mit dem Direktor, bei dem ich sagte: »Ich werde nicht zulassen, dass dieser Dirigent mein Orchester dirigiert.« Die Antwort war: »Das ist nicht dein Orchester, das ist das Orchester der Pariser Oper.« Das war, auch wenn er in der konkreten Sache nicht recht hatte, eine gute und für mich wichtige Antwort, denn bei der Arbeit ist es zwar »mein« Orchester, ich kann es beeinflussen, vielleicht über einen längeren Zeitraum hinweg prägen, aber es ist ein eigener Organismus und gehört mir nicht. Als der Konzertmeister in einer Rede dann einmal sagte: »DEIN Orchester will sich bei dir bedanken«, war das zwar für mich ein wunderschöner Moment, aber man muss wissen, dass das Verhältnis zueinander wie in einer Beziehung ist. Auch da gehört einem der Partner nicht, sondern man geht zusammen einen Weg. Deshalb trete ich auch gerne beim Applaus ins Orchester hinein, bedanke mich und nehme alle mit in den Applaus, denn am Ende kann es immer nur ein gemeinsamer Erfolg sein.

Musik in unserer Zeit

Immer wieder wird die Zukunft der klassischen Musik in Frage gestellt, wird über die Überalterung des Publikums in Oper und Konzert diskutiert. Ich teile die Sorge der Überalterung nicht so sehr, denn auch die Jungen werden älter, gehen später ins Konzert, das ist eine Frage der Reife und der Lebenseinstellung. Aber man muss sich dringend Gedanken darüber machen, dass die *Bedeutung* der Musik in unserer Gesellschaft stetig abnimmt. Politiker und Meinungsmacher fordern, dass Opern- und Konzertveranstalter Programme speziell für Kinder und Jugendliche machen, aber das alles ist nur ein Tropfen auf den heißen Stein. In Paris wird viel Kinderoper gemacht, es gibt Jugendorchester, Kinderkonzerte, Programme für Kinder aus den Vororten und Musikunterricht für muslimische oder afrikanische Kinder, die sich damit einen Traum verwirklichen können, was nicht nur musikalisch, sondern auch sozial wichtig ist. Musik schafft soziale und gesellschaftliche Möglichkeiten, Musik verbindet. Aber wenn die Gesellschaft nicht mitwirkt, helfen all diese Initiativen letztlich nichts. Ein Instrument zu spielen, Noten lesen zu können, ist für mich ein Element unserer Kultur, gehört zur Allgemeinbildung und ist Teil der kognitiven, intellektuellen und emotionalen Entwicklung. Kaum jemand wird Schwierigkeiten mit dem ersten Satz der *Fünften* Beethoven oder mit Mozarts *Eine kleine Nachtmusik* haben, aber trotzdem gibt es auch in den populärsten Stücken Elemente, die mehr beinhalten als die leicht erfassbare Oberfläche. Deswegen sind CDs mit Best-of-Zusammenstellungen oder sogenannte Playlists so problematisch. Dabei werden *La donna è mobile*, der *Walkürenritt* und *Die kleine Nachtmusik* – völlig aus dem Zusammenhang gerissen – wahllos aneinandergereiht, wodurch die schönste Musik plötzlich banal wirkt. Das Wunderbare an Musik ist, dass sie die Menschen unmittelbar anspricht, aber um in den wahren Genuss zu kommen, um Säle zu füllen und um ein Publikum für morgen zu begeistern, reicht es nicht, sich auf diese Hits zu beschränken, sondern es ist die Aufgabe der Gesellschaft, das tiefere Verständnis zu fördern. Dazu gehört Musikunterricht, das Spielen eines Instruments, egal ob Blockflöte, Gitarre, Klavier, Saxophon oder Schlagzeug, und das *gemeinsame* Musizieren, um die Sprache der Musik zu lernen. Wenn das nicht gepflegt wird, entstehen immer mehr Hürden im Verständnis und in der Verbreitung. Außerdem ist Musizieren ein Erlebnis, das alle bereichert; man kann sich dabei individuell ausdrücken, gleichzeitig schult es aber auch die Aufmerksamkeit, den anderen zuzuhören. Dieses Geben und Nehmen ist auch für unsere Gesellschaft ein wichtiges Vorbild.

Natürlich ist alles willkommen, was breitere Gesellschaftsschichten zur Musik führen kann, auch das Konzept der »Drei Tenöre« ebenso wie Arienabende von Stars oder Open-Air-Konzerte, denn Musik soll möglichst viele Menschen erreichen, aber das alleine hilft nicht. Früher kamen alle Teile der Bevölkerung in die Oper, die Aristokratie saß in den Logen, das »gemeine Volk« stand unten. Es gab zwar in der Oper schon aufgrund ihrer Entstehung immer eine Tendenz zu sozial bessergestellten Gesellschaftsschichten, aber das bürgerliche Publikum »holte« sich die Oper auch sehr schnell in ihre Theater und ein großer Teil der Musikgeschichte besteht aus der Kirchenmusik, die seit jeher für alle da war.

Heute liegt das Problem eher in der Verquickung von Musik und Konsum und der andauernden Verfügbarkeit. Ein Taxifahrer sagte mir einmal, er gehe nicht in die Oper, weil eine Repertoirevorstellung nie an die Qualität seiner CDs mit den besten Sängern und Dirigenten herankommen könne. Das hat mich erschreckt. Eine CD oder der Computer können bei aller inzwischen erreichten technischen Qualität das Live-Erlebnis niemals ersetzen, wo Menschen zusammenkommen, etwas teilen und so Musik *gemeinsam* erleben. Analoge Klänge, direkt von Menschen und Instrumenten produzierte

Töne, das Erlebnis der direkten Übertragung von Frequenzen, von Obertönen, von Klängen, die ein Lautsprecher gar nicht wiedergeben kann, all das kann technisch niemals erzielt werden. Ein Raum kann vibrieren wie ein großer Cellokasten, das schafft klangliche Sensationen, die eine Aufnahme nie erzeugen kann. Je länger ich meinen Beruf ausübe, desto wichtiger wird mir dieses Klangerlebnis, das manchmal sogar unabsichtlich entsteht, weil sich Töne reiben und eine Dissonanz im Obertonbereich entsteht. Durch die Raumgegebenheiten, durch die Art zu spielen, oder durch einen Ton, der stärker gespielt wurde, entsteht plötzlich eine lebendige Klangwolke. Das ist ein unglaubliches Erlebnis, das jeder im Saal – mehr oder weniger bewusst – mitbekommt. Ein Mitarbeiter des Wiener Konzerthauses sagte mir einmal hinter der Bühne: »Es gibt nichts Schöneres als ein Live-Konzert, deshalb arbeite ich hier und das möchte ich mein ganzes Leben lang machen.« Das fand ich sehr berührend, denn das kann nur jemand sagen, der nicht nur konsumiert und passiv hört, sondern aktiv zuhört.

Überall wird man heute mit Musik berieselt, im Restaurant, im Fahrstuhl, in Geschäften. Gott sei Dank kann ich da abschalten, denn Musik ist nicht dazu da, um uns zu berieseln. Musik ist da, um uns etwas mitzuteilen, um unser Bewusstsein zu erhöhen. Entweder man macht selbst Musik oder man geht als aktiver Zuhörer in ein Konzert. Der Zuhörer ist genauso wichtig wie der Interpret, denn der Interpret braucht den Zuhörer genauso wie der Zuhörer den Interpreten. Auch beim Fußball sitzt ein Kind nicht nur daneben und schaut zu, wie die anderen spielen, sondern es will selber mitmachen. Warum sollte das bei der Musik nicht auch möglich sein?

Stille

Stille ist das Größte, Schönste und Stärkste, was es für mich gibt.

Stille auf dem Gipfel eines Berges oder mitten in der Wüste zu erleben, gehört zu den intensivsten und beglückendsten Eindrücken. Große Komponisten suchten und suchen oft die Stille, denn aus ihr kommt Musik. Wenn man beim Meditieren den Zustand erreicht, in dem Stille das Einzige ist, was man wahrnimmt, wenn sie groß wird und zu vibrieren beginnt, dann ist es wohltuend und wunderbar, eine Schwingung zu spüren, die einfach da ist. Plötzlich hört man dann in dieser Stille Musik, denn Stille ist ja nicht *nichts*. Das Nichts ist alles, im Nichts ist alles komprimiert. Stille ist die schönste Musik, die mächtigste und wohltuendste, und die allergrößte Musik kommt aus der Stille. Was immer wir aus dieser Stille nehmen, sei es der *Rosenkavalier* oder die *Fünfte* von Beethoven, ist nur ein Teil davon – ein Teil von Stille, der lebendig gemacht wird.

Wenn man bei windstillem Wetter in den Bergen ist und absolut nichts hört, dann ist die Stille richtig laut. In dieser Situation ist man am stärksten bei sich, da erdet man sich und kommt bei sich an. Die Mühen des Alltags spielen keine Rolle mehr. Unsere eigene Essenz ist ja einfach das Sein, und das Sein ist nichts anderes, als einfach zu sein. Das ist die Stille. Gottfried von Einem hat über den Tod gesagt: »Es wird erfüllte Stille sein.« Das ist ein wunderbarer Satz, denn Stille ist erfüllt. Jeder Klang, der entsteht, kommt aus der Stille. Die Stille ist der Raum, in dem alles passiert, wie das Sein und wie das Jetzt, wie der Augenblick. Wir leben ja leider zu selten bewusst im Jetzt, denn sosehr wir uns auch bemühen, gelingt es uns doch so selten, weil wir mit Gedanken oder Gefühlen, positiven wie negativen, entweder in der Vergangenheit oder in der Zukunft sind. Eigentlich leben wir aber immer nur im Jetzt, in diesem Augenblick, denn es gibt keine Vergangenheit und keine Zukunft, das alles ist nur Illusion. Bedeutet das, dass selbst unsere Gedanken und Gefühle nur eine Illusion sind?

Wenn man sich dieses Raumes, der das Jetzt ist, plötzlich bewusst wird, wird diese Stille ganz groß und das Einzige, was wirklich zählt. Wir sollten uns immer wieder unserer eigentlichen Natur bewusst werden, und Musik hilft dabei, weil die Musik aus dieser Stille kommt. Bevor ein Klang kommt, ist Stille da, aber auch der Klang vergeht. Kein Ton hält ewig, der Atem geht aus, das heißt, auch ein Ton stirbt. Er entsteht aus der Stille, entschwindet, und dann ist man wieder in der Stille. In einer Vorstellung ist Stille nicht immer leicht zu erreichen, aber es gibt Momente, in denen niemand im Publikum unruhig ist, in denen es ganz still wird.

Ich bin ziemlich sicher, dass es in der Menschheitsgeschichte eine Zeit ganz ohne Musik gab, dass das Grundwesen unseres Daseins die Stille war. Die Musik kam erst, als wir aufhörten, still zu sein.

Für mich ist Stille zur Sammlung und Konzentration vor einer Aufführung unerlässlich, um mich frei zu machen von störenden Gedanken, von Alltagslärm und Reizüberflutung.

Wenn ein Dirigent einen Auftakt gibt, provoziert er die Stille, denn im Auftakt klingt ja nichts und dadurch ist immer Aufmerksamkeit und Stille vorhanden. Man kann die Stille auch manipulieren, wie ich es zum Beispiel bei *Parsifal* oder *Pelléas und Mélisande* tue, um Unruhe im Saal zu vermeiden. Es funktioniert, wenn ich für die Zuseher nicht sichtbar und ohne Auftrittsapplaus in den Orchestergraben komme: Das Publikum sitzt, das Orchester hat gestimmt, das Saallicht dimmt ab, wie in Bayreuth, es ist einen Moment lang dunkel, dann geht das Licht ganz langsam an, der Vorhang geht auf, man sieht die Bühne, das Orchesterlicht kommt langsam dazu, ich stehe vor dem Orchester und kann beginnen. So kann man Stille künstlich erzeugen, denn ich weiß, dass ich nach einem Auftrittsapplaus eigentlich dreißig Sekunden warten müsste, bis das Orchester wieder sitzt und sich eingerichtet hat. Aber da würden die Menschen schon wieder unruhig werden, weil sie diese Stille nicht aushalten.

In der zweiten Symphonie von Gustav Mahler steht nach dem ersten Satz die Anweisung: »Hier folgt eine Pause von mindestens fünf Minuten.« Ich versuche, die Pause so lang wie möglich zu machen, still zu stehen und die Spannung zu halten. Da kann eine Minute schon lang werden. Dann wartet man, lässt das Publikum husten, wartet wieder. So kann man drei Minuten herausholen, aber Stille im Konzertsaal ist schwer zu ertragen, denn wir sind daran gewöhnt, dass immer etwas passiert. Menschen drehen oft den Fernseher oder das Radio zu Hause nur auf, weil sie Angst vor sich selbst, ihren Gedanken und Gefühlen haben. Aber was würde passieren, wenn wir still wären? Was würde kommen? Neue Gedanken? Unerwartete Gefühle? Oder die große Leere? Ist die Leere wirklich so schrecklich? Und was ist hinter dieser Leere?

In der Musik können selbst kurze Augenblicke der Stille Irritation verursachen. Pausen haben als Mittel der Rhetorik immer schon eine wesentliche Rolle gespielt, mit unterschiedlicher Funktion: als meditativer Raum, als Ausdruck für den Tod, als Überraschungsmoment – immer erzeugten Pausen Aufmerksamkeit im Publikum. Claude Debussy sagte: »Musik ist die Stille zwischen den Tönen.« Schon in *Pelléas et Mélisande* verwendete er das Schweigen als Stilmittel und als Ausdruck für das Unsagbare. Im 20. Jahrhundert emanzipierte sich die Stille in der Musik in besonderem Maße, und das nicht nur, weil das Publikum, im Unterschied zu früheren Epochen, den Darbietungen auf der Bühne in andächtiger und aufmerksamer Stille lauschte. Schon knapp nach dem Ersten Weltkrieg schrieb Erwin Schulhoff ein Werk, das ausschließlich aus Pausen bestand. Aber das Stück, das wohl die meisten Diskussionen über die Funktion der Stille in der Musik auslöste, ist *4′33″* von John Cage aus dem Jahr 1952, in dem ein Pianist während der gesamten Zeit keinen einzigen Ton spielt und die drei Sätze nur durch Schließen und Öffnen des Klavierdeckels anzeigt. Die unerfüllte Erwartungshaltung des Publikums, Klänge zu hören und nicht nur die Geräusche des Raumes, löste damals Ungeduld und Häme aus, aber das Stück wirkt wie ein Spiegel. Auch mehr als sechzig Jahre später ist Stille im Konzertsaal für viele im Publikum schwer auszuhalten. Es bedeutet ein Problem, auf sich selbst geworfen und seinen eigenen Gedanken ausgeliefert zu sein.

Für katholische Orden wie die Kartäuser oder die Trappisten bilden Schweigen und Stille die Grundlage für die Spiritualität, aber auch abseits der Religionen bedeutet Stille Kontemplation. Wenn man meditiert, kann man seine Gedanken ausschalten, indem man sich auf das Jetzt, auf den Augenblick konzentriert. Vergangenheit und Zukunft werden ohne Bedeutung, nur die Präsenz des Augenblicks zählt. Wir müssen beginnen, die Stimme aus unserem Inneren, die Stimme der Stille zu hören, was nur mit Konzentration und Kontemplation gelingt. Stille ist nie absolut, hat immer einen Klang. Viele Menschen haben in unserer immer lauter werdenden Welt Sehnsucht nach dieser Stille und nach dem damit verbundenen inneren Gleichgewicht und einer inneren Ruhe, die mit der Besinnung auf das Jetzt, auf den Augenblick erreicht wird, das einzig Wertvolle, das wir haben. Vielleicht hat uns alle die Corona-Krise endlich dazu aufgefordert, uns durch diese Entschleunigung mehr mit der Stille und unserem eigentlichen Wesen und Sein auseinanderzusetzen?

Es wäre auf jeden Fall eine große Gelegenheit.

Ich wünsche uns allen mehr Stille in dieser lauten Zeit!

Personenregister

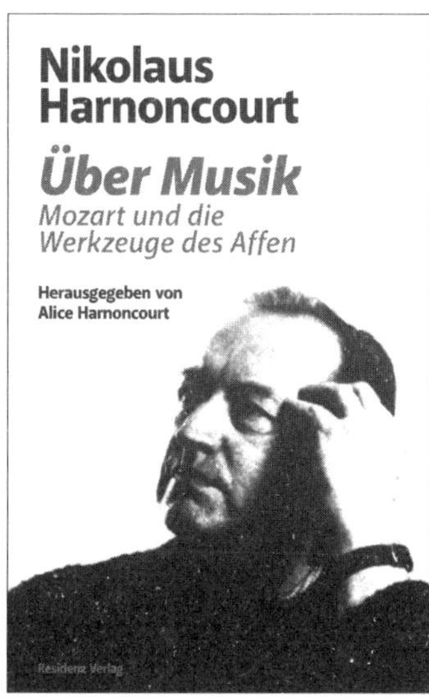

Nikolaus Harnoncourt

Über Musik

Mozart und die Werkzeuge des Affen

Herausgegeben von
Alice Harnoncourt

ISBN 978 3 7017 3 1664

Die Grundprinzipien von Nikolaus Harnoncourts musikalischer Praxis machten ihn in der gesamten Musikwelt berühmt. Er hat mit seinem Ensemble Concentus Musicus alte Traditionen gebrochen und die Interpretation Alter Musik neu zugänglich gemacht. Das war nicht nur das Ergebnis seiner intensiven Beschäftigung mit dem Klang der Originalinstrumente, sondern vor allem einer Infragestellung der üblichen Hörgewohnheiten: Was ist Musik überhaupt, wie wirkt sie und wie ist sie von ihren Schöpfern gemeint? Harnoncourts Texte über Aufführungspraxis, Barockmusik oder Instrumente wie das Cembalo lesen sich wie beredtes Musizieren. Eine wundersame Reise durch die Musikgeschichte!

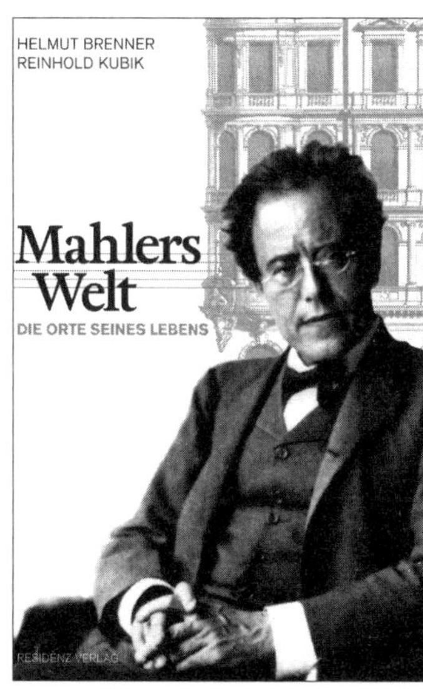

Reinhold Kubik
Helmut Brenner

Mahlers Welt

Die Orte seines Lebens

ISBN 978 3 7017 3 2029

Sein Weg führte ihn aus Böhmen zunächst nach Wien, wo Gustav Mahler einer der berühmtesten Komponisten und Dirigenten seiner Zeit werden sollte. Weitere Stationen waren Laibach, Olmütz, Kassel, Prag, Budapest, Leipzig und Hamburg. Beruflich und privat bereiste er Skandinavien, Finnland, Deutschland, die Länder der Donaumonarchie, Russland, Italien, England und die USA. Auf der Grundlage von Fotos, Skizzen, Briefen, Erinnerungen, Meldedokumenten wurden nun erstmals alle Orte, die sein Künstlerleben prägten, erschlossen. Dabei wurden Mahlers Wohnadressen ebenso rekonstruiert wie die Musikstätten, an denen er wirkte, und die Orte, die er besuchte – mit Freunden und Familie, zum Komponieren und Alleinsein. Die nun vorliegende Topographie gibt in Text und Bild neue Einblicke in Gustav Mahlers Lebenswelten, in der alten und der neuen Welt, zwischen 1870 und 1910.